21世纪高等院校财政学专业教材新系

税收筹划

（第二版）

2nd Edition

俞杰 主编

TAX PLANNING

东北财经大学出版社
Dongbei University of Finance & Economics Press
大连

图书在版编目（CIP）数据

税收筹划 / 俞杰主编. —2版. —大连：东北财经大学出版社，2025.8.
（21世纪高等院校财政学专业教材新系）. —ISBN 978-7-5654-5562-9

Ⅰ.F810.423

中国国家版本馆CIP数据核字第2025WW1817号

税收筹划

SHUISHOU CHOUHUA

东北财经大学出版社出版

（大连市黑石礁尖山街217号　邮政编码　116025）

网　　址：http://www.dufep.cn

读者信箱：dufep@dufe.edu.cn

大连永盛印业有限公司印刷　　东北财经大学出版社发行

幅面尺寸：185mm×260mm　　字数：354千字　　印张：15

2025年8月第2版　　　　　　2025年8月第1次印刷

责任编辑：石真珍　王　玲　　　责任校对：赵　楠

封面设计：张智波　　　　　　　版式设计：原　皓

书号：ISBN 978-7-5654-5562-9　　定价：49.00元

第二版前言

税收筹划是纳税人在不违反国家税收法律法规的前提下，事前选择税收利益最大化的纳税方案处理自己的生产、经营、投资、理财活动的一种涉税行为。由于数字经济时代产生了新的经营模式，纳税人的业务整合催生了新业态，需要建立与数字经济发展适配的税收制度体系，税收筹划的理论与实务有了新进展。在数字经济时代，税收筹划存在成本较高、筹划空间压缩、筹划流程复杂等问题，因此需要格外关注税收筹划的风险识别与风险预警。为了满足广大师生对税收筹划知识的新需求，我们修订了本教材。

本教材基本上按我国现行税种编写，筹划方法聚焦于具体税种。在编写中，我们力求将筹划原理与筹划实务紧密结合，既给学生清晰的理论轮廓，又能激发学生深入学习的兴趣。

本教材具有以下特点：

1.引入思政元素，体现维护纳税人权益的主张

本教材以习近平新时代中国特色社会主义思想为指引，深入阐释了党的二十大报告所指出的税制设计方向，分析了党的二十届三中全会出台的部分税收改革措施，引导学生全面了解税收筹划理论与实践，以增强其对税制设计的政治认同、思想认同、情感认同；引导学生践行习近平全面依法治国新理念、新思想、新战略，树立税收筹划必须合法的理念，增强纳税人运用法治思维和法治方式维护自身权益、化解征纳纠纷的意识和能力；引导学生深刻理解并自觉实践税收筹划的职业规范，增强其职业责任感，培养遵纪守法、爱岗敬业、开拓创新的职业品格和行为习惯。

2.内容体系通俗易懂，适合本科生学习

本教材的编写采用按税种划分与按课税要素划分相结合的模式，对每个税种的筹划方法做了较为翔实的介绍，并且强调税收政策分析与税收筹划实务的联系，以提高学生分析问题与解决问题的能力。在突出税收筹划设计的同时，本教材对非税成本的考虑也更加切合实际，希望学生明白税收成本是纳税人经营成本的组成部分，对税收与费用的合理权衡是减少企业综合成本的关键；让学生在思考税收筹划策略时，既考虑税收筹划收益，也考虑税收筹划的税收成本与非税成本，避免步入就税论税的筹划误区，从而有更合理的税收筹划思路。

3.与时俱进，体现了最新税收政策的筹划安排

面对我国税收政策阶段性调整，本教材对税收筹划在实践过程中遇到的新情况和新问题进行了分析与研究，对税收政策调整引起的筹划思路改变进行了归纳与总结。本教材收集并整理了最新的税收政策及相关筹划策略，同时结合了大量实践案例，系统地阐述了当代税收筹划的最新发展情况。

4.兼顾经济全球化的趋势，涵盖国际税收筹划的最新内容

本教材提出了税基侵蚀与利润转移对税收规则的影响，关注到数字经济对常设机构的冲击，揭示了国际税收筹划的前沿发展，从价值创造到利润分配，力求以全新的视角探讨国际税收筹划的理论体系、操作技术及实践应用。本教材从纳税人身份选择、境外组织架构、境外业务整合等方面对国际税收筹划的理论与方法进行了系统分析。

5.更加侧重实务，增强了实用性

本教材精选的例题与实务操作密切相关，它不仅涉及税收筹划的基本理论和分析方法，还涉及纳税人多元化经营的战略选择。通过对精选的例题进行深度分析，学生可以举一反三，触类旁通。本教材在各章节后面设置了即测即评、问答题，大部分章节后面还设置了计算分析题和案例分析题，方便学生检测学习效果。

在本教材的编写过程中，我们参考、借鉴了大量本学科相关著作、教材与论文，在此向其作者表示由衷的感谢。本教材的资料收集与编写工作由俞杰完成，万陈梦、安文、秦耀、项锋4位研究生在资料收集与整理方面提供了帮助，最后由俞杰进行全面修改和总纂。

本教材配有电子课件和部分习题的参考答案，授课教师可登录东北财经大学出版社网站（www.dufep.cn）下载。

受编者水平所限，本教材可能存在不足和待改进之处，敬请广大读者不吝赐教，以便我们进一步修订和完善，提升质量（联系邮箱：463099541@qq.com）。

编　者
2025年6月

目录

第一章　税收筹划概述

【学习目标】

1. 掌握税收筹划相关概念的区别与联系；
2. 熟悉税收筹划的特点与原则；
3. 了解税收筹划对于国家和纳税人的意义；
4. 掌握税收筹划的分类、方法与步骤。

●●● **思政园地**

为了贯彻落实党的二十大的战略部署，党的二十届三中全会研究了进一步全面深化改革、推进中国式现代化的问题。在财税领域，党的二十届三中全会提出研究同新业态相适应的税收制度，全面落实税收法定原则，规范税收优惠政策，完善对重点领域和关键环节的支持机制。在税收优惠上，党的二十届三中全会强调了三个方面：一是合理降低制造业综合成本和税费负担；二是鼓励科技型中小企业加大研发投入，提高研发费用加计扣除比例；三是实施支持绿色低碳发展的财税政策，发展绿色低碳产业。相关行业的纳税人可以利用税收优惠，依据国家政策导向合理设计自己的筹划方案。

●●● **案例导入**

A 制药企业 2024 年研发费用总计 1 530 万元，未形成无形资产。2025 年 3 月，该企业进行企业所得税汇算清缴时，计算的加计扣除金额为 1 530 万元。该企业聘请税务师审核，发现如下事项：

其一，2021 年，研发投入 1 000 万元并形成无形资产，无形资产摊销期为 10 年，2024年摊销金额为 100 万元。该事项研发费用加计扣除的金额=100×100%=100（万元）。

其二，2024 年，该企业自行研发投入 630 万元，相关明细见表 1-1。

表 1-1　　　　　　　　　　　　　　研发投入明细　　　　　　　　　　　　单位：万元

项目	人员人工费用	直接投入费用	折旧费用	新产品设计费等	其他相关费用
金额	200	120	140	80	90

由于其他相关费用总额不得超过可加计扣除研发费用总额的 10%，其应当按照以下公式计算：全部研发项目的其他相关费用扣除限额=全部研发项目的人员人工等五项费用之和×10%÷（1-10%）。人员人工等五项费用包括"人员人工费用""直接投入费用""折旧

费用""无形资产摊销""新产品设计费、新工艺规程制定费、新药研制的临床试验费、勘探开发技术的现场试验费"。其他相关费用扣除限额=（200+120+140+80）÷（1-10%）×10%=60（万元），小于实际发生额90万元，故研发费用加计扣除金额=200+120+140+80+60=600（万元）。

其三，2024年，该企业委托境内关联企业进行应税药品研发，取得的增值税专用发票上注明的研发费用金额为300万元，税额为18万元，该费用符合独立交易原则。

该企业委托外部机构或个人开展研发活动发生的费用，可按规定于税前扣除，加计扣除时将研发活动发生费用的80%计入委托方研发费用，故加计扣除的金额=300×80%×100%=240（万元）。

其四，2024年，该企业委托境外机构进行研发，支付不含税研发费用500万元。该境外研发机构在我国境内未设立机构场所且无代理人。

关于该企业委托境外机构进行研发活动所发生的费用，应将费用实际发生额的80%计入委托方的委托境外研发费用。委托境外机构的研发费用不超过境内符合条件研发费用2/3的部分，可以按规定在企业所得税税前加计扣除。

实际发生额的80%=500×80%=400（万元），小于境内符合条件的研发费用（600+300×80%）的2/3，故加计扣除金额=400×100%=400（万元）。

通过以上计算，只要该企业会计核算健全，实行查账征收，并能够准确归集研发费用，提供合理的加计扣除凭证，则可以充分享受以上加计扣除带来的税收优惠。在实务操作中，该企业通过合理的税收筹划，享受研发费用加计扣除税收优惠政策时，可采取"自行判别、申报享受、相关资料留存备查"的办理方式。

第一节　税收筹划的内涵

一、税收筹划的概念

税收筹划是一门涉及多门学科知识的新兴现代边缘学科。其自20世纪90年代中期由西方引入中国，译自 tax planning，译作税务筹划、纳税筹划等。

税收筹划是指纳税人在遵守税收法律法规的前提下，为实现税后利益最大化，在法律许可的范围内，自行或委托代理人，通过对经营、投资、理财等事项的策划和安排，充分利用税法所提供的包括减免税在内的一切优惠，对多种纳税方案进行优化选择的一种行为。

1935年，参与"税务局长诉温斯特大公"案的英国上议院议员汤姆林爵士对税收筹划做了这样的表述："任何人都有权安排自己的业务。如果依法所做的某些安排可以少缴税，就不能强迫他多缴税。"这一观点得到了法律界的认同。法庭一再强调，纳税人通过合理安排涉税事项从而尽可能降低税负并不是一种恶行，没有道理要求纳税人支付更多税款。税收是强制性征收，而非自愿贡献，谋求合法少缴税是一种经营管理选择。税收筹划正是在这样的背景下产生并得以发展的。

税收筹划的前提条件是符合国家法律法规，其应当符合税收政策的导向，其发生宜在生产经营和投资理财活动之前，其目标是实现纳税人的个人价值最大化或股东价值最大化。换言之，税收筹划要求纳税人在符合国家税收法律法规的前提下，按照税收政策的导向，事前选择税后利益最大化的纳税方案处理自己的生产经营和投资理财活动。所谓"税后利益最大化"，包括税负最轻、税后利润最大化、企业价值最大化等内涵，而不仅仅是"税负最轻"。税收筹划应尽可能实现"纳税人微观主体行为"与"政府宏观政策意图"的最佳结合。成功的税收筹划往往既能使纳税人的税负减轻，又可以使政府赋予税收法律法规的政策意图得以实现。

二、相关概念剖析

（一）逃税与偷税

逃税（tax evasion）是纳税人故意违反税收法律法规，采取欺骗、隐瞒等方式，使用转移或者隐匿财产等手段，使税务机关无法追缴欠缴税款，逃避纳税的行为。偷税（tax fraud）是指纳税人采取伪造（设立虚假的账簿、记账凭证），变造（对账簿、记账凭证进行挖补或涂改等），隐匿、擅自销毁账簿或记账凭证，在账簿上多列支出（以冲抵或减少收入）或者不列、少列收入，经税务机关通知申报仍然拒不申报或者进行虚假纳税申报等手段，不缴或者少缴应纳税款的行为。例如，产品实现了销售，纳税义务已经发生，这时再采取某种手段隐瞒销售收入，减少纳税，就是偷（逃）税行为。

对于偷税行为，税务机关一经发现，应当追缴纳税人不缴或者少缴的税款和滞纳金，并处罚金。自然人纳税人采取欺骗、隐瞒手段进行虚假纳税申报或者不申报，逃避缴纳税款数额较大并且占应纳税额10%以上的，处3年以下有期徒刑或者拘役，并处罚金；数额巨大并且占应纳税额30%以上的，处3年以上7年以下有期徒刑，并处罚金。经税务机关依法下达追缴通知后，补缴应纳税款，缴纳滞纳金，已受行政处罚的，不予追究刑事责任，但是5年内曾因逃避缴纳税款受过刑事处罚或者被税务机关给予两次以上行政处罚的除外。

税收筹划与偷（逃）税之间存在明显的区别：首先，从合法性来看。税收筹划是纳税人在符合国家法律法规的前提下，按照税收政策导向进行的事前筹划行为，是法律所允许的一种合法行为。而偷（逃）税则是不缴或少缴应纳税款的行为，是法律所不容许的行为，具有非法性。其次，从行为发生的时间来看。税收筹划是在纳税义务发生之前所做的经营、投资、理财等活动安排，具有事前筹划的特点。而偷（逃）税是在应税行为发生以后进行的，是对已确立的纳税义务予以隐瞒、逃避，具有明显的欺诈性质。

（二）避税

关于避税（tax avoidance）的概念，国内外税收理论界观点不一。从各国税收立法实践来看，很少有国家或地区对避税有明文规定。从外在形式上看，避税是纳税人有意而为，属于主观故意行为，其源于纳税人作为"经济人"的自利本性，即先有避税的主观意图，后有避税的客观行为。避税的目的在于规避、降低或延迟纳税义务。从内在实质上看，避税没有违反税法条文的具体规定，但违背了税法宗旨或立法精神。

尽管理论界对于避税的界定尚未达成统一意见，但大多认同避税的合法性。从法律角度分析，避税分为顺法意识避税和逆法意识避税两种类型。顺法意识避税及其产生的结果与税法的立法意图相一致，不影响和削弱税法的法律地位，也不影响和削弱税收的职能作用，如纳税人利用税收的起征点避税等。逆法意识避税与税法的政策意图相悖，是利用税法的不足、缺陷进行反制约、反控制的行为，但并不影响和削弱税法的法律地位。避税实质上是纳税人在履行应尽法律义务的前提下，运用税法赋予的权利，通过对生产经营活动的巧妙安排来实现减轻税负目的的行为。

本教材认为，避税是指纳税人通过不违反税收法规的手段，利用税法的漏洞、特例和缺陷，规避或减轻纳税义务的行为。换言之，避税是纳税人出于主观故意，实施的不违反税法条文具体规定但与税法宗旨或立法精神相悖的行为。避税具体表现为：纳税人在熟知相关税收法律法规的基础上，在不直接触犯税法的前提下，利用法律法规的疏漏、缺陷，通过对筹资活动、投资活动、经营活动等涉税事项的精心安排，达到规避或减轻税负的目的。

避税与税收筹划的主要区别在于是否符合国家税收立法意图和政策导向。税收筹划是各国政府允许、鼓励或宽容的；而避税则不受欢迎，因为它有悖于政府的立法意图。纳税人常常能够卓有成效地利用税法本身的纰漏和缺陷，既轻松地实现避税，而又未触犯法律，其示范效应自然会使越来越多的纳税人寻求避税，税务机关则不得不将注意力集中到完善、健全税制上来。从这个意义上讲，避税有助于税收法治建设。

（三）节税

节税（tax saving）亦称税收节减，是指纳税人在生产、经营、投资、理财活动决策之前，充分考虑税收因素，遵从税收规定，符合税收立法精神与宗旨，按照税收政策导向，从多种纳税方案中选择税负最轻方案的一种行为。在现行税法规定中存在多种税收政策与计税方法可供选择时，纳税人以纳税最少（税负最低）为目标进行选择并据以安排投资理财与生产经营活动的，可界定为节税。

节税有狭义与广义之分。狭义的节税即积极性节税，是指纳税人在进行经营、投资、筹资等经济活动之前，将税收（包括纳税政策、优惠政策等）作为一个重要影响因素予以考虑，从而选择税负最小化的方案。积极性节税是经过事先的节税安排，在多种备选方案中选择有利于少缴或免缴税款的方案，其核心是少缴税、不缴税。一般而言，节税是指狭义的节税。纳税人在利用各种税收优惠政策进行节税时，只需申请即可。如果尚不具备条件，纳税人应主动创造条件享受优惠政策，这就需要积极谋划或选择，需要事先运作。换言之，积极性节税就是纳税人原本没有机会，通过主动创造机会享受税收优惠。

广义的节税除了积极性节税外，还包括消极性节税。消极性节税是指纳税人尽量减少疏忽或错误，以避免因纳税行为不符合税法的规定而遭受处罚或缴纳"冤枉税"。消极性节税并不会直接减少纳税人应该缴纳的税款，不会减轻纳税人的税收负担，然而，消极性节税可以有效地避免纳税人涉税方面的额外支出，使纳税人实际缴纳的税款等于或尽可能接近客观的真实水平，因此，消极性节税又称为防守型节税或被动型节税。

税收筹划与节税都是纳税人在遵从税法的前提下，对生产经营和投资理财活动的一种安排，主要区别在于终极目标有所不同。节税的终极目标是减少税款的缴纳，而税收筹划追求的是税后的综合收益或长远利益最大化，因此，税收筹划不限于减少纳税。在非常时期，纳税人可能会采用多缴税的方式以获取特殊的经济利益。

例如，企业要上市必须满足一定的盈利和税收条件，税收条件是企业在上市前不存在严重的偷漏税嫌疑或未受到严重处罚等。再如，上市公司若最近3年连续亏损，且在其后一个年度内未能恢复盈利，则证券交易所将作出决定终止其股票上市交易。因此，上市公司要避免其股票终止上市交易，就需要在3年连续亏损后的下一个年度内恢复盈利，于是就有可能通过税收筹划使得这一年产生一定的利润，缴纳一定的企业所得税，以实现税负合理化。又如，企业连续3个月零申报或负申报属于异常申报，可能被税务机关列为重点抽查对象，所以企业一般要避免连续3个月零申报或负申报，以实现税负合理化。

某些大城市个人积分落户的指标中有纳税指标，其中包括纳税基本指标和纳税加分指标[①]，为了满足落户条件，这些个人在必要时多交税可以获得加分。另外，部分个体工商户多交税，可以在商铺拆迁谈判中拥有更多的筹码，从而获得更高的经济补偿。诸如此类，都与税收筹划有千丝万缕的联系。

三、税收筹划的特点

（一）合法性

税收筹划的合法性是指不与现行法律法规相抵触，即在法律允许的范围内，由税收政策指导筹划活动。企业要将自己的筹划行为与不当避税、偷税、逃税合理地区分开来。在合法的前提下进行税收筹划，是对税法立法宗旨的有效贯彻，也体现了税收政策导向的有效性。一般而言，各国税法、财会制度、投资优惠政策等存在差异，同一个国家的税法、财会制度在不同行业、不同地区也存在较大差异。这些差异的存在要求纳税人熟练掌握具体而复杂的法律条款，把握好税收筹划的尺度；否则，不仅会丧失税收筹划收益，还可能被税务机关认定为偷税，进而遭受处罚。

（二）事前性

税收筹划具有事前性。事前性的核心在于纳税人提前对经济活动作出预判，将主动权掌握在自己手中，在纳税义务发生前就开展筹划。如果经济业务已经发生，纳税义务也已经发生，那么对应的纳税项目、税基以及税率就已经确定，不可改变。税收筹划一般是未雨绸缪，在应税行为发生之前进行规划、设计与安排，事前测算税负，因而具有一定的前瞻性。在现实经济活动中，纳税义务的发生具有滞后性。特定经济事项发生后，企业才负有纳税义务。

例如产品销售，按照税法的规定，发货、收款或开出发票才涉及相关流转税问题，收益实现后才涉及所得税问题。涉税行为一旦发生，应纳税款便基本确定。在实践中，由于部分税收筹划方案所涉及的经营期限较长，一般为数年，因此，纳税人设计的筹划方案还应该具有一定的前瞻性。随着市场环境的变化与税法的修订，纳税人应适时调整筹划方案，以防止不可控因素导致筹划失败。

（三）综合性

综合性意味着税收筹划需要进行全方位考虑。企业的一项经济活动一般会涉及多个税种的课征，在进行税收筹划方案的设计时，应对企业生产经营活动所涉及的所有税种都加以考虑，选择总税负最小的方案。税收筹划应着眼于纳税人整体税基的降低与税负平衡，而不是个别税种税负的减少。在实务中，企业各税种的税基相互关联，不同税种的税负之间有时具有此消彼长的关系，即某个税种的税基发生缩减可能致使其他税种的税基扩大。

---

① 梁文涛，苏杉，彭新媛. 纳税筹划［M］. 5版. 北京：中国人民大学出版社，2020：6.

税收筹划既要考虑某一税种的节税利益和多税种之间的利益抵消因素，也要考虑平衡纳税人之间的税负。在市场经济条件下，纳税人作为市场经济的参与者，其利益得失往往影响其他市场参与者。纳税人在降低自身税负的同时，可能造成其他交易方的税负增加，因此，纳税人除了要考虑自身所承担的税负之外，还要兼顾经济活动参与各方的纳税情况及税负转嫁的可能性，在保证实现自身筹划目标的基础上，应尽可能选择使其他交易方税负不变或税负降低的方案；否则，企业之间的税负不均衡会影响交易的最终实现。

对于企业而言，税收只是众多经营成本中的一种，税收负担最小化只是企业经营管理者所考虑的一个方面，投资报酬率、投资风险、投资回收速度、资本结构等都是其需要考虑的因素。税收筹划的常规思路是税收负担最小化，但并非恒定不变，它应以实现企业经营目标函数的最大化为目的，而并非只考虑税负最低。换言之，应将税收筹划纳入企业财务管理的总体考虑范围之中，进行顶层设计。

例如，芬来公司拟在 A 地或 B 地投资建厂。A 地近，其全部成本费用（含运费）为 240 万元；B 地远，其全部成本费用（含运费）为 260 万元。产品生产后，将按同样的价格 300 万元进行销售，分别扣除成本费用后，如果按 25% 的企业所得税税率计算（不考虑其他税费）：

在 A 地建厂应缴纳的企业所得税税额=（300−240）×25%=15（万元）

在 B 地建厂应缴纳的企业所得税税额=（300−260）×25%=10（万元）

如果以税负为标准，应在 B 地建厂。若以税后利润为标准，情况则不一样：

在 A 地建厂的税后利润=300−240−15=45（万元）

在 B 地建厂的税后利润=300−260−10=30（万元）

计算结果说明在 A 地建厂更有利，应在 A 地投资。

由这个例子可以看出，"纳税越少，税后收益越大"未必正确。税收筹划必须考虑所有成本，包括税收成本与非税成本。若采用税负最小化策略，可能因为非税因素而导致方案不可行。企业税收筹划的目的一般是减轻税负，但税负减轻要以企业税后利益最大化为目标。税负减轻并不等于企业总体利益最大化，纳税最少的方案未必是财务利益最大化的方案。因此，企业在进行税收筹划时，不能仅从税收角度考虑，还应统筹全局。

成功的税收筹划应该是对多个方案的优化选择，不能认为税负最轻的方案就是最优方案，一味追求税负降低往往会导致税后总收益下降，牺牲企业整体财务利益换取税负降低是不可取的，纳税人还要考虑非税成本以及税后综合收益。因此，企业在进行税收筹划时，必须从全局出发，把所有的生产经营活动作为一个动态的整体并且与市场环境、政策环境密切联系来考虑，才能作出最优的筹划方案。

（四）变通性

税收筹划的生命力在于灵活多变，具有极强的适应性。市场环境的改变决定了税收筹划应与时俱进。纳税人在进行税收筹划时，不能生搬硬套别人的做法，也不能只使用固定的模式，而应根据客观条件的变化，因人、因时、因地制宜，具体情况具体分析，随时准备应对突发的政策调整。在经济全球化背景下，世界各国的税收政策与实施细则常常处于变化之中。随着政治、经济形势的变化，纳税人应关注涉税国家与地区的税收法律法规变化，及时进行税收筹划的应变与调整，不能以不变应万变。税收筹划方案的相机抉择与适时调整应是纳税人在生产经营与财务管理过程中的常态。

（五）专业性

专业性体现了税收筹划是一项专业技术性很强的策划活动。它不仅要求筹划者精通国家税收法律法规，熟悉财务会计制度，更要求其清楚如何在既定的市场环境下，实现纳税人财务管理目标，实现税后收益最大化。税收筹划要由财务、会计等专业人员进行，但也需要其他相关专业人士的配合。在社会化大生产、全球经济一体化、国际贸易日益频繁、经济规模越来越大、各国税制越来越复杂的背景下，纳税人仅凭自己的力量进行税收筹划就会力不从心。在这种情况下，寻求涉税服务机构的帮助成为必然选择，税务代理、税务咨询等专业机构可以为税收筹划提供专业性的帮助。[①]

四、税收筹划的意义

税收筹划从形式上看是微观主体行为，但其实施则满足了国家的宏观经济调控需要。就纳税人层面而言，税收筹划有助于提高纳税意识、减轻税负、规避涉税风险、提升经营管理水平；就国家层面而言，税收筹划对于税制的完善和国民经济健康、有序、稳步的发展都有重要意义。

（一）有利于提高纳税遵从意识

税收筹划与纳税意识的提高具有一致性。这种一致性体现为：其一，税收筹划是纳税意识提高到一定阶段的产物；其二，税收筹划与纳税意识相向而行，合法性是税收筹划的重要特征，依法纳税是纳税意识增强的重要特征；其三，规范的财务处理是遵从税法与税收筹划的基础和前提，而税收筹划本身可以促使企业的财务处理更加规范，进而为纳税遵从做好铺垫。

大多数纳税人进行税收筹划的目的是减轻税负，这就要求纳税人掌握相关税收法律法规，同时还要结合自身的实际情况，合理设计筹划方案。纳税人不交或少交税容易被视为纳税意识薄弱，但并非所有旨在降低税负的安排都意味着纳税意识薄弱。税法固有的税收优惠政策以及国家之间税收待遇的差异将导致多种纳税方案的形成，这些客观条件的存在使纳税人可以在法律许可的范围内进行筹划安排，从而最大限度地节约税收成本。依法合理节税，不仅不会影响或削弱税收的法律地位，反而有助于政府的宏观调控达到预期目的。

随着经济的发展与市场环境的变化，纳税人在税法不断调整的背景下学习新的理论知识与实践方法。实施税收筹划的主观动因是节约税收成本，节约税收成本的首要条件是纳税人精通税法，只有熟练掌握税收政策，才能制订出切实可行的、符合企业利益的税收筹划方案。税收筹划可以促使纳税人自觉、主动地学习和钻研税法。在自身利益的驱动下，纳税人学习税法，充分理解各项税收政策，在法律框架内行事，避免税收违法行为的发生，从而进一步提高纳税意识。

如果个别纳税人通过税收筹划减轻了税负，实现了税后收益最大化，在同行业或同地区的竞争力明显增强，就会影响和带动越来越多的纳税人开展税收筹划，从而呈现积极的示范效应。这样，税收筹划的过程就成为普及税法与运用税法的过程。如果纳税人意识到采取违法、非法等手段偷逃税款将给自己带来纳税风险——有可能补税并支付数额巨大的

---

① 盖地. 税务筹划学 [M]. 3版. 北京：中国人民大学出版社，2013：13-14.

滞纳金和罚款，必然会进一步增强纳税意识。为了规避风险，提升抗风险能力，纳税人也会自主地选择纳税遵从，及时、足额地缴纳税款。对税法的敬畏使纳税人的风险意识与纳税意识得到同步增强。

（二）有利于维护纳税人的合法权益

纳税人依法及时、足额地缴纳税款是对税法的尊重，但正如"税务局长诉温斯特大公"一案中所陈述的那样，每个人都有依法获得少缴税款的权利。纳税人作为独立的利益主体，有权维护自身利益，包括有权依据税法赋予的权利进行选择和采取行动。合理的税收筹划有利于减轻当期税负，可以减少纳税人当期的现金流出，在一定程度上延迟纳税，增加纳税人的可支配资金。

在市场经济条件下，纳税人追求税后收益最大化是客观事实。从企业财务角度来看，税款是企业付出的成本，同其他经营成本一样，这种成本的大小直接影响经营收益。因此，受利益驱动，企业试图减少税收成本合情合理。纳税人在税法允许的范围内，以税收政策导向为前提，采用税法所赋予的政策优惠或选择机会，对经营、投资、筹资等活动进行科学、合理的事先规划与安排，以达到不缴或少缴税款的目的，是对正当权益的维护。

此外，规避涉税风险是税收筹划的重要目标。纳税人进行税收筹划是在不违反税法规定的前提下进行的。合法意味着纳税人不会因为偷逃税而担惊受怕或被处罚，从而规避了因为违反税法而带来的法律风险。从这个意义上讲，税收筹划不但可以减少纳税人的税收成本，还可以防止纳税人因违反税法而补缴更多的税款和罚款，规避了涉税风险。市场环境的变化伴随着税制的日益复杂，随着税制设计越来越复杂，涉税风险也逐渐增大。税收筹划需要正确评估涉税风险，并采取相应措施化解风险，以维护纳税人的权益。

（三）有利于政府完善现有税制

任何一个国家的税法都不可能规定得面面俱到，没有任何漏洞。纳税人利用税法漏洞开展筹划，会促使立法机关不断完善税法。纳税人设计的过于偏激的税收筹划方案可以使税法中存在的缺陷与疏漏暴露出来，税务机关会适时加以修正，从而实现税制优化。在现实中，大量的税收优惠政策创造了巨大的税收筹划空间，税务人员在税收征管过程中可能会发现税收政策存在的问题，这些问题通过正常的渠道进行反馈可作为完善税法的依据，有利于税法的逐步完善。

各级税务机关在加强税收征管的同时，应充分利用在实际工作中掌握的一手材料，对税制存在的漏洞及时提出改进建议。各级税收立法部门要基于纳税人的筹划行为加强对现行税制的跟踪研究，对那些容易造成规避税收的条款及时予以修改，为有效防范恶意避税提供法律依据。因此，纳税人在实施筹划的过程中，利用税法漏洞谋取自身利益的同时，也在时刻提醒着征税机关要注意"修补"税法。国家在税收立法和征收管理中应权衡轻重，弥补漏洞。从这个意义上讲，税收筹划对税法的健全起到促进作用。从世界各国的情况来看，税收筹划都是合法的，各国政府对待税收筹划的态度从来不是削弱和减少它，而是依靠对税法的调整、修正、改进等措施来促进税法的完善。同样，公众舆论也都支持或赞同税收筹划行为，都将税收筹划视为完善税法的重要途径。

（四）有利于涉税中介机构的发展

在市场经济条件下，政府发挥宏观调控职能需要在政府与市场之间有"媒介性"的中介组织。政府职能转变，就是要把政府原有的一部分职能交给中介机构去履行。涉税中介机构为征纳双方构建了强有力的联结点，为转变政府职能、营造良好的营商环境创造了必要条件。纳税人可以根据自身情况组建专门机构，也可以聘请税务顾问，还可以直接委托中介机构进行筹划。

涉税中介机构作为税务机关与纳税人之间沟通和协调的媒介，能为征纳双方提供双向服务，公正地维护征纳双方的权益。涉税中介机构是社会中介组织的重要组成部分，经过多年的发展已初具规模。由专业的税务代理人员代理纳税事宜，针对纳税人的实际情况进行合理、合法的税收筹划，既可解除纳税人因不熟悉税法而违反税法规定进而被处罚的后顾之忧，又可使纳税人的税收负担降低，同时还可以使纳税人把更多的精力放在发展生产、提高经济效益上。

涉税中介机构开展税收筹划，既是市场经济条件下纳税人的客观需要，也是税务代理自我发展、提高生存能力的客观需要。由于纳税人普遍缺乏税收筹划应具备的技能，税收筹划活动大多是由专业人员和专业部门进行的。成功的税收筹划需要综合各种专业知识，复杂的筹划方案更需要专业人才进行系统设计，其实施具有诸多的不确定性，因此大多数纳税人会力不从心，需要税务代理或咨询机构提供税收筹划服务，进而促进了税务师事务所、会计师事务所、资产评估事务所、律师事务所、财务咨询机构等涉税中介机构的发展。这些机构可以在自身所擅长的领域为纳税人提供税收筹划建议。

涉税中介机构提供税收筹划服务，一方面是为了促进纳税人依法诚信纳税，提高税收征管质量和效率，保证国家税收增长；另一方面是为了切实保护纳税人的合法权益，防止侵害纳税人合法权益事件的发生。税收筹划的专业化不仅能有效地降低筹划成本，使筹划方案更具可操作性，而且还造就了税收筹划的专业队伍，推动了涉税中介行业的形成和发展。大多数中介机构瞄准了税收筹划市场，将其视为拓展业务、获取高额利润的机会。税收筹划为涉税中介机构提供了前所未有的发展机遇，其市场前景十分广阔。

五、税收筹划的原则

（一）守法原则

税收筹划要求纳税人必须遵守现行税收法律法规，不能触犯法律。换言之，纳税人要熟悉相关税收法律、税收政策、会计准则、会计制度、税收征纳程序，在国家法律法规及政策许可的范围内降低税负。守法意味着纳税人要做税收法律法规的拥护者和捍卫者，精准把握国家税收政策，在税法的引导下前行。因此，纳税人要增强法治观念，树立纳税遵从意识，同时要熟悉税法及相关财务处理知识，掌握正确的税收筹划方法与技巧。

（二）效益原则

税收筹划要保证税后的综合收益大于成本，否则就得不偿失了。成本效益对比应注重整体筹划效果，所有税种的负担以及可能涉及的全部费用都要纳入考虑，以求整体税负最小化及长期收益最大化，要防止顾此失彼。不注重成本效益对比的税收筹划往往会导致企业的整体收益下降，因此，在拟订税收筹划方案时，务必遵循成本效益原则。

节税收益虽然是企业一项重要的经济利益，但不是企业追求的全部目标。某一项经营行为的税收减少并不等于企业整体利益的增加，如果有多个方案可供选择，最优的方案应是整体利益最大化的方案，而非税负最轻的方案。因此，企业开展税收筹划应综合考虑，全面权衡，税收筹划过程中实际发生的税费与纳税人选择税收筹划方案而放弃的潜在利益均应纳入考虑。在拟订税收筹划方案时，不可以一味地追求降低纳税金额，而忽视非税成本的上升。

（三）动态原则

虽然税收法律在一定时期内相对稳定，但并非一成不变。政治、经济与社会环境的变化会导致税收政策的变化，纳税人应把握时机，与时俱进，根据市场环境的变化动态调整税收筹划方案。税法制定者会根据社会经济活动的变化对已有税收法律法规进行修正或重新制定，引导性政策、优惠措施、临时鼓励办法和征管手段也会随着时间的推移而不断变化，因此税收政策具有一定的时效性。

在征纳博弈中，决策部门会不断弥补现有税制的漏洞，适时对税收政策进行修订调整，所以，纳税人要密切关注国家税收法律法规的变化，灵活应对，及时修改或调整税收筹划方案，以实现税后收益最大化。税收筹划从制订方案到实施存在时间差，在实践中，企业要密切关注所适用税收法律法规的时效性，动态调整税收筹划方案。随着国际、国内经济形势的变化，税法也处在不断发展变革之中，尤其是近年来我国税制改革步伐加快，各种优惠政策频繁出台。面对这样的形势，企业应当关注税收政策的变动情况，及时改变应对之策，调整相应的税收筹划方案。

六、税收筹划的理论基础

（一）"经济人"假设

"经济人"假设是经济学的一个重要理论。该理论认为，所有人都是理性的，每个人都是自私自利的，每个人在作出决策时都以自己的利益最大化为目的。纳税人在面对诸多选择时，有追求利益最大化的倾向。纳税是每个公民应尽的义务且具有无偿性，国家提供的公共服务虽有外溢性，但纳税人不会因为多缴税而享受更多的公共服务。作为"经济人"的纳税人在生产经营过程中，自然有规避纳税的倾向。然而，恶意避税会受到法律制裁，这意味着经济利益的损失。纳税人应遵循市场经济规则，在顺应税收政策导向的基础上制订恰当的税收筹划方案，充分利用国家的税收优惠政策，最大限度地实现税后利益最大化。

（二）有效税收筹划理论

1. 契约理论

契约理论认为，投资者、债权人、所有人及管理者之间形成众多契约的集合体，各方均需实现自身利益最大化。如果考虑税收因素，政府作为征税主体，也同样处于契约集合体中。政府的调整速度明显慢于集合体中的其他契约方，因为税收的"固定性"决定了税收法律法规的调整具有一定滞后性。政府的调节主要是追求税收公平，税法上的公平性很大程度上体现在税制设计方面，税制设计的差异为纳税人提供了筹划空间。

纳税人在进行税收筹划时，应综合考虑各契约方的利益，只关注个体利益的筹划是无效的。我们可以把纳税人看作各种契约组合（如纳税人之间、纳税人和政府之间的契约关系）的结合体。契约关系各方都想追求自身利益最大化，契约关系人会利用契约中存在的缺陷或漏洞来获取利益，这种冲突在短时间内无法避免。国家和纳税人之间的契约关系构成税收契约关系。在这种关系中，国家作为征税一方，为确保财政收入，希望纳税人及时足额缴税；而纳税人则希望利用现有税制的缺陷来调整方案，尽可能地规避纳税或延迟税款缴纳。国家通过政策调整来保障税收的公平性，纳税人也会根据政策变化不断调整税收筹划策略。

2.隐性税收理论

隐性税收是与显性税收相对的一个概念。显性税收是纳税人按照税法的规定负担的应纳税款；隐性税收是指纳税人持有税收优惠资产而获得较低的税前收益率，并由此产生的机会成本。显性税收体现为直接缴纳的应纳税款；隐性税收则体现为机会成本，投资者选择税收优惠资产，却以较低的税前收益率为代价，该代价相当于投资者以隐性的方式承担了一部分税收，这部分税收就称为隐性税收。

有时候，政府出于宏观经济调控的考虑，会对某些特殊行业或地区实行税收优惠，如免税、减税等，使不同投资资产承担的法定税负有所差异。理性的纳税人通常会选择低税负的税收优惠资产来投资，从而导致产品供求关系发生变化，使得低税负资产的价格被抬高，其税前收益率低于无税收优惠资产。换言之，有税收优惠的资产以取得较低税前收益率的形式间接支付了税收，这部分税收为隐性税收。

假设某国家发行的 3 年期免税国债的利率为 3.64%，同期 3 年期银行存款的利率为 3.74%，银行存款的"利息税"税率为 5%，则 5% 是纳税人投资存款项目所承担的显性税收，免税国债虽未直接因税收原因支付现金，但由于国债投资获得的税前收益率较低，故承担了一定的隐性税收，隐性税率为 0.1%（3.74%-3.64%），而投资银行存款项目的隐性税率为 0。

早期的税收筹划理论仅考虑显性税收，隐性税收往往被忽略。忽略隐性税收可能是由于隐性税收难以量化，但隐性税收非常重要，它是开展税收筹划不可忽视的一个因素。政府颁布各种税收优惠政策时，由于隐性税收和交易成本的存在，既定的产业税收优惠未必能使企业得到真正的实惠，隐性税收将抵消一部分税收优惠带来的收益。在税收优惠政策出台的早期，因为资本不可能在短期内大幅增加或缩减，享受税收优惠的企业的确获得了实惠。

随着时间的推移，投资者开始税收套利，社会资本向该产业流动，其资产增值速度趋于缓慢，隐性税收随之产生。换言之，税收优惠刺激了税收套利，税收套利导致了隐性税收。任何投资都需要一个周期，预见性比较强的企业能够抓住投资的最佳时机，既可以享受税收优惠，又可以在投资的高峰期（税收优惠资产的价格处于相对的历史高位）到来之前充分享受较高的税前收益率。可见，如果企业可以准确预测投资的高峰期，打好时间差，就能全身而退，避免隐性税收。

3.非税成本理论

税收筹划决策的成本应该包括税收成本和非税成本。

税收成本就是税收的直接成本，是纳税人在生产经营过程中依法向国家缴纳的各项税款，主要包括各种流转税、所得税、财产税和特定行为税等。

非税成本是纳税人税收筹划产生的连带经济后果。非税成本涵盖的内容极其广泛，包括：第一，以资本市场契约为基础的交易成本与信息成本；第二，以劳动力市场契约为基础的代理成本与监督成本；第三，企业组织设计成本；第四，风险规避与税负最小化的权衡成本；第五，会计与税收筹划目标不同所导致的财务报告成本，如会计政策与会计估计变更导致企业经营效率损失进而产生的管理成本；第六，政治与监管成本；第七，税收筹划咨询成本，如企业进行税收筹划往往要向会计师事务所或律师事务所等专业中介机构支付的咨询费用等。

非税成本的表现形式多种多样，主要有：

（1）机会成本。进行税收筹划时，要注意将机会成本计算在内。在投资方案的选择上，如果选择了一个投资方案，则必须放弃投资于其他方案的机会，其他投资机会可能取得的收益就是投资这个方案的机会成本。由税收筹划方案实施而引起的其他费用的增加或某种收入的减少，就是实施该税收筹划方案的机会成本。

（2）时间成本。税收筹划的时间成本是指纳税人收集、保存必要的资料和收据及填写纳税申报表耗费的时间价值。时间成本的大小与筹划项目的复杂程度、筹划税种的多少以及筹划期的长短有密切关系。

（3）风险成本。每个税收筹划方案所依据的政策前提不同，承担的风险也不同。部分风险来源于税务机关的自由裁量与执法力度差异。征纳双方对于同一法律条文在理解上存在偏差，也会导致涉税风险产生。风险的增加往往导致企业付出更高的代价。

非税成本是一个内涵丰富的概念，有可以量化的部分，也有不能量化的部分。例如，税收筹划涉及的政治成本就是典型的非税成本，且难以量化。上市公司进行税收筹划，有可能因其支付的税收较少而被公众认为没有承担应有的社会责任，从而影响公众形象。上市公司有可能考虑到这一点而改变其行为决策。在实践中，部分上市公司更倾向于采取保守的税收筹划策略。规模越大的公司，其节税行为越容易导致媒体的负面评价，甚至有可能使其政治成本增加。正是因为受多重因素的影响，其涉税决策甚至可以上升到战略的高度（见表1-2）。

表1-2   传统税收筹划与战略税收筹划的区别

项目	传统税收筹划	战略税收筹划
目标	降低税负	长期可持续发展
范畴	财务经营管理	战略协同管理
研究视角	减轻显性税收负担	全面减轻税收、非税负担
研究侧重点	日常财务涉税问题	税后综合收益

全面的税收筹划应从战略高度和产品定价、资本结构、企业经营等视角来考虑更多的非税成本。税收筹划的战略权衡意味着纳税人应突破税收成本的狭隘视角，聚焦于非税成本的计算与自身可持续发展。税收筹划的规划阶段应与企业生命周期有效重叠在一起，企业要根据自身所处的生命周期及时调整税收筹划方案，以保证税收筹划方案的有效性。开展税收筹划在短期内可能增加企业的财务负担，但从长期来看，对于企业的战略规划有正向作用，有利于企业的可持续发展，甚至对社会经济发展也会发挥积极作用。

（三）博弈理论

博弈理论是指多个个体或团队在特定条件制约下的对局中利用相关方的策略而实施对应策略的理论，也称为对策论。在博弈理论中，各个主体之间相互依存，很难由一方掌控全局。这一理论在税收筹划中也被广泛运用。税收筹划活动的参与者主要是征纳双方（纳税人与纳税人之间也存在博弈，此处主要分析税务机关与纳税人之间的征纳博弈）。

　　税收征纳博弈在手段和方式上表现为涉税信息的获取、整合、利用与控制。在现行税制框架内，政府（税务机关）的税收政策信息是公开、透明的，而纳税人的信息相对隐蔽、局部失真。纳税人拥有的信息税务机关未必了解，一方面是由于每个纳税人出于经营的需要而保有一定的经营秘密；另一方面是由于纳税人的经营活动千差万别，税收征管部门不可能面面俱到。在信息不对称或有限对称的条件下，征纳双方往往倾向于采用非合作博弈，而非合作博弈本身从理论上讲是违背税收筹划主旨的。从形式上看，税收征纳博弈是一种动态博弈，一般顺序是纳税人进行生产经营活动，然后依法进行纳税申报，再由税务机关代表政府对纳税人的经营活动进行税收监控和审核，最后作出其是否依法纳税的判断。

　　税收博弈还是一种重复博弈，即有着同样结构的博弈重复多次，前一阶段的博弈不改变后一阶段博弈的结构，征纳双方都可观测到博弈的历史。征纳博弈双方可采纳的信息包括：纳税人掌握的税收法律法规、税务机关掌握的纳税人基本情况。征纳双方根据所掌握的信息作出相应决策。政府根据市场环境的变化及纳税人的筹划策略来制定并修改当前的税收政策，也会基于政策导向而制定税收优惠政策，给纳税人提供一定的税收筹划空间。同时，政府也会通过法律手段对纳税人的行为进行监管，以减少恶意避税行为的发生。政府或税务机关可采取的行动包括制定税收政策、开展税务稽查等，纳税人可采取的行动包括加强企业财务管理、规划纳税申报和缴纳税款。

　　税收征纳博弈既有政府与全体纳税人之间的博弈，又有政府与众多纳税人中某一个纳税人之间的博弈。前者更多地体现为政府在税收制度设计、税收政策制定和征管方式上的选择，后者更多地体现为具体的税收征管办法和措施的选择。这就要求税制设计、税收政策选择以及税收征管方式等的选择，既要考虑纳税人的总体情况，又要考虑众多纳税人之间的差异。

　　在税收征纳博弈中，政府通过法律的形式规定纳税人缴纳何种税、缴多少税、如何缴税，制定相关税收政策，以达到政府预期的收入目标和政策目标。从一般意义上讲，纳税人应依法纳税，但是如何进行税收筹划则是纳税人基于对税法的认识而独立作出的决策。每个纳税人的具体情况不同，税收负担不同，纳税能力不同，其会在充分考虑自身利益最大化的基础上，根据对税收法律的认识来选择相应的筹划方案。税收征纳博弈的结果就是达成一种征纳双方都能够接受的平衡：政府通过强制手段取得税收收入，纳税人通过税收筹划规避纳税或延迟纳税。

第二节　税收筹划的分类、方法与步骤

一、税收筹划的分类

（一）按税收筹划需求主体分类

　　所谓税收筹划需求主体，是指需要进行税收筹划的纳税义务承担者。税收筹划是应需求主体的需要而产生的。税收筹划需求主体可分为法人和自然人。依需求主体的不同进行分类，税收筹划可分为法人税收筹划和自然人税收筹划两大类。

法人税收筹划主要是对法人的组建、分支机构设立、筹资、投资、运营、核算、分配等活动进行的税收筹划。由于我国现阶段的税制模式以商品劳务税和所得税为主，企业是商品劳务税和所得税的纳税主体，是税收的主要缴纳者，因此，在法人税收筹划中，企业税收筹划需求量最大。

自然人税收筹划主要是在个人投资理财领域进行。自然人数量众多，西方许多国家以个人所得税或财产税为主体税种，而且税制设计复杂，因而自然人税收筹划的需求量也有相当大的规模。我国的税制设计决定了自然人不是税收的主要缴纳者，虽然涉及自然人的税种不少，但纳税总量并不大，因此自然人税收筹划的需求规模比企业税收筹划要小一些。随着经济的发展、个人收入水平的提高、个人收入渠道的增多以及税制的完善，我国自然人税收筹划的需求量会有一定的增长。

（二）按税收筹划供给主体分类

所谓税收筹划供给主体，是指税收筹划方案的设计人和制定人。税收筹划供给主体可以是需求主体本身，也可以是外部提供者。按供给主体的不同进行分类，税收筹划可以分为自行税收筹划和委托税收筹划两大类。

自行税收筹划是指税收筹划需求主体为实现一定的筹划目标而自主进行的税收筹划。自行税收筹划要求需求主体掌握税收筹划业务技能，并且有具备税收筹划能力的专业人员。对于企业而言，自行税收筹划的供给主体一般以财务部门及财务人员为主。由于税收法规和税收政策的复杂性，需求主体很难精通和准确把握税法的规定，自行税收筹划的成本与风险是比较大的，而且风险自担，因此效果未必理想，一般采用得比较少，主要适用于较为简单和可以直接运用税收优惠的税收筹划项目。

委托税收筹划是指需求主体委托税务代理人或其他专业人士进行的税收筹划。由于税务代理人或其他专业人士具有丰富的税收专业知识和较强的税收筹划技能，制订方案的成功率相对较高。虽然委托税收筹划需要支付一定的费用，承担一定的风险，但比自行税收筹划的成本与风险要低，并且即使有风险，也能在事前约定由委托方与受托方共同分担，因此委托税收筹划是效率比较高、效果比较好的一种税收筹划形式。这种形式主要适用于企业大型税收筹划项目和业务复杂、难度较大的税收筹划专门项目。目前，我国税收筹划供给主体主要是税务师事务所、会计师事务所以及提供涉税服务的其他中介机构。

（三）按税收筹划范围分类

所谓税收筹划范围，是指税收筹划涉及的筹划项目内容。按税收筹划范围的不同进行分类，税收筹划可分为整体税收筹划和专项税收筹划。

整体税收筹划是指对纳税人生产经营、投资理财等涉税活动整体进行的全面税收筹划。一般而言，大中型企业生产经营规模大，运营情况比较复杂，涉税事项较多，财务规划任务重，整体税收筹划具有特别重要的意义。整体税收筹划具有"两大""两高"的特点，即难度大、风险大、成本高、收益高。整体税收筹划如果成功，能给企业带来可观的税收利益，但是，整体税收筹划是一项复杂的系统工程，要求筹划人员具有较高的专业技能，通晓各项法律法规以及生产经营、投资理财的相关知识。

专项税收筹划是指针对纳税人某一项或某几项生产经营活动而进行的税收筹划，或者是针对某一个税种或某几个税种而进行的税收筹划。专项税收筹划针对性强，目标具体，难度较小，成本较低，效果比较明显，在实践中，无论大型企业还是中小企业，都运用得比较多。

（四）按税收筹划税种类别分类

税种按征税对象的不同，可分为商品劳务税、所得税、财产税、资源税、行为目的税等几大类。与之相对应，按所涉税种的不同类别进行分类，税收筹划可分为商品劳务税税收筹划、所得税税收筹划、财产税税收筹划、资源税税收筹划、行为目的税税收筹划等。商品劳务税和所得税是目前我国税制结构中最主要的两大税类，因而也是纳税人税收筹划需求最大的两个税类。

商品劳务税税收筹划主要围绕纳税人身份、销售方式、货款结算方式、销售额、适用税率、税收优惠等相关项目进行税收筹划。虽然商品劳务税是企业缴纳税款最多的税，但由于其可以转嫁，加之税制弹性相对较小，因此税收筹划空间比所得税要小。

所得税税收筹划主要围绕收入实现、经营方式、成本核算、费用列支、折旧方法、捐赠、筹资方式、投资方向、设备购置、机构设置、税收优惠等相关项目进行税收筹划。所得税的税制弹性相对较大，其税收筹划空间也较大，效果往往比较明显。

（五）按税收筹划环节分类

企业在生产经营、投资理财的每个环节都存在决策问题，同时也伴随着税收筹划的需求。按生产经营、投资理财的不同环节进行的税收筹划一般可称为环节税收筹划。按环节的不同，税收筹划可分为机构设置税收筹划、投资决策税收筹划、融资方式税收筹划、经营策略税收筹划、产销决策税收筹划、成本费用核算税收筹划、利润分配税收筹划等。

不同环节的决策目标十分具体而又不尽相同，相应的税收政策及规定较多且差别较大，这就给环节税收筹划留下了较为广阔的空间和余地，只要筹划得当，都有机会获得一定的税收利益。因此，环节税收筹划受到高度重视，成为企业税收筹划的重点，这方面的成功案例也较多。

（六）按税收筹划目标分类

税收筹划的目标是税收筹划需求主体希望通过税收筹划实现的目的。税收筹划产生以来，人们对税收筹划的目标定位经历了不断发展和演变的过程。迄今为止，人们对税收筹划目标的认识仍存在一定分歧。从现实来看，不同的纳税人有不同的税收筹划目标，据此可将税收筹划分为以下几种类型：涉税零风险的税收筹划、获取资金时间价值的税收筹划、维护自身合法权益的税收筹划、减轻税负的税收筹划、税后利润最大化的税收筹划、企业价值最大化的税收筹划。

涉税零风险的税收筹划，是指以纳税人账目清楚，纳税申报正确，缴纳税款及时、足额，不会出现任何关于税收方面的处罚，即在税收方面没有任何风险或风险极小甚至可以忽略不计为目标的税收筹划。实现涉税零风险是税收筹划方案的最低目标，而实现最低目标是实现最高目标的基础。纳税人纳税，首先要做到合法，在税务上不出现法律风险；其次才是在合法的基础上运用各种筹划方法，实现最轻税负。实现企业涉税零风险，可以带来以下好处：第一，可以避免发生不必要的经济损失；第二，可以避免发生不必要的名誉损失；第三，更有利于企业进行财务管理。

获取资金时间价值的税收筹划，是指以将当期应该缴纳的税款延缓到后期缴纳，从而获得资金的时间价值为目标的税收筹划，是税收筹划目标体系的有机组成部分之一。既然资金具有时间价值，企业就应该尽量减少当期的应纳税额，延缓税款缴纳。纳税人只有重视资金的时间价值，才能使税收筹划方案更具科学性。

维护自身合法权益的税收筹划，是指以纳税人在守法的前提下依法享有合法税收权益为目标的税收筹划。例如，增值税一般纳税人享有凭增值税专用发票所载进项税额抵扣增值税销项税额的权利；纳税人有申请延期申报和延期缴纳税款的权利，有依法申请退还多缴税款的权利，有依法申请减免税的权利，有要求赔偿损失的权利，有对税务行政处罚申请听证的权利，有申请税务行政复议和提起税务行政诉讼的权利等。

减轻税负的税收筹划一般以节税为唯一目标。税收筹划之产生，最初的目的就是节税，节税是税收筹划产生的原始动因和目标。纳税人以节税为目标时，其主要考虑税收筹划方案能否带来减轻税负的好处，而忽视其他结果，比如税收筹划方案能否带来税后利润最大化的结果。事实证明，减轻税负的纳税方案不一定是最佳方案。由于纳税人对税负敏感，而节税又能带来直观的税收利益，减轻税负的税收筹划在现实中仍颇受青睐。

税后利润最大化的税收筹划主要关注税后利润，它摒弃了单纯以减轻税负为目标的税收筹划观念，是随着现代企业目标理论发展起来的较为先进的一种税收筹划。目前，以税后利润最大化为目标的税收筹划比较流行。在现实中，税后利润最大化目标往往导致经理人只顾追求当年或任期内的最大利润，而忽视企业可持续发展等问题，因此，随着企业目标理论的发展以及企业价值最大化理论的产生，税后利润最大化目标受到挑战。与之相适应，以企业价值最大化为目标的税收筹划开始兴起。

企业价值最大化的税收筹划是以实现企业可持续发展、综合收益稳步增长为目标的税收筹划。所谓企业价值最大化，是指采取最优财务政策，通过财务上的合理运作，充分利用风险与报酬的关系，保证将企业长期稳定发展摆在首位，强调在企业价值增长中应满足各方利益，不断增加企业财富，使企业总价值达到最大化。企业价值最大化理论认为，企业价值评估的标准除了企业目前的获利能力外，更应包括企业未来的和潜在的获利能力。因此，企业价值最大化的税收筹划不是根据当年利润或经理人任期的税后利润的多少来选择筹划方案，而是根据企业整体利益和长远利益来选择筹划方案。企业价值最大化的税收筹划是符合科学发展观要求、有利于企业可持续发展的一种现代税收筹划。

（七）按税收筹划所涉及的国境（边境）分类

由于跨国经营活动及跨国纳税人的存在，税收筹划也会超越国境（边境）进行。按所涉及的国境（边境）的不同，税收筹划可以分为国内（境内）税收筹划和国际（境外）税收筹划两类。

国内（境内）税收筹划是指从事生产经营、投资理财活动的非跨国（境）纳税人在国内（境内）进行的税收筹划。国内（境内）税收筹划主要依据的是国内（境内）税收政策，充分运用现行的国内（境内）税收法律法规，为企业谋取正当、合法的税收利益。

国际（境外）税收筹划是跨国（境）纳税主体利用国家（地区）与国家（地区）之间的税收政策差异和国际税收协定条款进行的税收筹划。随着经济全球化的发展，我国纳税人对国际税收筹划的需求越来越多，目前主要是在对外贸易和对外投资活动领域。相对于国内税收筹划来说，国际税收筹划需要独特的知识和技术。由于国际税收筹划的复杂性，以及获取专业知识或技能的难度，国际税收筹划的成本会高于国内税收筹划。

对国际税收筹划的研究大多以发达国家税制结构为背景，重点研究所得税的避税问题，这与发达国家的税制结构以所得税为主有关，其侧重点是跨国公司的国际避税。跨国公司往往采用税基侵蚀与利润转移的方式，利用不同国家之间的税制差异及漏洞，运用转让定价等方式达到调节跨国公司税负的目的。

二、税收筹划的方法

（一）身份选择筹划法

身份选择筹划法是指纳税人灵活选择纳税人身份进行税收筹划的方法，该方法尽量使承担的税负降到最低，或直接避免成为纳税人。就所得税而言，纳税人可以选择个体工商户、个人独资企业、合伙企业或公司制企业等身份类型。个体工商户、个人独资企业和合伙企业的经营所得，以每一纳税年度的收入总额减除成本、费用、税金以及损失后的余额为应纳税所得额，计算缴纳个人所得税，而无须缴纳企业所得税，其综合税负较低。

公司制企业按照税法的要求，需要就其纳税调整后的经营利润缴纳企业所得税，若公司制企业对自然人股东进行利润分配，还需要代扣代缴20%的个人所得税。对公司制企业的这种征税方式一般称为"双重征税"，而双重征税的综合税负率高达40%（即25%+（1-25%）×20%）。

就增值税而言，可在一般纳税人与小规模纳税人之间进行身份选择。增值税纳税人分为一般纳税人和小规模纳税人。对这两种类型纳税人征收增值税时的计算方法和征管要求不同。一般纳税人大多实行进项抵扣制，而小规模纳税人按照简易计税方法计算缴纳增值税，且无进项抵扣。

此外，在特殊情形下，经营者可以避免成为法定纳税人。比如，税法规定，房产税的征税范围是城市、县城、建制镇和工矿区的房产。房产界定为房屋，即有屋面和围护结构，能够遮风挡雨，可供人们在其中生产、学习、娱乐、居住或者储藏物资的场所；独立于房屋之外的建筑物，如围墙、停车场、室外游泳池等，不属于房产，企业无须针对此类建筑物缴纳房产税。企业在进行税收筹划时，可将停车场、游泳池等建成露天的，并且把这些建筑物的造价同厂房和办公用房等分开，在会计上单独核算，从而避免多交房产税。

运用身份选择筹划法还应充分考虑其他重要的影响因素，如风险、税收优惠等。当经营者选择不同性质的企业类型或组织机构类型时，其面对的税收状况与风险情况有所不同。个人独资企业、合伙企业税负较轻，但一般承担无限责任，经营风险较大；有限责任公司或股份有限公司虽然承担双重纳税负担，但只需以资产总额为限对企业债务承担有限责任，其股东则以出资额为限对企业经营承担有限责任，其经营风险与财税风险较小。不同的纳税人身份还可能适用不同的税收优惠政策，所以在运用身份选择筹划法时，必须考虑税收优惠政策的影响。①

（二）税基调控筹划法

税基即计税依据。税基调控筹划法主要采用税基分解、减少计税依据或推迟确认应税收入、提前确认成本费用等方法来实现减轻纳税人税负的目的。

1.分解税基法

分解税基法是指按照业务活动或项目类型将税基合理分解，使税基所适用的税率由高转低的税收筹划方法。分解税基法一般适用于采用累进税率或存在差别性比例税率的情

---

① 蔡昌. 新时代税收筹划方法论：普适方法与操作技术［J］. 财会月刊，2021（7）：116-122.

况，比如纳税人存在较高的个人所得税综合所得、需缴纳土地增值税的房地产收入、适用不同增值税税率的兼营销售收入等情形。在实务中，分解税基法常用于按累进税率计税的税种，或涉及起征点或免征额的税种。分解税基法对于适用累进税率的税种效果较好。累进税率的纳税特点是基数越大，适用税率越高，缴税越多。分解税基，使部分收入适用较低的税率，则可减少应纳税额。对于有起征点或免征额规定的税种，较理想的筹划方式是化整为零，使计税依据未达到起征点或在免征额内，则可以避免缴税。

2.缩小税基法

缩小税基法是指利用税法规定并借助税收筹划操作技术使税基合法缩小，从而减少应纳税额或避免多缴税的方法。该方法常用于增值税、消费税、个人所得税、企业所得税等税种。缩小税基的方法有很多，对于增值税与消费税，可以把一部分价外费用合理剥离；对于个人所得税，可以增加专项附加扣除；对企业所得税，可以增加税前扣除项目金额。税基缩小意味着合法减少计税依据，在适用税率一定的前提下会带来应纳税额的减少。

各个税种的计税依据有差别，纳税人可以根据各税种的政策规定，合法减少计税依据，进而减轻税负。例如，在计算企业所得税应纳税所得额时，与企业收入相对应的成本、费用、税金及损失等准予在税前扣除，企业扣除的项目越多，扣除金额越大，应纳税所得额越小。纳税人根据税收制度进行税前扣除，要尽量减少纳税调增，合理安排相关成本费用的扣除，通过配套财务活动创造条件，使企业的各项费用满足税前扣除标准，充分利用可扣除的项目来减少应纳税所得额。

3.税基实现法

（1）税基推迟实现。税基推迟实现是延期纳税的一种表现形式。在通货膨胀的经济环境中，税基推迟实现的节税效果更明显，因为其不仅能推迟纳税，还能降低纳税人未来所支付税款的货币购买力，相当于获取了货币的时间价值。尽管延期纳税并不能减少纳税额，但使应纳税时间向后推迟且无须支付时间成本，相当于从政府手中拿到了一笔无息贷款。合理延期纳税可以利用财务会计的处理和税收政策的规定实现，一般可通过两类财务处理来实现：第一，推迟收入确认的时间；第二，将列支成本费用的时间提前。

（2）税基均衡实现。在适用累进税率的情况下，纳税人均衡不同期间的税基确认金额，可以实现平均税率的最小化。

（3）税基提前实现。处于税收减免期间的纳税人，其企业所得税的税基如果提前实现，可以使应纳税所得额提前实现，从而享受更多的税收减免优惠。

（三）税率差异筹划法

税率差异筹划法是指纳税人根据业务性质、税收优惠或计税依据等，通过合理安排，尽可能使课税对象适用较低税率的筹划方法。一般而言，国家调控经济，通过政策引导经济行为，会对不同的商品、劳务与服务设置高低不一的税率。利用税率差异进行税收筹划要求纳税人将应税所得根据业务性质细分为两个或两个以上税率有高低差异的征税对象，分开的征税对象依据不同的税率分别计算应纳税额。就比例税率而言，如果涉及不同货物、劳务、服务的销售，可以通过分开核算，使部分销售额适用较低税率。就累进税率而言，需要防止税率攀升，尤其需要注意累进税率对个人所得税、土地增值税等税负的影响。

现行增值税一般纳税人所涉及的增值税税率为13%、9%或6%。多项业务兼营的企业应采取分别核算的筹划方式，避免因从高适用税率而加重税负。增值税纳税人选择适用一般计税方法还是简易计税方法，需要考虑税率差异带来的税负变化。企业所得税纳税人应尽可能以地区优惠税率或产业优惠税率为切入点，在对外投资时加以权衡。但在实践中，纳税人的同一项生产经营活动涉及多个税种，不同税种之间的税负此消彼长，税收与其他成本费用同样存在此消彼长的关系，故低税率的选择能否带来综合税负最小化、税后利润最大化或企业价值最大化，还需要进行测算。另外，纳税人需要注意税率差异的稳定性和长期性。税率差异并非一成不变，随着时间的推移，税制设计会发生变化，纳税人要相应调整筹划方案。

（四）税收优惠筹划法

税收优惠筹划法是指纳税人充分利用国家制定的税收优惠政策实现税负最小化的方法。税收优惠是国家基于一定时期的政治、经济和社会发展总目标，在税收方面采取的减轻纳税人税负的激励和照顾措施，是国家干预经济的重要手段之一。大多数税收优惠政策是国家为了扶持某些特定地区、行业、企业以及特殊业务的发展，在税收政策上给予纳税人的鼓励与照顾。我国税法中存在大量的税收优惠政策，客观上造成了地区之间、行业之间以及企业之间税收待遇上的差距，这种差距为税收筹划创造了条件。

税收优惠的形式一般有免税、减税、免征额、起征点、退税、优惠税率与税收抵免等。利用税收优惠政策应注意两个问题：一是不能曲解优惠政策的出台背景，滥用税收优惠或以欺骗的手段谋取利益，在投资、经营中尽量与国家政策导向保持一致，充分利用税收优惠来设计筹划方案；二是应全面了解税收优惠政策，按法定程序申请，避免因程序不当而无法享受优惠。比如，软件生产企业与资源综合利用企业享受增值税即征即退的税收优惠，企业购置环境保护、节能节水、安全生产等专用设备的投资额享有企业所得税税额抵免优惠。享受这些优惠除了需要在税务机关备案，部分业务可能还需要提供其他相关行政部门的审批文件。手续齐全与流程完整是税收优惠筹划法得以成功的前提条件。

（五）会计处理筹划法

会计处理筹划法是指企业选择合理的会计政策以实现企业税后利润最大化的税收筹划方法。该方法的优势在于将会计政策引入纳税处理，利用会计与税收的关联性控制税负，是一种跨界的税收筹划方法，其稳健程度较高。[①]税收筹划与企业财务会计处理密不可分。企业在进行生产经营活动时，需要对各项资金收支情况展开核算与分析，确定其形成是否达到合理化标准，是否处于可控范围之内。税收筹划需要从会计核算中获取必要的数据，纳税人不能违背财务会计准则与纳税调整的规定，不可违规调节利润。

如果某些项目享受免税政策，在会计核算上必须严格加以区分；否则，就要合并征税，不得享受税收优惠政策。企业生产经营有着不同税率的产品，在会计核算与申报纳税时需要划分清楚，否则一并按高税率征税。另外，在收入方面，主要针对确认收入的时间以及计算收入所使用的方法进行会计处理的税收筹划。企业在常规经营活动中，往往会有多种费用支出项目，而且所有的项目都有对应的范围，企业需要深入了解会计准则与税法的差异和相关调整事项，从而以更合理的方式减轻税负。

---

① 蔡昌. 新时代税收筹划方法论：普适方法与操作技术［J］. 财会月刊，2021（7）：116-122.

（六）税负转嫁筹划法

税负转嫁是指纳税人通过商品交换中的价格波动转移税负，并在交易双方之间进行税负分配。纳税人在商品流通过程中提高销售价格或压低购进价格，将税负转移给购买者或者供应商的做法就是典型的税负转嫁。税负转嫁筹划法是指纳税人通过各种途径和方法将其负担的税款转移给他人负担的税收筹划方法。税负转嫁是一种典型的税收博弈行为，对市场主体的税负分布产生影响。纳税人利用市场经济主体的自由定价权，通过价格浮动创造税收筹划操作空间。税收负担能否转嫁以及如何转嫁，取决于多种因素。企业应根据产品的需求弹性、供给弹性及市场供求状况来制订相应的税负转嫁筹划方案。

1.税负前转

税负前转是指纳税人通过提高商品或生产要素价格的方式，将其所负担的税款转移给购买者或最终消费者。在生产环节课征的税收，生产企业就可以通过提高商品的出厂价格把税负转嫁给批发商，批发商再以类似的方式转嫁给零售商，零售商再将税负转嫁给最终消费者。例如，某制造企业属于增值税一般纳税人，其缴纳的增值税税额并不能体现其真实税负，因为其销项税额最终由购买方或消费者承担。

2.税负后转

税负后转是指纳税人通过降低生产要素购进价格、压低工资或者其他转嫁方式，将其负担的税款转移给生产要素提供方。纳税人已负担的税款因种种原因不能转嫁给购买者和消费者，便通过税负后转嫁给货物的供给者和生产者。比如，批发商由于商品价格下降，已被转嫁的税款难以加在商品价格之上再转嫁给零售商，于是要求厂家退货或要求厂家承担全部或部分已纳税款，这时就会发生税负后转。税负后转一般适用于生产要素或商品的买方市场。

（七）纳税临界筹划法

纳税临界筹划法是指纳税人利用起征点、免征额、扣除限额、税率临界点等相关规定进行税收筹划的方法。比如，未达到增值税起征点的纳税人无须缴纳增值税；企业发生的职工福利费、工会经费与职工教育经费均有扣除限额（比例）的规定，利用好扣除限额，尽可能增加税前扣除金额，可以减少企业所得税的应纳税所得额；一次性年终奖的个人所得税应该避免临界点税率攀升导致"多发一元年终奖，多交几千元个税"的情形。

另外，绝对数临界点、相对比例临界点、时间临界点同样需要关注。例如，在我国消费税政策的相关规定中，售价大于或等于10 000元的手表为高档手表，需要缴纳20%的消费税，如果手表的价款为9 999元，则可以省下20%的消费税，这里就利用了绝对数临界点筹划方法。再如，企业实际支付给关联方的利息在企业所得税税前扣除需要满足相对比例的规定——接受关联方债权性投资与权益性投资的比例为金融企业5∶1、其他企业2∶1，把握好相对比例临界点，就可以最大限度进行扣除。

又如，个人将购买不足2年的住房对外销售的，按照5%的征收率全额缴纳增值税；个人将购买2年以上（含2年）的住房对外销售的，免征增值税。假设李先生在大连市拥有一套普通住房，已经居住满22个月，这时他在市区找到一份薪水很高的工作，需要出售该住房。如果李先生再等2个月出售该住房，便可以因购买满2年享受增值税免征待遇，而马上出售则须按照5%的征收率缴纳增值税。因此，最好的办法是将住房在2个月后再转让。当然，如果这时遇到合适的买主，也可以出售并进行变通处理，即利用时间临界点筹划方法，和买主签订两份合同：一份是买卖合同，约定2个月之后正式交割房产；另一份是为期2个月的租赁合同。这样买主可以马上住进去，房主也可以享受增值税免税待遇。

（八）资产重组筹划法

企业的重组方式主要包括股权收购、债务重组、企业合并、资产收购、企业分立。企业在选择重组方式时，应考虑不同税务处理方式造成的税负影响，尤其是对一般性税务处理方式与特殊性税务处理方式，应预先进行评估，权衡一般性税务处理方式和特殊性税务处理方式的优劣，进而选择合适的方案。

一般性税务处理方式具有独特的应用优势，主要体现在两个方面：一是在资产收购、企业合并方式下，重组方按被重组方资产的公允价值确定计税基础，可以起到"税收挡板"作用。比如，通过合并取得的固定资产按公允价值计量，提高了固定资产的账面价值，也就提高了未来的折旧额，从而加大了未来的"税收挡板"作用。二是受限制性条件的影响较小，操作简单，税收筹划成本低。但是，该处理方式也存在一定的弊端：由于税法对重组方的纳税义务提出了一定的要求，需结合转让所得进行纳税，导致重组方的税负加重；由于企业处于分立或合并状态下均无法开展亏损弥补或结转，故被重组方的亏损无法由重组方弥补或结转。

特殊性税务处理方式的优势在于企业股权支付部分的税款可延迟缴纳或递延流转。特殊性税务处理方式虽然不能减少纳税总额，但在一段时间内能够降低企业重组的税负，提高企业资金时间价值。此外，在采用该处理方式时，重组方可在限额内或按比例弥补被重组方的亏损，降低重组方的所得税负担。但是该处理方式的流程通常较为复杂，操作较为烦琐，容易导致企业重组时间延长，在一定程度上增加了企业重组的时间成本。

三、税收筹划的步骤

税收筹划流程主要涉及以下内容：资料调查与涉税风险评估，深入了解企业情况，找到所有涉税风险点和筹划空间；制订初步的筹划方案，应根据风险系数制订多个筹划方案，由企业决策层根据风险偏好选用；筹划方案的实施涉及各种合同的制定、人员分工以及和有关部门的沟通、协商；税收筹划方案实施情况的总结。具体实施步骤如下：

（一）了解纳税人基本情况与税收筹划需求

1.组织形式

纳税人选择不同的组织形式，其收益也将产生差异，进而影响整体税收和获利能力。因此，投资者在组建企业时，必须考虑不同组织形式带来的税收影响。一般情况下，企业组织形式分为三类：公司制企业、合伙企业和个人独资企业。单就所得税而言，合伙企业要优于公司制企业，因为合伙企业只征个人所得税，而公司制企业除了缴纳企业所得税外，税后利润分配还需缴纳个人所得税。如果综合考虑企业的税基、税率、优惠政策等多种因素，公司制企业也有自身优势，因为公司制企业可以更多地享受国家的税收优惠政策。企业组织形式分类的另一种情形是在公司制企业内部进行两对公司关系的划分，即总分公司划分和母子公司划分。

2.财务状况

财务状况是用价值形态反映的企业经营活动状况和企业生产经营活动成果，通常通过资产负债表、利润表、现金流量表及相关附表反映。企业财务状况分析主要是对公司目前资产、负债、所有者权益和利润的各个方面进行评价，分析企业的资产结构、债务结构、变现能力、偿债能力、资本保值增值能力和现金流量。通过财务状况分析，可以了解企业过去，评价企业现状，预测企业未来。财务状况分析的目的主要在于促进企业加强资金管理，保持合理的资金分布与良好的资金循环，为税收筹划的实施提供支撑。

3.投资意向

我国现行税法对投资方向不同的企业制定了不同的税收政策。投资者在选择投资地点或产业时，应充分利用国家提供的税收优惠政策。另外，投资额与企业规模（包括注册资本、销售收入、利润等）密切相关，不同规模企业的税收待遇和优惠政策也有所不同。

（二）收集涉税信息与明确筹划目标

1.纳税人涉税情况分析

在进行税收筹划活动时，首先要了解以下涉税信息：纳税人所在行业涉及的税种、税费的财务处理、纳税申报、税负分布等。有条件的纳税人可以建立税收信息资源库，以备使用。

2.相关税收政策分析

纳税人应全面了解相关行业、部门的税收政策，理解和掌握国家税收政策及精神，查阅与企业相关的税收政策及类似企业相关筹划案例，与税务机关适度沟通与协调，分析企业是否符合享受优惠政策的条件。与税务机关人员进行有效沟通，有助于避免税收筹划风险，是筹划成功的先决条件。同时，纳税人应分析税务机关对税收筹划方案的认可度或容忍度，就税收筹划方案的可行性作出合理的预期，以提高筹划成功的可能性。

3.确定税收筹划的具体目标

税收筹划的最终目标由纳税人权衡。在综合多方面信息后，便可以确定税收筹划的各个具体目标，并以此为基准来设计方案。税收筹划的具体目标主要有实现税负最小化、实现税后利润最大化、实现资金时间价值最大化、实现纳税风险最小化、实现企业价值最大化。

（三）设计与选择税收筹划方案

在具体税收筹划方案的设计中，纳税人应关注合同的设计与税收优惠政策的选用。税收筹划既要考虑全局，又要突出重点。在掌握相关信息和确立目标之后，相关人员可以着手设计具体方案，一般按以下步骤进行：首先，对涉税问题进行认定，即认定涉税项目的性质及所涉及的税种等；其次，对各税种的税负分布进行分析，对综合税负进行预判，兼顾非税成本，明晰不确定性将引发的后果，了解需要解决的关键问题等；最后，设计多种备选方案，包括涉及的经营活动、财务运作和会计处理等方案，并计算出不同方案的涉税金额，比较综合税负的轻重，筛选出最有利的方案。

税收筹划是对多种筹划技术的组合运用，同时需要考虑风险因素。方案列示出来以后，必须进行一系列分析，主要包括以下三个方面：一是合法性分析，税收筹划的首要原则是合法性原则，即对设计好的方案首先要进行合法性分析，以规避法律风险；二是可行性分析，税收筹划的实施需要具备多方面的条件，企业必须对方案的可行性作出评估，这种评估包括对实施时间的选择、对人员素质的评价以及对未来趋势的预测；三是目标分析，每个设计方案都会产生不同的纳税结果，纳税结果是否符合企业既定的目标是选择筹划方案的依据。纳税人对多个方案进行分析、评估和比较后，择优选取。

（四）税收筹划方案的实施与修正

税收筹划方案选定之后，经管理部门批准，即进入税收筹划的实施阶段。企业应当按照选定的税收筹划方案，对纳税人身份、组织形式、注册地点、所从事的产业、经济活动以及会计处理等作出相应的安排或改变。在税收筹划方案的实施过程中，应当及时反馈出现的问题，对筹划方案的效果进行再评价，判断其经济效益与最终结果是否能够保证既定目标的实现。实施结果可能因为执行偏差、环境改变或者原有方案的设计存在缺陷而与预期结果存在差异，这些差异要及时反馈给税收筹划人员，并对方案进行改进。

纳税人实施税收筹划方案后，要对相关措施进行后续管理，对实施结果进行追踪，对相关数据进行分析，并对筹划措施进行内部审计，考核该措施是否制定有效、执行准确。同时，企业也要根据国家政策、市场发展战略的变化，对筹划措施进行及时、有效的修正和完善。另外，企业还要对税收筹划资料进行整理和归档，以便日后修改和调整。

（五）税收筹划的纠纷处理

在税收筹划实践中，税务机关与筹划者对税法条款的理解可能不同，看问题的角度存在差异，因此，可能对一个筹划方案形成不同的认识，甚至持截然相反的观点，进而在筹划方案的认定和实施方面产生分歧，甚至导致税收纠纷。税收法律法规与其他法律法规有着千丝万缕的联系，同一项经济行为往往涉及多重法律约束。纳税人经常会因为对相关法律法规缺乏全面了解而产生涉税风险，因此，在必要时，企业应与有关部门进行适当沟通。一旦发生税收纠纷，纳税人应该进一步评估税收筹划方案的合法性。筹划方案合理合法的，要据理力争，维护自身的合法权益。

第三节　税收筹划风险及其防范

在经济学中，风险是指不确定性及由此带来的损失。税收筹划风险是由各种不确定因素引起的，表现为筹划结果偏离预期目标及由此造成的损失。一方面，税收筹划风险属于经济学中风险的范畴，具备风险的一般特征，比如客观存在性、潜在性等；另一方面，税收筹划风险又有其特殊性，税收政策变动、企业经营状况变化等都可能引发税收筹划风险。

一、税收筹划风险的分类

纳税人是税收筹划活动的实施者和风险承担者，即使纳税人委托代理机构或专业人员进行税收筹划，委托人也应承担主要的甚至是全部的法律责任。纳税人在遵守国家法律法规的前提下实施税收筹划方案，实现减轻税负、提高税后利润和企业价值最大化三大基本目标，而税收筹划风险则表现为对这些目标的偏离和违背。一般而言，税收筹划风险包括以下五类：

（一）违法违规风险

违法违规风险是指纳税人在制订税收筹划方案的过程中，没有真正领会税收政策的精神，作出违法违规行为（包括形式上看似合法实际上违法的行为），最终依法受到惩处的风险。我国现有的税收法律法规层级较多，除了全国人民代表大会及其常务委员会制定的税收法律和国务院制定的税收法规外，还有大量的由有关税收管理职能部门制定的税收行政规章。国家的税收政策经常调整，政策执行具有不定期性或相对较短的时效性。税收政策的频繁调整，为税收筹划提供了空间，但容易导致涉税风险。因为每一个税收筹划方案从酝酿到设计再到实施都需要一定的时间，在此期间，税收政策发生变化就有可能导致原筹划方案不可行，进而产生筹划风险。

另外，对税收政策的理解存在偏差容易引发风险。征纳双方对相同的法律条文可能有不同的理解。纳税人对税收政策的认识不足、理解不透、把握不准，容易引发税收筹划的违法违规风险。部分政策的规定不够明确，执法机关在判定纳税人涉税行为的合法性上存在一定的主观性，又进一步增加了纳税人的涉税风险。纳税人对税收政策要严格按照税法条文的字面含义去理解，既不能扩大，也不能缩小，同时必须注意立法机关、行政机关作出的有效力的解释，以便准确把握税收筹划的尺度。

如果税务机关在征管与稽查过程中认为纳税人存在恶意避税行为，则意味着纳税人可能面临应纳税款的强制性调整。纳税人为此要承担补缴税款、滞纳金或罚金的法律责任，严重的还要承担刑事责任。

（二）方案选择不当风险

方案选择不当风险是指纳税人在进行税收筹划方案选择时，由于决策失误而产生的风险。制订科学的税收筹划方案是成功的关键。从理论上讲，税收筹划在企业筹资、投资、生产、经营、分配等各个领域都可以开展，但由于每个企业的具体情况千差万别，因此存在涉税方案合理选择的问题。如果企业选择不当，会在很大程度上增加涉税风险。纳税人在制订税收筹划方案时，并非只制订一个方案，而是存在多个备选方案，择优选用。不同筹划方案往往有不同的优势与缺陷，纳税人最终选用的方案不一定是最佳方案，可能发生方案选择不当风险。

方案选择不当大致有以下几种表现：一是税收筹划方案严重脱离企业实际。比如，有的企业本已资金紧张，但税收筹划方案要求其涉足新领域、兴办新企业，甚至要求企业在较短的时间内进行组织结构的大幅调整或转型转产。类似的脱离实际的要求往往会使企业产生资金链断裂的风险。二是税收筹划方案不符合成本效益原则，即税收筹划获得的收益不足以弥补开展该项税收筹划所发生的全部成本费用。任何一个筹划方案都有两面性，随着某一个筹划方案的实施，纳税人在取得部分税收利益的同时，必然会为该方案的实施支付额外的费用，因选择该方案而放弃其他方案也会产生机会成本。三是税收筹划方案在很多情况下会长期影响企业的生产经营，方案一旦确定并实施，重新调整面临巨大困难，存在收益的不确定性和资金支付的时间性差异，故企业不得不考虑筹划决策的风险和资金的时间价值。

（三）片面性筹划风险

片面性筹划风险是指纳税人在制订税收筹划方案时，未从全局考虑涉税风险问题，制订的税收筹划方案具有片面性，最终导致税收筹划方案失败的风险。一般情况下，诱发片面性筹划风险的原因有三种：其一，如果纳税人在制订税收筹划方案的过程中，只重视降低某一个或者某几个个别税种的税收负担，而忽视了如何有效降低整体税负，设计的方案就可能较为片面。其二，纳税人设计税收筹划方案时，不能一味地考虑税收负担的降低，而忽略因该筹划方案的实施引发的其他费用的增加或收入的减少，必须综合考虑所采用的方案是否能给企业带来综合收益。虽然部分纳税人也意识到要降低企业整体税负，却忽视了非税成本以及税后利润等问题。其三，如果纳税人只重视税收筹划方案带给自身的利益，却忽视了该方案对其他交易参与方的负面影响，必然会使税收筹划方案在后期难以执行。

此外，税收筹划的终极目标不一定是少缴税。随着现代企业管理和税收筹划技术的发展，"税负最小化"已经不能满足企业的要求，"企业价值最大化"成为其新的目标。企业价值最大化涵盖的内容较为广泛，包括政治利益与经济利益的最大化，这就意味着如今的税收筹划已经提升到战略高度。相应地，企业就不再局限于"节税"这一目标，如果"增税"能够给企业开拓更广的市场、提高声誉、带来更多的收入，税收筹划则进入另一种境界。需要注意的是，片面性风险通常具有隐蔽性，很难被发现，企业应对税收筹划方案进行全面审核，深入挖掘潜在风险，并制定相应的对策。

（四）筹划成本偏高风险

筹划成本偏高风险是指税收筹划成本过高，甚至高于筹划收益的风险。任何经济行为给企业带来收益的同时，也需要企业付出相应的代价。税收筹划作为经济决策行为也不例外，它在给企业带来税收利益的同时，也需要企业付出一定的代价，这个代价就是税收筹划成本。税收筹划成本是指由于采用筹划方案而增加的成本，包括显性成本和隐性成本。显性成本即人工成本，是一种物化劳动成本，是向注册会计师、注册税务师等专业人员进行咨询或委托进行税收筹划时所支付的报酬和费用。隐性成本包括税收筹划失败时的罚款，以及资产收益率变化所带来的机会成本等。

税收筹划在某种程度上属于企业财务管理的范畴，它的目标服从于企业财务管理的目标——股东财富最大化或企业价值最大化。在进行税收筹划时，要进行成本效益分析，合理预测筹划成本和筹划收益，在实施过程中还要因情况变化而及时补充、修订。企业作为追求利润最大化的市场主体，其所做的每项投资决策都建立在相应的成本投入分析的基础上。避免税收筹划成本偏高的关键在于避免不断地为筹划进行投入，尤其是要减少不确定性成本投入。很多税收筹划方案在理论上具有可行性，但在实践中存在较多变数，纳税人将面临很多意想不到的成本或费用。

（五）信誉损失风险

信誉损失风险是指税收筹划所面临的预期结果存在不确定性，纳税人可能因此承担信用危机和名誉损失的风险。纳税信用与社会信用联系紧密，一旦纳税人发生涉税问题，必将影响其社会形象和声誉，这对税收筹划提出了更高的要求。税收筹划人员不仅要有专业、严谨的态度，还要对税收政策、企业经营管理活动了如指掌。

税收筹划的失败往往伴随着信誉的损失，这可能是任何收益都无法弥补的。纳税人要在市场竞争中生存，其信誉十分重要，一旦纳税人的税收筹划被认定为逃税，其信誉必定受损，从而影响企业未来经营和发展。如今的市场更看重纳税人的形象和信誉。如果企业因为税收筹划不当而导致信誉损失，与其他企业开展业务往来的可能性就会降低，进而会阻碍企业未来的经营发展，间接使企业蒙受损失。信誉一旦失去，则很难重建，因此纳税人必须爱惜自己的名声。

随着税务稽查工作的日益规范，纳税评价等相关制度和体系也越来越完善。纳税人一旦丧失了信誉，就会受到税务机关更加严格和频繁的稽查，给企业的整体形象和市场竞争能力造成不良影响。税务机关制定并执行更加严格、细致的税务稽查标准和工作流程，将显著增加纳税人的时间成本和经济投入。

二、税收筹划的风险防控

由于税务部门加大了对纳税情况的监督和管控，税收征管也历经变革，税收政策频繁调整，整体大环境对税收筹划提出了挑战。除了外部风险外，企业内部也存在风险，比如税收筹划方案缺乏适用性，或者税收筹划方案没有从全局考虑，导致个别税种的税负大幅下降的同时，整体税负却增加了。为了有效控制和防范税收筹划风险，企业必须在税收筹划的以下关键环节做好风险防控工作：

（一）关注税收政策变化

随着市场经济环境的不断变化，税收政策也会相应调整。纳税人在进行税收筹划时，应广泛收集、整理与自身相关的最新税收政策，及时掌握税收政策变化动向，了解政策出台背景，参透政策背后的立法精神，适时调整税收筹划方案，规避政策变化给纳税人带来的筹划风险。纳税人可以关注税务机关网站，凭借互联网的资源共享优势，加强信息交流工作，密切关注税收政策的最新动态，分析近期出台的税收优惠政策是否可以享受。当税收政策更新或者发生变动时，纳税人应及时对税收筹划方案进行调整，以保证企业制订的税收筹划方案合法、有效。

为了更好地应对税收筹划风险，决策者有必要加强学习并合理把握税收政策。对于税收优惠政策的应用，需要注意以下几个方面：首先，深入分析税收优惠政策的具体内容，通过加强与税务机关或税务代理机构的交流与沟通，了解享受相关税收优惠所应具备的条件和申请流程。其次，要全面评估税收优惠政策，在合法的前提下灵活应用税收优惠政策。再次，在制订税收筹划方案的过程中，要注重长远利益，从整体考虑市场环境与税收政策的变化趋势。最后，结合企业的发展战略和经营特点，从微观层面提升企业经营决策与税收优惠政策的契合度，及时调整企业的生产、经营、投资、筹资等活动。

（二）建立良好的征纳关系

我国的税收政策修订频繁，征纳双方对新政策往往有不同的解读。当对政策的理解不一致时，征纳双方的沟通就显得尤为重要。完善的征纳沟通机制是规避税收筹划风险的有效方式。对于税收政策不明确的地方，纳税人要主动与税务机关取得联系，保证征纳双方就政策规定的认知保持一致。当征纳双方对某一政策条款的理解出现偏差，进而发生涉税争议时，纳税人要据理力争，切实维护自身的合法权益。

税收征管人员的素质存在差异，对税收筹划的认定存在不同的判断标准，也会产生不同的征税结果。若纳税人按照自己的主观理解进行税收筹划，很可能与税务人员的理解不一致，由此会给企业带来不必要的税收风险。由于各地具体的税收征管方式与征管力度不同，税务执法机关拥有较大的自由裁量权和执法弹性。因此，企业要加强对税务机关工作流程的了解，加强联系和沟通，争取在税法的理解上与税务机关取得一致。

（三）贯彻成本效益原则

纳税人在选择税收筹划方案时必须遵循成本效益原则，只有收益大于成本的税收筹划方案，才可以接受。在筹划过程中，不能仅盯住个别税种税负的高低，要着眼于整体税负的轻重；不能只关注税收成本，还要关注非税成本；不能只考虑眼前利益，还应考虑长远利益。任何税收筹划都会有成本。比如，企业运用转让定价方式减轻税收负担，就需要花费一定的人力、物力、财力，在低税区或国际避税地设立机构；在税收筹划之前，应进行必要的税务咨询，甚至需要聘用专业的税务专家为其策划等。诸如此类的成本支出要在事前做好预案，要与未来的收益进行比较，权衡利弊之后再做决定。对成本收益进行权衡有时应站在战略的高度进行综合比对，致力于税负减轻的同时，也要关注企业的经营风险。

例如，税法规定，企业负债利息允许在计算其应纳税所得额时按规定扣除。在理论上，人们一般认为负债融资对企业具有节税效应，有利于提高权益资本的收益水平，可以优化企业的资本结构，然而，负债融资的上述节税效应只有在负债成本低于息税前的投资收益时才具有实际意义。当负债成本超过息税前的投资收益时，负债融资就会呈现出负的杠杆效应，这时权益资本收益率会随着负债额度和比例的提高而下降。此外，随着企业的负债比率不断提高，企业的财务风险及融资风险也必然增加。所以，企业进行税收筹划时，如果不把各种因素联系起来考虑，只将税负轻重作为选择税收筹划方案的唯一标准，就有可能影响企业的可持续发展。

（四）借助专业团队规避涉税风险

税收筹划是高层次的理财活动和系统工程，税收筹划人员不仅要精通税务和财务知识，而且要通晓投资、金融、法律、贸易、物流等专业知识。提升税收筹划人员的专业素质可以提高税收筹划方案的质量。考虑到税收筹划具有较强的专业性，纳税人应尽可能增强专业知识，丰富筹划经验，提升对税收政策的运用能力，避免在税收筹划过程中因为对税收法律法规的错误运用而造成不必要的经济损失。税收筹划仅靠企业财务部门难以完成，某些企业由于受到专业和经验的限制，不能独立完成某些税收筹划项目，因此，对于自身不能胜任的项目，纳税人应该聘请专业人士，以提高税收筹划的规范性和合理性，从而进一步降低税收筹划风险。

●●● 思考与练习

一、即测即评

第一章单项选择题　　　第一章多项选择题　　　第一章判断题

二、问答题

1.请说明税收筹划与避税的区别。

2.税收筹划对于税制设计的完善有哪些意义？

3.如何防范税收筹划风险？

第二章 增值税的税收筹划

【学习目标】

1.熟知增值税政策的基本规定；

2.熟练掌握增值税纳税人身份选择的筹划安排；

3.能够基于增值税政策变动寻找筹划空间；

4.掌握增值税销项税额、进项税额、计税方式、出口退税、税收优惠、纳税义务发生时间等方面的筹划技巧。

●●●● 思政园地

党的二十届三中全会对进一步全面深化改革作出了系统部署，其中财税改革成为人们关注的焦点。会议审议通过了《中共中央关于进一步全面深化改革 推进中国式现代化的决定》。在深化财税体制改革的背景下，增值税作为重要的间接税税种，其改革举措备受关注。该决定提出"完善增值税留抵退税政策和抵扣链条"，旨在进一步优化企业现金流，减轻企业负担，激发市场活力；同时，通过优化共享税分享比例，确保中央与地方在增值税收入上的合理分配，促进区域间财力均衡。

●●●● 案例导入

2024年4月，张某出租商铺1套，约定一次性收取年租金96万元。

国家税务总局公告2023年第1号《国家税务总局关于增值税小规模纳税人减免增值税等政策有关征管事项的公告》规定，增值税小规模纳税人（以下简称"小规模纳税人"）发生增值税应税销售行为，合计月销售额未超过10万元（以1个季度为1个纳税期的，季度销售额未超过30万元，下同）的，免征增值税。

小规模纳税人发生增值税应税销售行为，合计月销售额超过10万元，但扣除本期发生的销售不动产的销售额后未超过10万元的，其销售货物、劳务、服务、无形资产取得的销售额免征增值税。

张某一次性收取年租金96万元，在租赁期12个月内平均分摊，月租金收入为8万元（96÷12），未超过10万元，免征增值税。

第一节 增值税纳税人的政策规定及其筹划

增值税是以单位和个人生产经营过程中取得的增值额为课税对象征收的一种税。

一、增值税纳税人的基本规定与分类

（一）纳税人

在中华人民共和国境内销售货物或者提供加工修理修配劳务（以下简称"劳务"），销售服务、无形资产或者不动产，以及进口货物的单位和个人，为增值税纳税人。

所称单位，是指企业、行政单位、事业单位、军事单位、社会团体及其他单位。所称个人，是指个体工商户和其他个人。

（二）一般纳税人和小规模纳税人划分的具体标准

增值税纳税人分为一般纳税人与小规模纳税人，划分标准见表2-1。2018年5月1日起，增值税小规模纳税人标准调整为年应征增值税销售额（不含增值税）500万元及以下。增值税纳税人年应纳税销售额超过财政部、国家税务总局规定的小规模纳税人标准的，除另有规定者外，应当向其机构所在地主管税务机关办理一般纳税人登记。

表2-1　　　　　　　　　　　一般纳税人和小规模纳税人划分标准

经营规模	具体情况	纳税人类型
年应征增值税销售额超过500万元	一般情况	应当向税务机关申请办理一般纳税人登记
	非企业单位、不经常发生应税行为的企业和个体工商户	可选择按小规模纳税人纳税
	其他个人	只能作为小规模纳税人
年应征增值税销售额500万元及以下	一般情况	小规模纳税人
	会计核算健全，能够提供准确的税务资料	可以成为一般纳税人

年应纳税销售额范围是指纳税人在连续不超过12个月或4个季度的经营期内累计应征的增值税销售额，包括纳税申报销售额、稽查查补销售额、纳税评估调整销售额。

销售服务、无形资产或者不动产有扣除项目的纳税人，其年应纳税销售额按未扣除之前的销售额计算。纳税人偶然发生的销售无形资产、转让不动产的销售额，不计入年应纳税销售额。

"纳税申报销售额"是指纳税人自行申报的全部应征增值税销售额，其中包括免税销售额和税务机关代开发票销售额。"稽查查补销售额"和"纳税评估调整销售额"计入查补税款申报当月（或当季）的销售额，不计入税款所属期销售额。

年应纳税销售额不能达到规定标准，但能够按照国家统一的会计制度的规定设置账簿，根据合法、有效凭证核算，准确提供税务资料的，也可登记成为增值税一般纳税人。

二、增值税纳税人的税率与计税方法

（一）适用税率或征收率

一般纳税人适用的增值税税率包括13%、9%、6%、0。

增值税征收率的规定相对复杂，具体规定如下：

1.3%的征收率

（1）小规模纳税人在中华人民共和国境内销售货物或者提供加工修理修配劳务，销售应税服务、无形资产，增值税征收率为3%。

（2）自2020年3月1日至2027年12月31日，增值税小规模纳税人适用3%征收率的应税销售收入，减按1%的征收率征收增值税。

（3）一般纳税人发生按规定适用或者可以选择适用简易计税方法计税的特定应税行为，增值税征收率为3%（适用5%征收率的除外）。

（4）小规模纳税人（不含其他个人）以及符合规定情形的一般纳税人销售自己使用过的固定资产，依照3%的征收率减按2%征收增值税，并且只能开具普通发票，不得由税务机关代开增值税专用发票。①

（5）小规模纳税人销售自己使用过的除固定资产以外的物品，应按3%的征收率征收增值税。

（6）纳税人销售旧货（含旧汽车、旧摩托车、旧游艇，不包括自己使用过的物品），按照简易计税方法计税，依照3%的征收率减按2%征收增值税。

（7）从事二手车经销的纳税人销售其收购的二手车，自2020年5月1日至2027年12月31日，减按0.5%征收增值税。

2.5%的征收率

（1）一般纳税人转让其2016年4月30日前取得（不含自建）的不动产，可以选择适用简易计税方法计税，以取得的全部价款和价外费用扣除不动产购置原价或者取得不动产时的作价后的余额为销售额，按照5%的征收率征收增值税。

（2）一般纳税人转让其2016年4月30日前自建的不动产，可以选择适用简易计税方法计税，以取得的全部价款和价外费用为销售额，按照5%的征收率征收增值税。

（3）小规模纳税人转让其取得（不含自建）的不动产，以取得的全部价款和价外费用扣除不动产购置原价或者取得不动产时的作价后的余额为销售额，按照5%的征收率征收增值税。

（4）小规模纳税人转让其自建的不动产，以取得的全部价款和价外费用为销售额，按照5%的征收率征收增值税。

（5）一般纳税人出租其2016年4月30日前取得的不动产，选择适用简易计税方法计税的，按照5%的征收率征收增值税。

（6）小规模纳税人出租不动产，按照5%的征收率征收增值税。

（7）纳税人提供劳务派遣服务，选择差额纳税的，按照5%的征收率征收增值税。

---

① 根据《国家税务总局关于扩大小规模纳税人自行开具增值税专用发票试点范围等事项的公告》（国家税务总局公告2019年第8号）和《国家税务总局关于增值税发票管理等有关事项的公告》（国家税务总局公告2019年第33号）的规定，自2020年2月1日起，所有小规模纳税人均可以自愿使用增值税发票管理系统自行开具增值税专用发票，不受月销售额标准的限制。

（8）纳税人提供安全保护服务，选择差额纳税的，按照5%的征收率征收增值税。

（9）一般纳税人提供人力资源外包服务，选择适用简易计税方法计税的，按照5%的征收率征收增值税。

（10）个体工商户和其他个人出租住房，按照5%的征收率减按1.5%征收增值税。其他个人采取一次性收取租金形式出租不动产取得的租金收入，可在对应的租赁期内平均分摊，分摊后的月租金收入未超过10万元的，免征增值税。

（11）住房租赁企业纳税人向个人出租住房，按照5%的征收率减按1.5%征收增值税。

（二）计税方法

一般纳税人的增值税计税公式为：

当期应纳增值税税额=当期销项税额−当期进项税额

=当期应纳税销售额（不含增值税）×适用税率−当期进项税额

小规模纳税人或一般纳税人在特定情形下适用简易计税方法的计税公式为：

当期应纳增值税税额=当期应纳税销售额（不含增值税）×征收率

适用一般计税方法的一般纳税人可以享受增值税进项税额抵扣。一般纳税人在特定情形下选择适用简易计税方法计税的，则不能享受增值税进项税额抵扣。

小规模纳税人只能适用简易计税方法计税，不能享受增值税进项税额抵扣。

三、利用身份选择的税收筹划

一般纳税人适用一般计税方法计税，可以抵扣进项税额；小规模纳税人适用简易计税方法计税，不得抵扣进项税额。税收政策的差异客观上导致一般纳税人和小规模纳税人在计税方法、适用税率以及发票使用等方面存在诸多差异，这些差异为纳税人提供了身份选择筹划空间。

（一）无差别平衡点增值率判别法

在销售额相同的情况下，一般纳税人与小规模纳税人谁纳税更多，取决于各自的计税方法。在销售额既定的情况下，小规模纳税人的应纳税额为销售额×征收率；而一般纳税人的应纳税额取决于有多少进项税额可以抵扣，即可抵扣的进项税额越多，应纳税额越少，反之则应纳税额越多，或者说其增值率越高，应纳税额越多。

在比较一般纳税人与小规模纳税人的税负时，增值率是一个关键因素。在一个特定的增值率下，增值税一般纳税人与小规模纳税人应纳税额相同，这个特定的增值率称为"无差别平衡点增值率"。当增值率低于此值时，增值税一般纳税人的税负轻于小规模纳税人；当增值率高于此值时，增值税一般纳税人的税负重于小规模纳税人。无差别平衡点增值率可分为含税销售额无差别平衡点增值率与不含税销售额无差别平衡点增值率。相关计算公式如下：

一般纳税人应纳增值税税额=当期销项税额−当期进项税额

假设销项税额和进项税额适用的税率相同。

销项税额=含税销售额÷（1+税率）×税率

进项税额=含税购进额÷（1+税率）×税率

增值率=（含税销售额−含税购进额）÷含税销售额

含税购进额=含税销售额×（1−增值率）

一般纳税人应纳税额=含税销售额÷（1+税率）×税率–含税购进额÷（1+税率）×税率

＝（含税销售额–含税购进额）÷（1+税率）×税率

=含税销售额×增值率÷（1+税率）×税率

小规模纳税人应纳税额=含税销售额÷（1+征收率）×征收率

当二者的应纳税额相等时，增值率为无差别平衡点增值率。

含税销售额÷（1+税率）×增值率×税率=含税销售额÷（1+征收率）×征收率

无差别平衡点含税增值率=征收率÷（1+征收率）×（1+税率）÷税率

无差别平衡点不含税增值率=征收率÷税率

不同税率对应的无差别平衡点增值率见表2-2（以3%的征收率为例）。

表2-2　　　　　　　　　　　　　无差别平衡点增值率

一般纳税人税率	小规模纳税人征收率	无差别平衡点含税增值率	无差别平衡点不含税增值率
13%	3%	25.32%	23.08%
9%	3%	35.28%	33.33%
6%	3%	51.46%	50.00%

当增值率=无差别平衡点增值率时，两种纳税人的税负相等。

当增值率>无差别平衡点增值率时，一般纳税人的税负重于小规模纳税人。

当增值率<无差别平衡点增值率时，一般纳税人的税负轻于小规模纳税人。

（二）无差别平衡点抵扣率判别法

由前述增值率的计算推导可知：

增值率=（含税销售额–含税购进额）÷含税销售额

＝1–含税购进额÷含税销售额

无差别平衡点含税抵扣率=含税购进额÷含税销售额

＝1–增值率

＝1–征收率÷（1+征收率）×（1+税率）÷税率

无差别平衡点不含税抵扣率=1–征收率÷税率

不同税率对应的无差别平衡点抵扣率见表2-3（以3%的征收率为例）。

表2-3　　　　　　　　　　　　　无差别平衡点抵扣率

一般纳税人税率	小规模纳税人征收率	无差别平衡点含税抵扣率	无差别平衡点不含税抵扣率
13%	3%	74.68%	76.92%
9%	3%	64.72%	66.67%
6%	3%	48.54%	50.00%

当抵扣率=无差别平衡点抵扣率时，两种纳税人的税负相等。

当抵扣率>无差别平衡点抵扣率时，一般纳税人的税负轻于小规模纳税人。

当抵扣率<无差别平衡点抵扣率时，一般纳税人的税负重于小规模纳税人。

【例2-1】某工业企业现为增值税小规模纳税人，会计核算健全，可以申请一般纳税人资格，其销售对象主要是最终消费者，其对增值税专用发票无特别要求。本年应纳增值税含税销售额为480万元，购进货物金额（含税）为393.6万元。运用无差别平衡点增值率判别法分析该工业企业本年增值税纳税人身份筹划策略。

【解析】增值率=（480-393.6）÷480×100%=18%<25.32%

抵扣率=1-18%=82%>74.68%

由增值率和抵扣率可以得知，该纳税人作为小规模纳税人的税负要重于一般纳税人，应及时申请成为一般纳税人。

【例2-2】甲公司和乙公司均为商品零售企业，经营范围相同。甲公司年不含税销售额为265万元，购进货物的不含税金额为240万元；乙公司年不含税销售额为305万元，购进货物的不含税金额为280万元。甲公司和乙公司购买货物都可取得增值税专用发票，适用13%的税率。

分析以下三个方案，并基于增值税税负最小化作出选择：方案一，甲公司和乙公司年销售额都没有超过500万元，按照小规模纳税人适用简易计税方法计税，征收率为3%；方案二，甲公司和乙公司合并成立丙公司，丙公司的年应纳税销售额超过500万元，其为增值税一般纳税人；方案三，甲公司和乙公司分别按规定设置账簿，根据合法、有效的凭证，准确提供税务资料，均向税务机关提出一般纳税人资格认定申请，按照一般计税方法计算缴纳增值税。

【解析】方案一，甲公司和乙公司均适用简易计税方法计税，征收率为3%。

甲公司应纳增值税税额=265×3%=7.95（万元）

乙公司应纳增值税税额=305×3%=9.15（万元）

甲公司和乙公司合计应纳增值税税额=7.95+9.15=17.10（万元）

方案二，甲公司和乙公司合并成立丙公司，丙公司为增值税一般纳税人。

甲公司不含税增值率=（265-240）÷265×100%=9.43%<23.08%

乙公司不含税增值率=（305-280）÷305×100%=8.20%<23.08%

丙公司应纳增值税税额=570×13%-（240+280）×13%=6.50（万元）

方案三，甲公司和乙公司均为一般纳税人，按照一般计税方法计算缴纳增值税。

甲公司应纳增值税税额=265×13%-240×13%=3.25（万元）

乙公司应纳增值税税额=305×13%-280×13%=3.25（万元）

甲公司和乙公司合计应纳增值税税额=3.25+3.25=6.50（万元）

由以上分析可知，方案二和方案三的总税负都是6.50万元，同方案一相比都可以降低增值税税负10.60万元（17.10-6.50），因此，基于增值税税负最小化，应选择方案二或方案三。

【例2-3】甲公司为一家商业企业，属于增值税小规模纳税人，年应纳税销售额为450万元，年购货金额为400万元；乙公司也为一家商业企业，年应纳税销售额为350万元，属于增值税小规模纳税人，年购货金额为300万元。以上金额均不含增值税，购货均可取得税率为13%的增值税专用发票。甲公司可以合并乙公司并登记为一般纳税人，合并对购销活动均无影响。比较合并与否的总税负，并基于增值税税负最小化作出选择。

【解析】甲公司不合并乙公司，则：

甲公司应纳增值税税额=450×3%=13.50（万元）

乙公司应纳增值税税额=350×3%=10.50（万元）

甲公司与乙公司合计应纳增值税税额=13.50+10.50=24（万元）

甲公司合并乙公司并登记为一般纳税人，则：

合并后公司应纳增值税税额=（450+350）×13%-（400+300）×13%=13（万元）

合并比不合并少缴纳增值税11万元（24-13），基于增值税税负最小化，甲公司应选择合并乙公司并登记为一般纳税人。

一般纳税人在一般计税方法下可以抵扣进项税额，而小规模纳税人不得抵扣进项税额，因此小规模纳税人的税负可能重于一般纳税人。若小规模纳税人不具备转化为一般纳税人的条件（年应纳税销售额未达标准或者出于其他原因），则可以考虑通过合并其他小规模纳税人转化为一般纳税人，从而享有一般纳税人可以抵扣进项税额的税收待遇。

【例2-4】甲公司为一家工业企业，属于增值税一般纳税人，年不含增值税销售额为3 050万元，销售货物适用的增值税税率为13%；年不含增值税可抵扣进项税额的购进货物金额为550万元，购进货物适用的增值税税率为13%，且能取得增值税专用发票。年不含增值税销售额中销售给小规模纳税人的货物不含增值税销售额为450万元，且开具增值税普通发票。

比较以下方案，基于增值税税负最小化，为甲公司筹划纳税人身份：方案一，继续维持增值税一般纳税人身份；方案二，使开具增值税普通发票的业务由分立的乙公司（小规模纳税人）承担，并将乙公司的年不含增值税销售额控制在500万元或以下（本例假设正好为450万元）。

【解析】方案一甲公司应纳增值税税额=3 050×13%-550×13%=325（万元）

方案二甲公司应纳增值税税额=（3 050-450）×13%-550×（3 050-450）÷3 050×13%=277.05（万元）

方案二乙公司应纳增值税税额=450×3%=13.50（万元）

方案二甲公司和乙公司合计应纳增值税税额=277.05+13.50=290.55（万元）

方案二比方案一少缴纳增值税34.45万元（325-290.55），基于增值税税负最小化，应当选择方案二。

如果企业具有较高的销项税额和较低的进项税额，选择作为小规模纳税人，征收率一般为3%，虽不能抵扣进项税额，但整体增值税税负较低。如果企业已经具有一般纳税人资格，可以考虑分立出一个或若干个小规模纳税人，开展与其他小规模纳税人有关的业务，这样可以在一定程度上降低增值税税负。但是，如果企业的客户大多是一般纳税人，那么，企业自身不适合成为小规模纳税人。因此，通过分立转换增值税纳税人身份的税收筹划要统筹兼顾。

第二节 增值税销项税额的筹划

一般纳税人发生应税销售行为时，按照销售额与适用税率计算并向购买方收取的增值税税额为销项税额，具体计算公式为：

销项税额=销售额（不含增值税）×税率

销项税额筹划的关键在于确定销售额与税率。销售额包括向购买方收取的全部价款和价外费用。所谓价外费用，包括价外向购买方收取的手续费、补贴、基金、集资费、返还利润、奖励费、违约金、滞纳金、延期付款利息、赔偿金、代收款项、代垫款项、包装费、包装物租金、储备费、优质费、运输装卸费以及其他各种性质的价外收费。

纳税人可以选择适当的销售方式，比如折扣销售（商业折扣）方式，通过降低销售额来降低销项税额。只要折扣额和销售额开在同一张发票上，纳税人就可以按照折扣后的金额计算应纳税销售额。但是，采用实物折扣销售方式不能扣减折扣额，应当将实物折扣视同销售征收增值税。价外费用应当换算为不含税销售额后计算征收增值税。在带包装物销售的情况下，尽量不要让包装物作价随同货物一起销售，而应采取收取包装物押金的方式，且包装物押金应单独核算。另外，纳税人因销货退回或折让而退还购买方的价款和增值税税额，应及时开具增值税红字发票，从当期的销售收入和销项税额中冲减，避免多缴税。

一、特殊销售方式的筹划

特殊销售方式下销项税额的计算规则见表 2-4。

表 2-4　　　　　　　特殊销售方式下销项税额的计算规则

销售方式	销售额的确定
折扣销售（商业折扣）	销售额和折扣额在同一张发票的"金额"栏分别注明的，可按折扣后的余额计算销项税额；仅在发票的"备注"栏注明折扣额的，折扣额不得从销售额中扣除。如果将折扣额另开发票，不论其在财务上如何处理，均不得从销售额中减除折扣额
销售折扣（现金折扣）	折扣额不得从销售额中减除
以旧换新	一般按新货同期销售价格确定销售额，不得减除旧货收购价格；金银首饰以旧换新业务按销售方实际收到的不含增值税的全部价款征税
还本销售	销售额就是货物的销售价格，不能扣除还本支出
以物易物	双方以各自发出的货物（劳务、应税行为）核算销售额并计算销项税额；双方是否能抵扣进项税额，还要看能否取得对方开具的增值税专用发票，以及换入的货物（劳务、应税行为）是否用于可以抵扣进项税额的项目
买赠销售	单位或者个体工商户将自产、委托加工或者购进的货物无偿赠送其他单位或者个人，视同销售征收增值税
包装物押金是否计入销售额	纳税人为销售货物而出租出借包装物收取的押金，单独记账核算的，不并入销售额征税，但对因逾期未收回包装物不再退还的押金，应按所包装货物的适用税率征收增值税；纳税人为销售货物出租出借包装物而收取的押金，无论包装物使用期限长短，1 年以上（含 1 年）仍不退还的，均换算为不含税价并入销售额征收增值税；增值税一般纳税人（包括纳税人自己或代其他部门）向购买方收取的价外费用和逾期包装物押金，应视为含价款，在征税时换算成不含税价再并入销售额；对销售除啤酒、黄酒以外的其他酒类产品而收取的包装物押金，无论是否返还以及会计上如何核算，均应并入当期销售额征税，在征税时换算成不含税价再并入销售额

【例 2-5】甲公司为增值税一般纳税人，为了促销，给予客户以下优惠：凡一次性购买其产品达到 10 万元以上的，给予 10% 的价格折扣。本年 3 月，甲公司一次性销售给某客户 20 万元产品。以上价格均不含增值税，该产品适用的增值税税率为 13%。试比较以

下两个方案，并基于增值税税负最小化作出选择：方案一，甲公司未将销售额和折扣额在同一张发票的"金额"栏分别注明，而仅在发票的"备注"栏注明折扣额；方案二，甲公司将销售额和折扣额在同一张发票的"金额"栏分别注明。

【解析】折扣销售又称商业折扣，是指销货方在销售货物或应税劳务时，因购货方购货数量较大等原因而给予购货方的价格优惠，在实现销售时发生。纳税人采取折扣销售方式销售货物，销售额和折扣额在同一张发票上的"金额"栏分别注明的，可按折扣后的销售额计算征收增值税；未在同一张发票"金额"栏注明折扣额，而仅在发票的"备注"栏注明折扣额的，折扣额不得从销售额中减除。

方案一增值税销项税额=20×13%=2.60（万元）

方案二增值税销项税额=（20-20×10%）×13%=2.34（万元）

方案二比方案一少缴纳增值税0.26万元（2.60-2.34），应当选择方案二。

因此，企业采用折扣销售方式时，一定要在同一张发票的"金额"栏分别注明销售额和折扣额，因为只有这样才能按折扣后的销售额计征增值税，减少计税依据，从而减轻企业税负。

【例2-6】甲公司本年9月与购货方签订销售合同，金额为1 000万元（不含增值税）。合同中约定的付款期为30天，若对方在10天内付款，则给予对方不含增值税销售额20%的销售折扣；若对方在10天后至30天内付款，则不给予折扣。该销售行为适用的增值税税率为13%。

试比较以下两个方案，并基于增值税税负最小化作出选择：方案一，采取销售折扣方式；方案二，变"销售折扣"为"折扣销售"，甲公司主动压低该批货物的价格，将合同金额降为800万元（不含增值税），相当于给对方20%的折扣，同时在合同中约定购货方若超过10天付款，加收226万元的滞纳金（在这种情况下，甲公司的收入并没有受到实质性影响）。

【解析】销售折扣又称现金折扣，是指销货方在销售货物或应税劳务后，为了鼓励购货方及早偿还货款而给予购货方的一种折扣优待。由于销售折扣发生在销货之后，是一种融资性费用，所以销售折扣不得从销售额中减除，而要按销售额全额计征增值税。销售折扣不得从销售额中减除，加重了企业的税收负担。企业可以修改合同规定，变"销售折扣"为"折扣销售"，以便达到节税的目的。

方案一，折扣额不能从销售额中扣除，企业应按1 000万元全额计算增值税销项税额。

甲公司增值税销项税额=1 000×13%=130（万元）

方案二，如果购货方在10天之内付款，则：

甲公司增值税销项税额=800×13%=104（万元）

该结果比方案一少缴纳增值税26万元（130-104）。

如果购货方在10天之后付款，甲公司可向对方收取226万元滞纳金，并以全部价款和价外费用计算增值税销项税额，则：

甲公司增值税销项税额=［800+226÷（1+13%）］×13%=130（万元）

该结果与方案一的计算结果一致。

可见，方案二比方案一少缴纳或晚缴纳增值税，应当选择方案二。

【例2-7】甲公司为增值税一般纳税人，本年5月为了促销，举办赠送活动：购买一件价值9万元（不含增值税）的A产品赠一件价值1万元（不含增值税）的B产品。A、B产品适用的增值税税率均为13%。

试比较以下方案，并基于增值税税负最小化作出选择：方案一，甲公司采取实物折扣方式，赠送价值1万元（不含增值税）的B产品单独开具发票；方案二，变"实物折扣"为"价格折扣（折扣销售）"，原价合计10万元（A产品9万元、B产品1万元）打9折，打折后的价格为9万元（A产品8.1万元、B产品0.9万元），开发票时将原价10万元（A产品9万元、B产品1万元）和折扣额1万元（A产品0.90万元、B产品0.10万元）在同一张发票的"金额"栏中分别注明。

【解析】纳税人将自产、委托加工或购买的货物用于实物折扣，则该实物价款不能从销售额中减除，且该实物折扣应视同销售货物计算缴纳增值税。因此，企业在选择折扣方式时，应尽量不选择实物折扣。在必须采用实物折扣销售方式时，企业可以通过在发票"金额"栏分别注明销售货物和赠送实物的价款和折扣额，变"实物折扣"为"价格折扣（折扣销售）"，以达到节税的目的。

方案一增值税销项税额=9×13%+1×13%=1.30（万元）

方案二增值税销项税额=［（9-0.90）+（1-0.10）］×13%=1.17（万元）

方案二比方案一少缴纳增值税0.13万元（1.30-1.17），应当选择方案二。

二、混合销售行为与兼营行为的筹划

一项销售行为如果既涉及货物，又涉及服务，为混合销售行为。"混合销售行为"强调的是"一项"不可再分割的销售行为。从事货物的生产、批发或者零售的单位和个体工商户的混合销售行为，按照销售货物缴纳增值税；其他单位和个体工商户的混合销售行为，按照销售服务缴纳增值税。

兼营行为是指纳税人的经营中包括销售货物、劳务以及销售服务、无形资产和不动产的行为。纳税人发生兼营行为，应当分别核算适用不同税率或征收率的销售额；未分别核算销售额的，从高适用税率或征收率。

混合销售行为与兼营行为的筹划在于利用税率差异。对于主营业务和兼营业务存在税率差异的企业，一定要注意分别核算主营业务和兼营业务的销售收入，即分别核算适用不同税目和税率的收入；否则，将从高适用税率一并计算缴纳增值税，增加企业税负。

（一）混合销售行为与兼营行为的界定

混合销售行为与兼营行为的界定见表2-5。

表2-5　　　　　　　　混合销售行为与兼营行为的界定

项目	含义	界定
混合销售行为	一项销售行为既涉及货物，又涉及服务	在同一项销售行为中发生，销售项目之间有关联性与从属性
兼营行为	纳税人经营范围既包括销售货物和加工修理修配劳务，又包括销售服务、无形资产或不动产	不在同一项销售行为中发生，销售项目之间无关联性与从属性

比如，销售空调的同时提供安装服务，属于一项销售行为同时涉及货物和服务，所以

是混合销售行为。但是，租赁打印机的同时提供保养服务则属于两项销售服务行为，而不是同时涉及货物和服务的一项销售行为，因此作为兼营行为处理；理发店既提供理发服务又销售护发素也属于兼营行为，因为二者无关联性与从属性，不属于一项销售行为，而是两项销售行为。

此外，还要注意，两项行为有关联性与从属性时，在税法上属于一项应税行为。例如，出租汽车的同时提供驾驶人员服务，在税法上属于提供交通运输服务；出租公寓的同时提供酒店式配套服务，在税法上属于提供生活服务。

如果混合销售行为适用的单一税率较高，税负较重，从税收筹划的角度，纳税人可以采用兼营的方式，分别适用相应税率进行核算。具体而言，纳税人为了分别适用不同税率，可以将销售货物与服务拆分为两个合同（此种做法需谨慎，因为存在涉税风险）。

（二）混合销售行为与兼营行为的涉税处理

混合销售行为与兼营行为的税率和发票开具（以一般纳税人为例）见表2-6。

表2-6　　　　　　混合销售行为与兼营行为的税率和发票开具（以一般纳税人为例）

项目	税率		发票开具
混合销售行为	从事货物生产、批发或零售为主的纳税人	13%	商品和服务分类及税率均按主业开具
	其他纳税人	6%或9%	
兼营行为	分别核算的，分别适用税率		分别按所属业务开具
	未分别核算的，从高适用税率		均按高税率业务开具

1.适用税率问题

混合销售行为中"以从事货物的生产、批发或者零售为主"的认定标准尚未有定论。有一种观点是按企业经营的主业确定，另一种观点是按年销售额占比确定。全国各地的认定标准存在差异，因而为税收筹划获利留下了空间，也为税收筹划风险埋下了伏笔。一般而言，无法直接判定的，纳税人需咨询当地税务机关，按当地规定的方式认定，以免造成不必要的损失。

2.发票开具问题

目前，并无关于混合销售行为和兼营行为发票开具的规定，但可以根据相关政策分析，按照以下方式进行发票开具：

（1）混合销售行为。

混合销售行为按其从属性，销售货物和服务的发票均按主业的商品和服务分类的简称及税率开具。

例如，销售空调并提供安装服务按混合销售行为处理，销售空调的开票名称为"××空调"，税率为13%；提供安装服务的开票名称为"××空调××安装服务费"，税率为13%。需要说明的是，销售空调一并提供的安装服务，按混合销售行为处理，适用13%的税率。单独提供的空调安装服务，适用9%的税率，但属于清包工、甲供工程方式、老项目提供安装服务的，可以选择适用简易计税方法计税，按照3%的征收率计征增值税。

（2）兼营行为。

兼营行为可以分别核算的，分别适用税率，分别按业务类型开具发票。未分别核算的，一般是指发生业务后未开具发票，会计核算时直接通过"主营业务收入"入账，申报时有着不同税率的业务销售额无法区分，所以应从高适用税率。

例如，一份合同的内容是提供适用不同税率的多项货物、劳务或服务，但每个项目的金额没有细分，直接签了一个总金额，应从高适用税率开具发票，税负较重；如果能够分别核算，各自适用对应的税率，则可以实现节税目的。

【例2-8】甲公司为增值税一般纳税人，主要生产机电设备，本年9月销售机电设备共取得收入2 000万元（不含增值税）。其中，农机的销售额为1 200万元（不含增值税），适用的增值税税率为9%；其他机电设备的销售额为800万元（不含增值税），适用的增值税税率为13%。当月可抵扣的进项税额共200万元。试比较以下方案，并基于增值税税负最小化作出选择：方案一，纳税人未分别核算销售额；方案二，纳税人分别核算销售额。

【解析】纳税人销售货物、劳务、服务、无形资产或者不动产适用不同税率或征收率的，应当分别核算不同税率或征收率的销售额；未分别核算销售额的，从高适用税率或征收率。

方案一应纳增值税税额=2 000×13%-200=60（万元）

方案二应纳增值税税额=1 200×9%+800×13%-200=12（万元）

方案二比方案一少缴纳增值税48万元（60-12）。虽然分别核算在一定程度上加大了核算成本，但考虑到节税额还是划算的，所以应选择方案二。

（三）混合销售行为与兼营行为的特殊规定

混合销售行为与兼营行为的特殊规定见表2-7。

表2-7 混合销售行为与兼营行为的特殊规定

项目	税务处理	备注	政策来源
纳税人销售活动板房、机器设备、钢结构件等自产货物的同时提供建筑、安装服务	应分别核算货物和建筑服务的销售额，分别适用不同的税率或者征收率	不属于混合销售行为，必须按兼营行为处理	国家税务总局公告2017年第11号
一般纳税人销售自产机器设备的同时提供安装服务	应分别核算机器设备和安装服务的销售额，安装服务可以按照甲供工程选择适用简易计税方法计税	不属于混合销售行为，必须按兼营行为处理	国家税务总局公告2018年第42号
一般纳税人销售外购机器设备的同时提供安装服务	如果已经按照兼营行为的有关规定分别核算机器设备和安装服务的销售额，安装服务可以按照甲供工程选择适用简易计税方法计税	可按混合销售行为处理，也可按兼营行为处理	

根据以上特殊规定，发生销售自产货物并提供建筑服务的建筑企业一般纳税人，可以按照以下情形进行税务处理：

情形一，在一份合同中分别注明销售货物和销售建筑服务的金额，分别核算货物和建筑服务的销售额，分别适用不同的税率或者征收率计征增值税。销售货物部分按照13%的税率计算销项税额，销售服务部分按照9%的税率计算销项税额。

情形二，与业主或发包方签订两份合同：一份是销售货物的合同，另一份是销售建筑服务的合同。销售货物的合同适用13%的增值税税率，销售建筑服务的合同适用3%的增值税征收率（清包工合同可以选择适用简易计税方法计税，按照3%的征收率计征增值税）。一般而言，适用简易计税方法计税可以实现少缴税的目的。

【例2-9】某电梯销售公司（增值税一般纳税人）主要经营电梯销售，同时也兼营电梯安装，现销售一批电梯，总价为800万元，其中电梯销售额600万元（对应的进价为520万元）、安装费用200万元。以上金额均为含税价。

试比较以下三个方案，并基于税负最小化作出选择：方案一，签订一份安装合同，总价为800万元，按13%的税率计算销项税额；方案二，母子公司分别签订销售和安装两份合同（假定无税收筹划风险），并分别按各自税率13%和9%计算销项税额；方案三，母子公司分别签订销售和安装两份合同（假定无税收筹划风险），电梯安装选择适用简易计税方法计税。

【解析】方案一，实际上属于混合销售行为，由于该公司主营电梯销售，该混合销售行为应按13%的税率缴纳增值税。

应纳增值税税额=800÷（1+13%）×13%-520÷（1+13%）×13%=32.22（万元）

方案二，属于两项经济行为，分别核算销售额，分别适用不同的税率或征收率。

应纳增值税税额=600÷（1+13%）×13%-520÷（1+13%）×13%+200÷（1+9%）×9%

=25.72（万元）

方案三，属于两项经济行为，分别核算销售额，安装服务按甲供工程适用简易计税方法计税。

应纳增值税税额=600÷（1+13%）×13%-520÷（1+13%）×13%+200÷（1+3%）×3%

=15.04（万元）

基于以上计算，方案三应纳增值税税额最低，应选择方案三。

【例2-10】L公司本月向A企业销售一批家用冰箱，销售收入为5 650万元（含增值税）。由于产品体积大，A公司要求L公司负责运输，L公司用内部运输车队为A公司提供运输服务并取得服务收入2 260万元（含增值税）。L公司向A公司销售冰箱并提供交通运输服务发生在同一项销售行为中，因此属于混合销售行为。在计税方法上，由于L公司主要从事货物生产和销售，应按照销售货物缴纳增值税，L公司销售货物适用的增值税税率为13%。

混合销售行为含税总收入=5 650+2 260=7 910（万元）

销项税额=7 910÷（1+13%）×13%=910（万元）

试设计税收筹划方案。

【解析】考虑到货物销售和交通运输服务适用的增值税税率不同，交通运输服务适用的税率为9%，低于货物销售的增值税税率，可以将交通运输服务收入单独核算，与货物销售收入区别开，适用低税率，为企业节约增值税。因此，可以将L公司内部车队分立为独立核算的运输公司（不考虑成立公司的成本费用），由运输公司为A公司提供运输服务，并按交通运输服务收入计税。税收筹划后的销项税额计算如下：

销售冰箱的销项税额=5 650÷（1+13%）×13%=650（万元）

提供交通运输服务的销项税额=2 260÷（1+9%）×9%=186.61（万元）

销项税额合计=650+186.61=836.61（万元）

增值税节税额=910-836.61=73.39（万元）

可见，如果公司业务被认定为混合销售行为，销售收入就要一并适用较高的增值税税率；而将业务拆分，成立独立核算的运输公司，则可以分开核算货物销售收入和交通运输服务收入，分别适用相应的税率，进而降低总体的增值税税负。

三、发票开具的筹划

纳税人符合条件代为收取的政府性基金和行政事业性收费，销货同时代办保险收取的保险费，向购买方收取的代购买方缴纳的车辆购置税、车辆牌照费，以委托方名义开具发票代委托方收取的款项，均不计入增值税应纳税销售额。

【例2-11】甲公司为增值税一般纳税人，本年9月采取托收承付方式销售给乙公司一批产品，合同约定的含税总价款为174 020元，货到付款，其中货物价款169 660元、运费4 360元。甲公司既可以采取将运费和货物价款统一开具增值税专用发票的办法销售，也可以采取由丁运输公司开具运费发票而甲公司代垫运费的方式销售。分析两种开票方式对甲公司增值税销项税额有何影响。

【解析】方案一，统一开具发票。货物价款和运费合并适用13%的税率计算甲公司应纳税销售额和销项税额。

甲公司应计销项税额=174 020÷（1+13%）×13%=20 020（元）

方案二，代垫运费，分别开具发票。代垫运费不并入销售额，只就货物价款适用13%的税率计算甲公司应纳税销售额和销项税额。

甲公司应计销项税额=169 660÷（1+13%）×13%=19 518.41（元）

可见，方案二比方案一少计销项税额501.59元（20 020-19 518.41），应选择方案二。

根据相关规定，价外费用包括价外向购买方收取的手续费、补贴、基金、集资费、返还利润、奖励费、违约金、滞纳金、延期付款利息、赔偿金、代收款项、代垫款项、包装费、包装物租金、储备费、优质费、运输装卸费以及其他各种性质的价外收费，但下列项目不包括在内：其一，受托加工应征消费税的消费品所代收代缴的消费税；其二，运输公司将运输费用发票开具给购买方，由纳税人代垫运费。甲公司垫付的运费完全符合上述条件，不属于应纳税的价外费用，无须由甲公司开具运费发票，而应该由丁公司向乙公司开具发票，由甲公司将此发票交与乙公司，并收回垫付运费。

四、代销方式的筹划

按照受托方是否有权自行决定代销商品的售价，代销可分为两种：第一种是收取手续费方式；第二种是视同买断方式。

收取手续费方式是受托方根据所代销的商品数量或收取价款的一定比例向委托方收取手续费的销售方式。对受托方来说，收取的手续费实际上是一种劳务收入。这种代销方式的主要特点是受托方通常应按照委托方规定的价格销售。以收取手续费方式代销，委托方应在受托方已将商品售出并向委托方开具代销清单时确认收入，受托方在商品销售后按应收取的手续费确认收入。

委托方（一般纳税人）的行为视同销售货物，应按13%或9%的税率计算销项税额；受托方（一般纳税人）向委托方收取的手续费应按6%的税率计算销项税额。此类交易行为应同时符合以下三个条件：第一，受托方仅收取手续费，不垫付任何资金；第二，销售货物的发票由委托方开具给购货方，受托方负责把发票转交给购货方；第三，受托方按实际收取购货方的购货款和发票与委托方进行结算并向其收取手续费。

视同买断方式是由委托方和受托方签订协议，委托方按协议价收取所代销货物的价款，实际售价可由受托方自定，实际售价与协议价之间的差额归受托方所有的销售方式。由于这种销售本质上仍是代销，委托方将商品交付给受托方时，商品所有权上的风险和报酬并未转移给受托方，因此，委托方在交付商品时不确认收入，受托方也不进行购进商品处理。

受托方将商品销售后，应按实际售价确认销售收入，并向委托方开具代销清单；委托方在收到代销清单时再确认销售收入。采用视同买断方式存在一定的局限性：首先，采用这种方式的优越性只能在双方都是一般纳税人的情况下体现出来，如果一方为小规模纳税人，其进项税额不能抵扣，就不宜采取这种方式；其次，节约的税额在双方之间的分配可能影响双方的选择。

【例2-12】本年9月，A公司煤炭产量大幅增加，其内部销售部门无法承担增加的销售任务，于是A公司就与本地区B销售公司签订了一份委托代销合同，委托B公司为其销售一部分煤炭产品。A公司生产的煤炭产品每吨能够抵扣的进项税额为16元，B公司按双方协议价格（不含税）380元/吨对外销售这批煤炭产品，9月对外销售煤炭产品80万吨。A公司和B公司均在县城，适用的城市维护建设税税率为5%，教育费附加及地方教育附加征收率分别为3%、2%。B公司和A公司都是增值税一般纳税人。

试比较以下两个方案，并基于增值税税负最小化作出选择：方案一，采取收取手续费方式，B公司根据代A公司对外销售煤炭产品的数量和不含税代销收入向A公司收取10%的代销手续费，对A公司就收取的手续费开具普通发票；方案二，采取视同买断方式，A公司把煤炭产品按342元/吨的价格提供给B公司，B公司仍按380元/吨的价格在市场上销售，两者的差价即38元/吨的收益归B公司所有。

【解析】方案一，采取收取手续费方式。

A公司应纳增值税税额=380×13%×80−16×80=2 672（万元）

A公司应纳城市维护建设税、教育费附加及地方教育附加合计额=2 672×（5%+3%+2%）

$$=267.20（万元）$$

A公司税费合计额=2 672+267.20=2 939.20（万元）

A公司税收负担率=2 939.20÷（380×80）×100%=9.67%

B公司应纳增值税税额=380×10%×6%×80=182.40（万元）

B公司应纳城市维护建设税、教育费附加及地方教育附加合计额=182.40×（5%+3%+2%）

$$=18.24（万元）$$

B公司税费合计额=182.40+18.24=200.64（万元）

B公司税收负担率=200.64÷（380×80×10%）×100%=6.6%

A公司和B公司税费合计额=2 939.20+200.64=3 139.84（万元）

方案二，采取视同买断方式。

A公司应纳增值税税额=342×80×13%−16×80=2 276.80（万元）

A公司应纳城市维护建设税、教育费附加及地方教育附加合计额=2 276.80×（5%+3%+2%）

$$=227.68（万元）$$

A公司税费合计额=2 276.80+227.68=2 504.48（万元）

A公司税收负担率=2 504.48÷（342×80）×100%=9.15%

B公司应纳增值税税额=380×80×13%-342×80×13%=395.20（万元）

B公司应纳城市维护建设税、教育费附加及地方教育附加合计额=395.20×（5%+3%+2%）

=39.52（万元）

B公司税费合计额=395.20+39.52=434.72（万元）

B公司税收负担率=434.72÷（380×80）×100%=1.43%

A公司与B公司税费合计额=2 504.48+434.72=2 939.20（万元）

方案二比方案一节约税费合计额=3 139.84-2 939.20=200.64（万元）

在进项税额一定的情况下，最终税负的大小取决于销项税额。基于以上计算，A公司选择视同买断方式更有利。在这种方式下，不仅A公司所负担的税费较少，两个公司缴纳的总税额也较小。但对于B公司来说，选择收取手续费方式所负担的税费较少，税负率也较低。以收取手续费方式代销，双方合计缴纳的税费会随着手续费的增加而增加。以视同买断方式代销，在受托方对外销售价格一定的情况下，双方合计缴纳的税费不会随着差价的变化而改变。

从双方整体利益考虑，视同买断方式的总体税费较低，因此优于收取手续费方式。但在实际业务中，还需考虑以下两个方面：第一，以视同买断方式代销使整体税负降低的前提是委托方和受托方都是增值税一般纳税人，如果其中任何一方是小规模纳税人，则存在进项税额无法抵扣的问题，也就不宜采用；第二，以视同买断方式代销会增加受托方承担的税费，所以在税收筹划过程中，双方要选择适当的协议差价，以弥补受托方多缴纳的税费。

五、租赁服务与建筑服务转换的筹划

纳税人将建筑施工设备出租给他人使用并配备操作人员的，按照"建筑服务"缴纳增值税；纳税人单纯将建筑施工设备出租给他人使用但不配备操作人员的，按照"租赁服务"缴纳增值税。在实践中，可以利用"租赁服务"与"建筑服务"的纳税差异进行筹划。

【例2-13】甲建筑公司为增值税一般纳税人，经营范围包括：各类建筑工程的总承包，建筑材料的技术研发、推广、生产、销售，施工设备租赁。本年9月，乙建筑公司拟租赁甲建筑公司的塔式起重机2台，租赁期限为6个月，由甲建筑公司负责对其操作人员进行培训，费用共计100万元（含税），合同签订日一次性付款。

试比较以下方案，并基于甲建筑公司增值税税负最小化作出选择：方案一，甲建筑公司取得的收入100万元中包括塔式起重机6个月的租赁费用以及操作人员的培训费用，但未分别核算，从高适用税率，按照有形动产租赁服务适用13%的税率申报缴纳增值税；方案二，配备两名操作人员，租赁费用提高至105万元，按照建筑服务适用9%的税率申报缴纳增值税；方案三，配备两名操作人员，租赁费用提高至105万元，按照不提供任何建筑材料的清包工服务，可以选择适用简易计税方法计税。

【解析】方案一有形动产租赁服务应计销项税额=100÷（1+13%）×13%=11.50（万元）

方案二建筑服务一般计税方法应计销项税额=105÷（1+9%）×9%=8.67（万元）

方案三建筑服务简易计税方法应纳增值税税额=105÷（1+3%）×3%=3.06（万元）

不考虑进项税额抵扣的话，按建筑服务适用简易计税的方法计税税负最轻，应选择方案三。

值得注意的是，政策层面已经明确"配备操作人员的建筑施工设备出租"按"建筑服务"缴纳增值税，但尚未规定"配备操作人员的建筑施工设备出租"不能适用清包工的政策。而且清包工的规定涉及不能提供材料，并未提到不能提供设备。理论上，配备操作人员的建筑设备出租可以适用清包工政策。设备租赁企业仅提供设备和人员为施工企业提供服务，不提供施工材料，可以适用清包工政策。但在实务中，许多税务局仍认为"设备租赁"不属于"施工"。同时，施工方往往与设备租赁方并非同一个企业，所以各自企业的主管税务机关通常倾向于分别认定不同企业适用的相关税收政策。对企业而言，具体适用的政策还需要与税务机关多沟通。

六、包装物费用收取的筹划

涉及货物销售的企业一般会有包装物费用的收取问题。包装物费用的收取有两种方式：一种是租金方式；另一种是押金方式。这两种方式收取的包装物费用所产生的税收负担是不同的。根据我国税法的规定，包装物租金属于价外费用，应并入销售额计算销项税额。包装物押金与租金的规定有所不同，一般来说，包装物押金单独记账核算的、时间在1年以内又未逾期的，不并入销售额计算销项税额，但是对于逾期未收回包装物不再退还的押金，应按规定计算销项税额。逾期是指超过合同约定的期限或超过1年的期限，对收取1年以上的押金，无论是否退还，均应并入销售额征税。酒类产品包装物押金（啤酒、黄酒除外），无论是否逾期，无论1年以上还是1年以内，在收取当期应并入销售额征税。

可见，在相同情况下，如果选择包装物租金方式，产品销售收入和包装物租金都要计入销售额计算销项税额；如果选择包装物押金方式，在合同期限内或者1年内包装物押金不并入销售额计算销项税额，因此可以减少增值税销项税额。包装物在合同规定期限内（且不超过1年）退还，对增值税销项税额没有影响；包装物超过合同期限或超过1年未退还，押金再并入销售额计算销项税额，也达到了延期纳税的目的。

【例2-14】L公司的主要业务是生产销售电子设备，本年实现的销售收入为1 000亿元（不含税），原材料成本为600亿元（不含税），收取包装物费用1.50亿元（不考虑其他因素）。试比较以下两个方案，并基于增值税税负最小化作出选择：方案一，采用包装物押金方式处理收取的1.50亿元包装物费用，没有超过合同规定的期限且在1年之内；方案二，采用包装物租金方式处理收取的1.50亿元包装物费用。

【解析】方案一应纳增值税税额=1 000×13%-600×13%=52（亿元）

方案二应纳增值税税额=［1 000+1.50÷（1+13%）］×13%-600×13%=52.17（亿元）

可见，采用包装物押金方式处理收取的包装物费用可以节税0.17亿元（52.17-52）。L公司是大型企业，年销售额巨大，因此对包装物费用进行筹划具有现实意义。对于采用包装物押金方式处理收取的包装物费用，逾期未收回包装物的押金还是要并入当期销售额计征销项税额，虽然没有达到少缴增值税的目的，但实现了延期纳税，对企业而言依然是有利的，所以应选择方案一。

第三节　增值税进项税额的筹划

进项税额是指购进货物、应税劳务或服务等所支付或承担的增值税税额。

一、进项税额抵扣的相关规定

准予从销项税额中抵扣进项税额的情形见表2-8。

表2-8　　　　　　　　　　　　进项税额抵扣的一般规定

扣税凭证	适用情况	备注
增值税专用发票	境内采购货物和接受应税劳务、服务、无形资产、不动产的增值税一般纳税人	由境内货物、劳务、服务销售方或无形资产、不动产转让方开具，或由其主管税务机关代开
机动车销售统一发票	购买机动车	由境内机动车零售业务的从事者开具，或由其主管税务机关代开
海关进口增值税专用缴款书	进口货物	由报关地海关开具
代扣代缴税款的完税凭证	从境外单位或者个人购进服务、无形资产或者不动产	自税务机关或者扣缴义务人取得代扣代缴税款的完税凭证
道路、桥、闸通行费发票	支付高速公路通行费，支付一级公路、二级公路、桥、闸通行费	销售方开具
国内旅客运输服务发票	航空运输电子客票行程单，铁路客运车票，公路、水路等其他客票	注明旅客身份信息，旅客为本单位员工
农产品收购发票	收购免税农产品	收购方开具
农产品销售发票		销售方开具，或由其主管税务机关代开

进项税额抵扣如图2-1所示。

（一）凭票抵扣

（1）从销售方或提供方取得的增值税专用发票（含税控机动车销售统一发票）上注明的进项税额可以抵扣。

（2）从海关取得的海关进口增值税专用缴款书上注明的进项税额可以抵扣。

（3）从境外单位或者个人购进服务、无形资产或者不动产，自税务机关或者扣缴义务人取得的解缴税款的完税凭证上注明的增值税税额可以抵扣。

纳税人凭代扣代缴税款的完税凭证抵扣进项税额的，应当具备书面合同、付款证明和境外单位的对账单或者发票。资料不全的，其进项税额不得从销项税额中抵扣。

（二）计算抵扣

1.收费道路、桥、闸通行费的进项税额抵扣

计算公式为：

高速公路通行费可抵扣进项税额=高速公路通行费发票上注明的金额÷（1+3%）×3%

$$\frac{\text{一级公路、二级公路、桥、闸}}{\text{通行费可抵扣进项税额}} = \frac{\text{一级公路、二级公路、桥、闸}}{\text{通行费发票上注明的金额}} ÷ (1+5\%) × 5\%$$

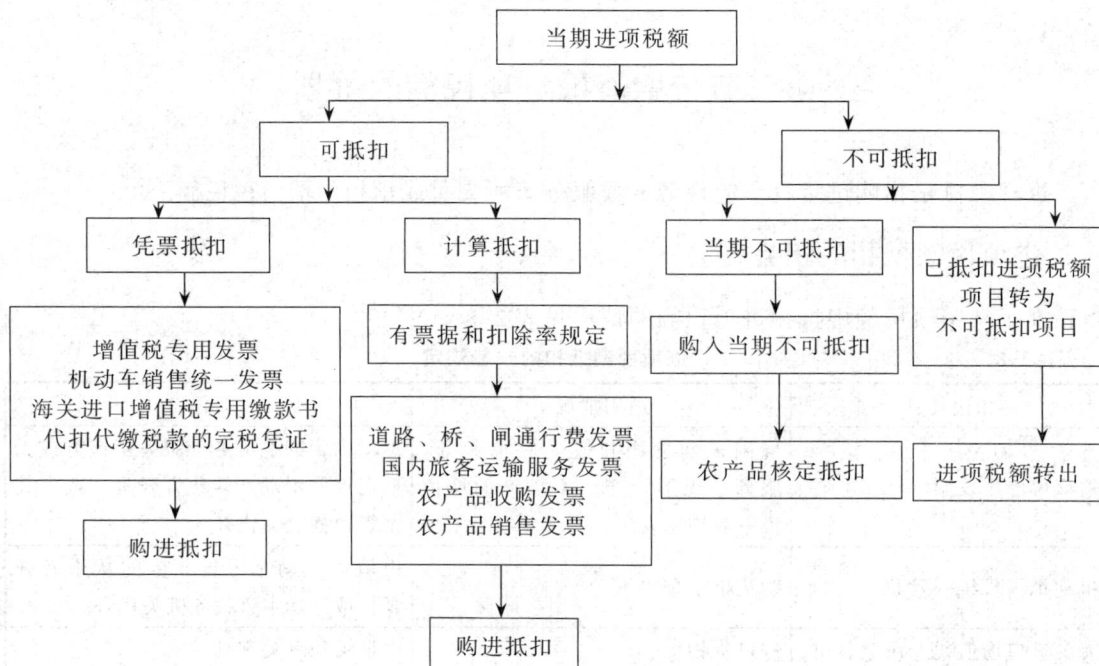

图 2-1　进项税额抵扣图示

2.购进国内旅客运输服务的进项税额抵扣

自 2019 年 4 月 1 日起，购进国内旅客运输服务，其进项税额允许从销项税额中抵扣。一般纳税人购进国内旅客运输服务，在国内旅客运输服务总价一定的情况下，根据取得的扣税凭证的不同，可以抵扣的进项税额也不同。一般纳税人应当比较等额购进不同方式国内旅客运输服务可以用于抵扣的进项税额。值得一提的是，不同方式国内旅客运输服务的价格一般是不一样的，企业应当根据业务需求和客观条件，测算购进不同方式国内旅客运输服务的具体税后利润或者现金净流量，进而选择合适的方式。

增值税一般纳税人购进国内旅客运输服务，进项税额可以抵扣的凭证有：增值税专用发票、增值税电子普通发票，注明旅客身份信息的航空运输电子客票行程单、铁路客运车票以及公路、水路等其他客票。购进的旅客运输服务进项税额抵扣还需要符合基本规定，用于免征增值税项目、适用简易计税方法计税项目、集体福利、个人消费以及发生非正常损失等情形的不得抵扣。

购进国内旅客运输服务进项税额抵扣金额的规定见表 2-9。

表 2-9　　　　　　　　　　购进国内旅客运输服务进项税额抵扣金额的规定

购进国内旅客运输服务取得的票据	进项税额的计算
增值税专用发票	发票上注明的税额
增值税电子普通发票	
注明旅客身份信息的航空运输电子客票行程单	（票价+燃油附加费）÷（1+9%）×9%
注明旅客身份信息的铁路客运车票	票面金额÷（1+9%）×9%
注明旅客身份信息的公路、水路等其他客票	票面金额÷（1+3%）×3%

【例2-15】甲公司为增值税一般纳税人，本年5月员工出差的城际交通费有两个方案可供选择：方案一，乘长途汽车出差，取得注明旅客身份信息的公路客票若干张，票面金额合计10 000元；方案二，乘高铁出差，取得注明旅客身份信息的铁路客运车票若干张，票面金额合计10 000元。试比较以上两个方案，并基于增值税税负最小化作出选择。

【解析】方案一可以抵扣的进项税额=10 000÷（1+3%）×3%=291.26（元）

方案二可以抵扣的进项税额=10 000÷（1+9%）×9%=825.69（元）

方案二比方案一多抵扣进项税额534.43元（825.69-291.26），应当选择方案二。

3.购进免税农产品的进项税额抵扣

增值税一般纳税人购进农业生产者销售的自产的免税农产品，按照农产品收购发票或者销售发票上注明的农产品买价和扣除率计算可以用于抵扣的进项税额。其计算公式为：

可抵扣的进项税额=买价×扣除率

买价包括农产品收购发票或者销售发票上注明的价款和按规定缴纳的烟叶税。

2019年4月1日起，扣除率为9%。纳税人购进农产品用于生产销售或委托加工适用基本税率（13%）货物的，按照10%的扣除率计算可抵扣的进项税额。

【例2-16】甲公司为一家家具生产企业，本年9月从农民手中收购经农民加工的板材2 400万元，并于当月全部用于生产家具。假设农民加工这2 400万元板材耗用的树木的成本为1 600万元。甲公司本年9月销售家具取得不含税销售收入7 200万元，销售家具适用的增值税税率为13%，其他可抵扣的进项税额为200万元。试比较以下两个方案，并基于增值税税负最小化作出选择：方案一，甲公司从农民手中收购经农民加工过的板材；方案二，甲公司直接收购树木，然后雇用农民将其加工成板材。

【解析】方案一应纳增值税税额=7 200×13%-200=736（万元）

方案二应纳增值税税额=7 200×13%-1 600×10%-200=576（万元）

方案二比方案一少缴纳增值税160万元（736-576），应当选择方案二。

免税农产品是指种植业、养殖业、林业、牧业、水产业生产的各种植物、动物的初级产品。农产品如果经过较为复杂的加工，将不再符合税法规定的免税条件，从农民手中购进经过深加工的农产品则不能计算和抵扣进项税额。因此，企业应该直接收购没有经过深加工的农产品，以充分享受购进农产品抵扣政策，减轻税负。假定不考虑其他成本费用，甲公司直接收购树木，然后雇用农民将其加工成板材，产生的人工成本应当不高于960万元（2 400-1 600+160），否则不划算。

（三）核定抵扣

财税〔2012〕38号《财政部 国家税务总局关于在部分行业试行农产品增值税进项税额核定扣除办法的通知》规定，自2012年7月1日起，以购进的农产品为原料生产销售液体乳及乳制品、酒及酒精、植物油的增值税一般纳税人，纳入农产品增值税进项税额核定扣除试点范围，其购进的农产品无论是否用于生产上述产品，增值税进项税额均按《农产品增值税进项税额核定扣除试点实施办法》的规定抵扣。

（四）特殊抵扣

（1）按照规定不得抵扣进项税额的不动产，改为用于允许抵扣进项税额项目的，按照下列公式在改变用途的次月计算可抵扣进项税额：

可抵扣进项税额=增值税扣税凭证注明或计算的进项税额×不动产净值率

不动产净值率=不动产净值÷不动产原值×100%

（2）增值税一般纳税人在资产重组过程中，将全部资产、负债和劳动力一并转让给其他增值税一般纳税人，并按程序办理注销税务登记的，其在办理注销登记前尚未抵扣的进项税额可结转至新纳税人处继续抵扣。

【例2-17】甲公司、乙公司均为增值税一般纳税人。乙公司期初有100万元的增值税留抵税额，本期预计销售额为200万元（不含增值税），没有新增采购项目，即本期没有新增进项税额。甲公司本期预计销售额为800万元（不含增值税），可抵扣的增值税进项税额为16万元。此时，甲公司有机会合并乙公司，且是否合并乙公司对自身经营基本没有影响。假设乙公司不符合向主管税务机关申请退还增量留抵税额的条件。甲公司、乙公司均适用13%的增值税税率。试比较不合并与合并两个方案，并基于增值税税负最小化作出选择。

【解析】方案一，甲公司不合并乙公司。

甲公司应纳增值税税额=800×13%−16=88（万元）

乙公司增值税留抵税额=100−200×13%=74（万元）

增值税一般纳税人的进项税额可从本期的销项税额中抵扣，不足抵扣的部分可转下期继续抵扣。乙公司本期不缴纳增值税，74万元的增值税进项税额留待下期抵扣。

本期甲公司与乙公司应纳增值税合计额=88+0=88（万元）

方案二，甲公司合并乙公司。

乙公司有较多留抵税额，合并后的集团公司当期享受乙公司结转来的留抵税额。

合并后的集团公司本期应纳增值税税额=（800+200）×13%−16−100=14（万元）

方案二比方案一少缴纳增值税74万元（88−14），应当选择方案二。

需要注意的是，企业是否选择合并，应充分考虑合并成本、合并后的发展前景、职工安置等多种因素，不能单纯考虑税负因素。

（五）加计抵减政策

增值税加计抵减政策（见表2-10）允许特定纳税人按照当期可抵扣进项税额的一定比例计算出一个抵减额，专用于抵减一般计税方法下计算出来的应纳税额。这一政策旨在降低企业税负，促进企业发展。相关纳税人应当按照《增值税会计处理规定》的相关规定对增值税相关业务进行会计处理；实际缴纳增值税时，按应纳税额，借记"应交税费——未交增值税"等科目，按实际纳税金额，贷记"银行存款"科目，按加计抵减金额，贷记"其他收益"科目。

表2-10 增值税加计抵减政策

要点	政策规定
适用对象	高新技术企业（含所属的非法人分支机构）中的制造业增值税一般纳税人，加计抵减比例：5%
	集成电路设计、生产、封测、装备、材料的增值税一般纳税人，加计抵减比例：15%
	生产销售先进工业母机主机、关键功能部件、数控系统的增值税一般纳税人，加计抵减比例：15%
政策执行期限	2023年1月1日至2027年12月31日

　　自2023年1月1日至2027年12月31日，允许先进制造业企业按照当期可抵扣进项税额加计5%抵减应纳增值税税额。先进制造业企业是指高新技术企业（含所属的非法人分支机构）中的制造业一般纳税人，高新技术企业是指按照《科技部 财政部 国家税务总局关于修订印发〈高新技术企业认定管理办法〉的通知》（国科发火〔2016〕32号）的规定认定的高新技术企业。先进制造业企业的具体名单由各省、自治区、直辖市、计划单列市工业和信息化部门会同同级科技、财政、税务部门确定。其政策依据为《财政部 税务总局关于先进制造业企业增值税加计抵减政策的公告》（财政部 税务总局公告2023年第43号）。

　　自2023年1月1日至2027年12月31日，允许集成电路设计、生产、封测、装备、材料企业按照当期可抵扣进项税额加计15%抵减应纳增值税税额。对适用加计抵减政策的集成电路企业采取清单管理，具体适用条件、管理方式和企业清单由工业和信息化部会同发展改革委、财政部、国家税务总局等部门制定。其政策依据为《财政部 税务总局关于集成电路企业增值税加计抵减政策的通知》（财税〔2023〕17号）。

　　自2023年1月1日至2027年12月31日，对生产销售先进工业母机主机、关键功能部件、数控系统的增值税一般纳税人（以下简称"工业母机企业"），允许按当期可抵扣进项税额加计15%抵减企业应纳增值税税额。先进工业母机产品是指符合《先进工业母机产品基本标准》规定的产品。其政策依据为《财政部 税务总局关于工业母机企业增值税加计抵减政策的通知》（财税〔2023〕25号）。

　　【例2-18】A公司是一家研发、生产并销售精密压力机的企业，为增值税一般纳税人，以1个月为增值税纳税期限。A公司属于财税〔2023〕25号文件界定的"工业母机企业"，可以按当期可抵扣进项税额加计15%抵减企业应纳增值税税额。2025年1月1日，A公司开始适用增值税加计抵减政策，无出口货物、劳务行为，也无跨境增值税应税行为。截至2024年12月31日，A公司没有欠缴税款的情况，也没有增值税期末留抵税额。

　　2025年1月，A公司对外销售精密压力机，取得不含增值税销售额1 000万元，购进甲原材料并发生可以抵扣的增值税进项税额200万元。2025年2月，A公司对外销售精密压力机，取得不含增值税销售额2 000万元，购进乙原材料并发生可以抵扣的增值税进项税额160万元。当月，由于保管不善，A公司2025年1月购进的甲原材料中有一半丢失。计算A公司2025年1—2月的增值税应纳税额。

　　【解析】1月增值税应纳税额计算：2025年1月，A公司当期加计抵减前的应纳增值税税额=1 000×13%-200=-70（万元），当期应计提的加计抵减额=200×15%=30（万元），当期可以抵减的加计抵减额=0+30-0=30（万元）。经计算，A公司形成期末留抵税额70万元，加计抵减前的应纳增值税税额为0。

　　根据《财政部 税务总局 海关总署关于深化增值税改革有关政策的公告》（财政部 税务总局 海关总署公告2019年第39号）第七条第（三）项的规定，适用加计抵减政策的纳税人，抵减前的应纳税额等于零的，当期可抵减加计抵减额全部结转下期抵减。所以，A公司当期可以抵减的加计抵减额30万元，应当全部结转下期进行加计抵减。适用加计抵减政策的纳税人，抵减前的应纳税额等于零的，当期可抵减加计抵减额全部结转下期抵减，不对期末留抵税额造成影响。换言之，适用增值税加计抵减政策的纳税人，当某个纳税期末不考虑加计抵减时的应纳增值税税额的数值等于0时，"当期可以抵减的加计抵减额"应当全部结转下期进行加计抵减，不能并入本期的期末留抵增值税税额之内。所以，A公司当期实际应纳增值税税额=当期加计抵减前的应纳增值税税额=−70万元，即2025年1月末A公司形成留抵税额70万元。

2月增值税应纳税额计算：2025年2月，A公司当期加计抵减前的应纳增值税税额=2 000×13%−70−（160−200÷2）=130（万元），当期应计提的加计抵减额=160×15%=24（万元）。根据现行增值税加计抵减政策的规定，不得从销项税额中抵扣的进项税额，不得计提加计抵减额；已计提加计抵减额的进项税额，按规定作进项税额转出的，应在进项税额转出当期相应调减加计抵减额。

A公司于2025年2月因保管不善，导致2025年1月购进的部分甲原材料被盗，应按规定于当月作进项税额转出。同时，由于甲原材料所对应的进项税额已计提加计抵减额，所以A公司应于当期调减这部分加计抵减额。A公司当期应调减的加计抵减额=（200÷2）×15%=15（万元），当期可以抵减的加计抵减额=30+24−15=39（万元），当期实际应纳增值税税额=当期加计抵减前的应纳增值税税额−当期可以抵减的加计抵减额=130−39=91（万元）。[①]

纳税人应在政策适用期内尽可能催收增值税进项税额抵扣凭证并及时抵扣，对于需要的原材料、设备、不动产等，可以在政策适用期购置并抵扣进项税额，以增加加计抵减额。

（六）不得从销项税额中抵扣的进项税额

1.用于不得抵扣用途的进项税额不得抵扣

用于简易计税方法计税项目，免征增值税项目，集体福利或者个人消费的购进货物、劳务、服务、无形资产和不动产的进项税额不得抵扣。其中，固定资产、无形资产、不动产仅指专用于上述项目的固定资产、无形资产（不包括其他权益性无形资产）、不动产，具有混合用途的固定资产、无形资产、不动产所涉及的进项税额准予全部抵扣。

适用一般计税方法的纳税人，兼营适用简易计税方法计税项目、免征增值税项目而无法划分相应进项税额的，按照下列公式计算不得抵扣的进项税额：

$$\text{不得抵扣的进项税额}=\text{当期无法划分的全部进项税额}\times\left(\frac{\text{当期适用简易计税方法计税项目销售额}+\text{免征增值税项目销售额}}{\text{当期全部销售额}}\right)$$

已抵扣进项税额的固定资产、无形资产或者不动产，转变用途为不得抵扣进项税额情形的，应按照下列公式计算不得抵扣的进项税额：

$$\text{不得抵扣的进项税额}=\text{固定资产、无形资产或者不动产净值}\times\text{适用税率}$$

2.非正常损失相关进项税额不得抵扣

下列项目的进项税额不得从销项税额中抵扣：非正常损失的购进货物，以及相关的劳务和交通运输服务；非正常损失的在产品、产成品所耗用的购进货物（不包括固定资产）、劳务和交通运输服务；非正常损失的不动产，以及该不动产所耗用的购进货物、设计服务和建筑服务；非正常损失的不动产在建工程所耗用的购进货物、设计服务和建筑服务。非正常损失是指因管理不善造成货物被盗、丢失、霉烂变质，以及因违反法律法规造成货物或者不动产被依法没收、销毁、拆除的情形。

① 梁海光，王如峰，向宇寒.增值税加计抵减：如何计算应纳增值税税额［N］.中国税务报，2024-10−11（7）.

值得注意的是，在产品、产成品耗用的购进货物，不包括固定资产，即在产品、产成品发生非正常损失时，耗用的固定资产的进项税额不需要转出。例如作为固定资产的设备的进项税额随着折旧损耗逐步计入产品或服务中，而把所有相关设备的进项税额全部作进项税额转出，并不合理，该设备可能仍然在继续生产其他产品。同时，计算发生非正常损失的产品负担的固定资产的进项税额，在实务中不具备可操作性，比如会有一个设备生产多种产品，一种产品由多个设备生产等复杂的情况，因此，基于效率原则，税务上采取了简便易行、有利于纳税人的措施，发生非正常损失的在产品、产成品应转出进项税额的情况不包括固定资产。

《增值税暂行条例实施细则》中的货物是指有形动产。《财政部 国家税务总局关于全面推开营业税改征增值税试点的通知》(财税〔2016〕36号)规定，固定资产，是指使用期限超过12个月的机器、机械、运输工具以及其他与生产经营有关的设备、工具、器具等有形动产。此处的固定资产属于有形动产，属于"货物"的范畴，在产品、产成品发生非正常损失，所耗用的购进货物需要转出进项税额，虽然固定资产也属于货物，但基于上述分析，其进项税额不需要转出，因此相关条款中特意规定"不包括固定资产"。

不动产和无形资产不属于上述"货物"的范围，因此不需要特意指出不包括不动产和无形资产。在产品、产成品发生非正常损失需要转出进项税额的范围是明确列举的，并没有任何托底条款，只包括"货物、相关劳务和交通运输服务"这三个项目，不动产和无形资产不属于这三个项目的范畴，因此不需要转出进项税额。综上所述，在产品、产成品发生非正常损失，所耗用的相关的固定资产、不动产以及无形资产的进项税额不需要转出。

【例2-19】甲公司为增值税一般纳税人，适用13%的增值税税率。本年9月，甲公司购入一批原材料，不含增值税价格为1 000万元，取得的增值税专用发票上注明的增值税税额为130万元，认证通过后已经作为进项税额抵扣。本年12月，该批原材料由于仓库发生火灾（因管理不善）而发生损失，甲公司对其进行盘存清理，发现不含增值税价格为200万元的部分原材料经过一定处理后仍能使用，为了回笼资金决定将其变价卖出。本年12月，甲公司其他业务增值税销项税额为800万元，可抵扣进项税额为300万元。试比较以下两个方案，并基于增值税税负最小化作出选择：方案一，会计核算时将1 000万元作为非正常损失；方案二，会计核算时将800万元（1 000-200）作为非正常损失。

【解析】由于非正常损失的进项税额不能抵扣，企业在会计处理中降低非正常损失具有重要意义。不得抵扣的进项税额应该是发生非正常损失部分的进项税额，应将这部分进项税额转出；而对于取得清理收入的部分，则可以认为未发生损失，在税法上对此也没有明确规定，只要企业在进行账务处理时不将其作为非正常损失处理，该部分进项税额就不用转出。因此，纳税人应准确区分不能使用的存货和仍能使用的存货，并分别进行会计核算。

200万元的原材料变价销售的销项税额=200×13%=26（万元）

方案一进项税额转出额=1 000×13%=130（万元）

方案一应纳增值税税额=800+26-（300-130）=656（万元）

方案二进项税额转出额=800×13%=104（万元）

方案二应纳增值税税额=800+26-（300-104）=630（万元）

方案二比方案一少缴纳增值税26万元（656-630），应当选择方案二。

3.不得抵扣进项税额的特殊规定

购进贷款服务、餐饮服务、居民日常服务和娱乐服务的进项税额不得抵扣。

4.不得抵扣进项税额的相关注意事项

（1）有下列情形之一者，应当按照销售额和增值税税率计算应纳税额，不得抵扣进项税额，也不得使用增值税专用发票：

①一般纳税人会计核算不健全，或者不能够提供准确税务资料的；

②应当办理一般纳税人资格登记而未办理的。

（2）取得未注明旅客身份信息的国内旅客运输服务非增值税电子普通发票，不能计算进项税额抵扣，这主要包括城市出租车发票、手撕定额发票及铁路客运越站补票票据等。购进用于集体福利或个人消费的货物及其他应税行为，并非用于企业生产经营，其进项税额不得从销项税额中抵扣。所以，企业应把用于集体福利或个人消费的旅客运输服务与用于企业生产经营的旅客运输服务区分开来，不能把不是用于企业生产经营的旅客运输服务的进项税额也拿来抵扣。

购进"国内"旅客运输服务的进项税额才允许从销项税额中抵扣；由于境外客运服务属于零税率项目，不征收增值税，因此购进"国际"旅客运输服务的进项税额不得从销项税额中抵扣。此外，境内的单位和个人提供的往返港澳台的旅客运输服务以及在港澳台提供的旅客运输服务，适用增值税零税率，因此也不能抵扣进项税额。

以上这些并未穷尽不可抵扣进项税额的全部情形，纳税人在处理相关涉税事宜时，应尽可能索取可以抵扣进项税额的发票，进而减轻企业的增值税税负。总体而言，进项税额抵扣的筹划主要有以下途径：在价格相同的情况下，购买可以开具增值税发票的货物；一般纳税人购买货物或应税劳务、服务等，应该向对方索要增值税专用发票；纳税人进口货物时，应设法取得增值税完税凭证，以备抵扣；购进免税农产品价格中所含的增值税税额，按购货发票或经税务机关认可的收购凭证上注明的价格，依照相应扣除率进行抵扣；兼营简易计税方法计税项目、免征增值税项目而无法划分不得抵扣的进项税额，尽量缩小不得抵扣部分的比例。

二、供货方纳税人身份选择的进项税额抵扣筹划

由于增值税一般纳税人实行的是进项税额抵扣制度，能否取得增值税专用发票直接影响购货方的增值税税负。一般纳税人购货方主要有两种进货渠道：一是选择一般纳税人为供货方，可以取得税率为13%、9%或6%的增值税专用发票，并据以抵扣进项税额。二是选择小规模纳税人为供货方，如果能够取得小规模纳税人开具或由税务机关代开的征收率为3%的增值税专用发票，也可以据以抵扣进项税额；如果取得的是增值税普通发票，则不能抵扣进项税额。对于购货方来说，如果从一般纳税人和小规模纳税人那里购货形成的净利润相等，那么如何选择供货方并无差异；如果两种情况下形成的净利润不同，购货方应择优选择。

一般纳税人选择哪一种进货渠道，主要根据小规模纳税人供货方的价格折扣幅度——从小规模纳税人进货的含税价格与从一般纳税人进货的含税价格之比，即折扣率——来判断。利润无差别点即价格优惠临界点。当折扣率处于价格优惠临界点时，以净利润为筹划目标，供货方是否为一般纳税人并无区别。

假定某公司为一般纳税人，城市维护建设税税率、教育费附加征收率、地方教育附加征收率分别为7%、3%、2%（以下合称"增值税附征"，总费率为12%）。本年9月，该公司需要购进一批货物，从一般纳税人处购进的含税价为A，从小规模纳税人处购进的含税价为B。

从一般纳税人购进货物，可抵扣进项税额的增值税税率为a，净利润为M：

M=销售收入−购货成本−增值税附征额−企业所得税税额

　　={销售收入−A÷（1+a）−［销售收入×增值税税率−A÷（1+a）×a］×12%}×（1−企业所得税税率）

从小规模纳税人购进货物，可抵扣进项税额的增值税征收率为b，净利润为N：

N=销售收入−购货成本−增值税附征额−企业所得税税额

　　={销售收入−B÷（1+b）−［销售收入×增值税税率−B÷（1+b）×b］×12%}×（1−企业所得税税率）

当M=N时，利润无差别，B/A为价格优惠临界点折扣率，即：

B/A=［（1+b）（1−a×12%）］÷［（1+a）（1−b×12%）］

不同可抵扣税率（征收率）价格优惠临界点折扣率见表2−11。

表2−11　　　　　　　　　　价格优惠临界点折扣率

可抵扣税率a	可抵扣征收率b	价格优惠临界点折扣率
13%	3%	90.05%
13%	0	87.12%
9%	3%	93.81%
9%	0	90.75%
6%	3%	96.82%
6%	0	93.66%

当折扣率=价格优惠临界点折扣率时，从小规模纳税人处购货与从一般纳税人处购货没有区别。

当折扣率>价格优惠临界点折扣率时，应该从一般纳税人处购货。

当折扣率<价格优惠临界点折扣率时，应该从小规模纳税人处购货。

【例2−20】本年9月，甲公司（一般纳税人）以承运人的身份向乙公司提供货物运输服务，将货物由北京运往云南，收取乙公司货物运输费2 500 000元。甲公司准备委托其他货运公司实际提供运输服务。现在有A、B和C三家货运公司可以受托提供该运输服务。A公司为一般纳税人，可以开具9%税率的增值税专用发票，报价（P_A）为200万元；B公司为小规模纳税人，可以开具3%征收率的增值税专用发票，报价（P_B）为195万元；C公司为小规模纳税人，只能开具普通发票，报价（P_C）为190万元。以上价格均为含税价格。试根据价格优惠临界点（利润无差别点）折扣率帮助甲公司作出选择。

【解析】P_B/P_A=195÷200×100%=97.50%>93.81%，A公司能够给甲公司带来更多的净利润。

P_C/P_A=190÷200×100%=95%>90.75%，A公司能够给甲公司带来更多的净利润。

可见，甲公司应当委托A公司完成运输服务。

当然，企业应从整体财务管理目标的角度来考虑税收筹划策略，在实务操作中，不能仅考虑价格优惠临界点折扣率，还应考虑其他因素，如合同条款、从小规模纳税人和一般纳税人处购货的质量差异等。

三、进项税额抵扣时点的选择

作为购货方的增值税一般纳税人，可以通过筹划进项税额的抵扣时间达到延期纳税的目的。如果能够取得增值税专用发票，购货方应尽快认证，于认证通过当月核算当期进项税额并申报抵扣，以降低当期的增值税税负。购货方可就结算时间进行税收筹划。购入货物的结算时间可以分为预付、现付、延期付款、分期付款。

根据税法的相关规定，以分期付款方式取得货物的，进项税额抵扣时间为分期付款的每个付款日当期，这样可以分期递延纳税，以获得资金的货币时间价值；如果购进的是应税劳务，则进项税额抵扣时间为劳务费用结算完毕日当期。采用先付清款项、后取得发票的方式购货，在货款尚未全部付清前，供货方通常不会提供增值税专用发票。采用分期付款方式，购货方可以分期取得增值税专用发票，进而能够及时抵扣进项税额，缓解纳税压力。结算方式的选择通常取决于供需关系。购货方可以充分利用市场供需情况，掌握谈判主动权，争取最有利的结算方式。

此外，《国家税务总局关于取消增值税扣税凭证认证确认期限等增值税征管问题的公告》（2019年第45号）规定：增值税一般纳税人取得2017年1月1日及以后开具的增值税专用发票、海关进口增值税专用缴款书、机动车销售统一发票、收费公路通行费增值税电子普通发票，取消认证确认、稽核比对、申报抵扣的期限；增值税一般纳税人取得2016年12月31日及以前开具的增值税专用发票、海关进口增值税专用缴款书、机动车销售统一发票，超过认证确认、稽核比对、申报抵扣期限，但符合规定条件的，仍可按照《国家税务总局关于逾期增值税扣税凭证抵扣问题的公告》（2011年第50号，国家税务总局公告2017年第36号、2018年第31号修改）、《国家税务总局关于未按期申报抵扣增值税扣税凭证有关问题的公告》（2011年第78号，国家税务总局公告2018年第31号修改）的规定，继续抵扣进项税额。

出于节税的考虑，纳税人应该从货物或应税劳务的购进阶段就进行筹划，找准申报抵扣进项税额的最佳时间点。选择恰当的认证、抵扣进项税额的时间点，可产生一定的节税效果。企业在运用进项税额的抵扣时间进行税收筹划时，应当特别注意以下两点：一是在对以后期间的各项收入情况进行预测时，一定要综合考虑各种影响因素，并采用严谨、科学的方法，最大限度地使预测的结果接近实际情况。二是在选择购进货物或劳务的时间点时，使购进的材料满足生产即可，要确保对生产经营的供应，不能因为材料供应不上而停工待产，避免对正常生产经营产生负面影响；也要避免过度囤积，以免材料保管成本和资金占用增加。预计价格将上升，可适当囤积材料；预计价格将下降，则可适当推迟购进。

四、企业重组的进项税额抵扣筹划

增值税一般纳税人在资产重组过程中，将全部资产、负债和劳动力一并转让给其他增值税一般纳税人，并按程序办理注销税务登记的，其在办理注销登记前尚未抵扣的进项税额可结转至新纳税人处继续抵扣。

纳税人在资产重组过程中，通过合并、分立、出售、置换等方式，将全部或者部分实物资产以及与其相关联的债权、债务多次转让后，最终的受让方与劳动力接收方为同一单位和个人的，仍适用《国家税务总局关于纳税人资产重组有关增值税问题的公告》（国家税务总局公告2011年第13号）的相关规定，其中货物的多次转让行为均不征收增值税。

在企业重组过程中，企业通过合并、分立、出售、置换等方式，将全部或者部分实物资产以及与其相关联的债权、债务和劳动力，一并转让给其他单位和个人，其中涉及的货物、不动产、土地使用权转让行为，符合规定的，不征收增值税。

【例2-21】兴庆公司是集亚麻种植和原料印染、亚麻制品生产为一体的综合性生产企业，拥有自己的亚麻种植园，以自己种植的亚麻为原料，继续加工布料、制衣。本年上半年，其亚麻布料、亚麻制衣等产品的销售收入为5 800万元，由于生产布料的原材料为自产亚麻（假定亚麻原材料的市场价格为2 100万元），只有染色剂、燃料动力等少量进项税额，故取得可抵扣进项税额248万元，应纳增值税税额506万元，增值税税负高达8.72%（506÷5 800×100%）。试分析如何通过企业重组的方式增加进项税额。

【解析】兴庆公司可以分立为亚麻种植园和服装加工企业。亚麻种植园按市场价格销售亚麻原材料给服装加工企业，亚麻种植园销售自产农产品免征增值税。服装加工企业购进亚麻按照"买价×10%"抵扣进项税额。

服装加工企业购入免税农产品可以抵扣的进项税额=2 100×10%=210（万元）

服装加工企业应纳增值税税额=5 800×13%-210-248=296（万元）

企业分立使兴庆公司节税210万元（506-296），增值税税负降为5.10%（296÷5 800×100%）。

五、合同签订的进项税额抵扣筹划

货物流、合同流、资金流、发票流"四流合一"是增值税一般纳税人抵扣增值税进项税额并规避被认定为虚开增值税专用发票行为的重要法律要件。如果只有合同流、资金流、发票流统一，缺乏货物流的支持和佐证，就很容易被判定为假合同或阴阳合同。因为没有货物购销或者没有提供或接受应税劳务而为他人、为自己、让他人为自己、介绍他人开具增值税专用发票，属于"虚开增值税专用发票"行为。

在现代物流业迅速发展的今天，货物流与合同流、资金流、发票流不一致是很普遍的现象。在采购实践中，如果出现了货物流、合同流、资金流、发票流不一致的情况，说明企业将面临一定的税务风险，很可能被判定为没有真实交易行为，涉嫌虚开增值税专用发票。这样，不仅不能抵扣增值税进项税额，而且涉嫌违法。

为了避免出现货物流与合同流、资金流、发票流不一致的情况，从而规避不能抵扣增值税进项税额的税收法律风险，开票方纳税人在对外开具增值税专用发票时，要注意符合以下情形：

（1）向受票方纳税人销售了货物，或者提供了增值税应税劳务或应税服务；

（2）向受票方纳税人收取了所销售货物、所提供应税劳务或者应税服务的款项，或者取得了索取销售款项的凭据；

（3）向受票方纳税人开具的增值税专用发票的相关内容与所销售货物、所提供应税劳务或者应税服务相符，且该增值税专用发票是纳税人合法取得并且以自己名义开具的。

受票方纳税人取得的符合上述情形的增值税专用发票，可以作为增值税抵扣凭证抵扣进项税额。

【例2-22】甲公司为增值税一般纳税人，为生产200万元A产品，需向小规模纳税人乙公司购进100万元B材料（假定无一般纳税人生产B材料）。乙公司为生产该100万元B材料，需向一般纳税人丙公司购进60万元C材料。假定以上金额均为不含税价格，产品和材料适用的增值税税率均为13%。请问：甲公司应如何签订合同，以减轻税负、防范税收风险？

【解析】方案一，甲公司直接与乙公司签订购销合同。

由于乙公司为小规模纳税人，甲公司购进B材料的进项税额不得抵扣。

甲公司应纳增值税税额=200×13%=26（万元）

如乙公司请税务机关代开增值税专用发票，则甲公司可按发票全额的3%进行抵扣。

甲公司应纳增值税税额=200×13%-100×3%=23（万元）

方案二，甲公司直接与乙公司签订购销合同，由丙公司开具增值税专用发票给甲公司。

由于甲公司从乙公司购进B材料的进项税额不得抵扣，经乙公司介绍，丙公司销售C材料给乙公司时，将其应开具给乙公司的60万元增值税专用发票开具给甲公司。

甲公司应纳增值税税额=200×13%-60×13%=18.2（万元）

方案二和方案一相比，表面上看甲公司少缴了增值税，减轻了税负，但此方案蕴藏着巨大的税收法律风险。因为甲公司和丙公司之间没有任何购销事实，由丙公司开具增值税专用发票给甲公司就构成了虚开增值税专用发票的违法行为。

虚开增值税专用发票是指在没有任何购销事实的前提下，为他人、为自己、让他人为自己或介绍他人开具增值税专用发票的行为。虚开增值税专用发票是严重的违法行为。虚开增值税专用发票的，一律按票面所列货物的适用税率全额征补税款，并依据《中华人民共和国税收征收管理法》的规定按偷税给予处罚。对纳税人取得的虚开的增值税专用发票，不得作为增值税抵扣凭证抵扣进项税额。构成虚开增值税专用发票罪的，按《中华人民共和国刑法》第二百零五条的规定处以刑罚。

甲公司取得的虚开的增值税专用发票不得用于抵扣增值税进项税额，应纳增值税税额仍为26万元，并且甲、乙、丙三家公司都可能因此而受到相应的处罚。

方案三，甲公司与丙公司签订C材料购销合同，与乙公司签订B材料委托加工合同，并由乙公司请税务机关代开增值税专用发票。

甲公司直接向丙公司购买C材料，与丙公司签订60万元购销合同，取得增值税专用发票。此时双方之间有购销事实，不构成虚开增值税专用发票行为，可进行增值税进项税额抵扣。甲公司购进C材料后，交给乙公司进行加工，加工成B材料后收回，再用于生产A产品。此方案没有税收法律风险。

甲公司应纳增值税税额=200×13%-60×13%-40×3%=17（万元）

和方案一、方案二相比，方案三减轻了甲公司的税负，同时也减轻了乙公司的税负（乙公司由销售100万元的B材料变为收取40万元的加工费），丙公司的税负不变，并且对三家公司来说，都没有任何税收法律风险。因此，方案三是一个理想的税收筹划方案。

六、保险理赔的进项税额抵扣筹划

根据《国家税务总局关于国内旅客运输服务进项税抵扣等增值税征管问题的公告》（国家税务总局公告2019年第31号）的有关规定，自2019年10月1日起，保险公司以实物赔付方式承担机动车辆保险责任的，自行向车辆修理劳务提供方购进的车辆修理劳务，其进项税额可以从保险公司销项税额中抵扣；以现金赔付方式承担机动车辆保险责任的，将应付给被保险人的赔偿金直接支付给车辆修理劳务提供方，不属于保险公司购进车辆修理劳务，其进项税额不得从保险公司销项税额中抵扣；保险公司提供的其他财产保险服务，比照上述规定执行。

【例2-23】乙公司与甲保险公司签订机动车辆保险合同，为其名下车辆投保车损险。在保险期内，乙公司发生车损事故，定损为22 600元，在某汽修厂维修，修理费为22 600元。请帮助甲保险公司就保险合同约定的赔付方式进行税收筹划。

【解析】方案一，甲保险公司与乙公司在保险合同中约定赔付方式为"现金赔付"。甲保险公司根据定损结果，应该支付给乙公司保险费22 600元；甲保险公司与某汽修厂达成维修协议，该汽修厂为乙公司进行车辆维修；车辆维修完毕，甲保险公司代乙公司向该汽修厂支付维修费。甲保险公司支付的维修费进项税额不得从销项税额中抵扣。

方案二，甲保险公司与乙公司在保险合同中约定赔付方式为"实物赔付"。甲保险公司委托某汽修厂对乙公司的车辆进行维修，恢复其功能及外观，按保险合同的约定将维修好的汽车交付给乙公司。该汽修厂提供的修理劳务由甲保险公司购买，因此甲保险公司应支付该汽修厂相应的维修费，该汽修厂开具增值税专用发票给甲保险公司，甲保险公司可以据此抵扣进项税额。

甲保险公司可抵扣的进项税额=22 600÷（1+13%）×13%=2 600（元）

与方案一相比，方案二中的甲保险公司多抵扣进项税额2 600元，即少负担增值税2 600元，因此应当选择方案二，在合同中约定赔付方式为"实物赔付"。

七、房地产企业的进项税额抵扣筹划

（一）甲供材模式

在甲供材模式下，房地产企业有一部分设备、材料是自己采购的，采购这些设备、材料取得的增值税专用发票对应的进项税率是13%，而销售不动产开具的增值税专用发票对应的销项税率是9%，这就产生了"低征高扣"，中间这4个百分点的税率差就降低了企业的增值税税负。因此，房地产企业可以尽量利用甲供材模式降低增值税税负。

（二）甲供工程模式

在甲供工程模式下，房地产企业可以采购中央空调、电气设备、智能化楼宇设备、供暖设备、卫生通风照明设备等配套设备，从而取得相应的增值税专用发票，进行进项税额抵扣，对应的进项税率是13%。甲供工程模式比甲供材模式的抵扣范围更大，房地产企业可以采取甲供工程模式，降低企业的增值税税负。

（三）精装修模式

在精装修模式下，房地产企业需要采购装修材料、装修服务，以适当提高精装修房屋的建造成本占销售额的比例，从而控制增值税税负。精装修模式是非常好的一种增值税控

制方法。只要能获取增值税专用发票，在精装修模式下所取得的装修工程类发票、材料发票都可以抵扣进项税额，降低增值税税负的效果比前两种模式更好。

（四）固定资产混合用途模式

按照国家税收政策，如果企业采购的固定资产既用于一般计税项目，又用于其他项目，包括免税项目、简易计税项目等，则这一固定资产对应的进项税额可以全额抵扣。如果企业采购的固定资产仅用于免税项目或者简易计税项目，则其进项税额不能抵扣。一般情况下，房地产企业采购的固定资产价值都比较大，当企业采购的固定资产用于免税项目或者简易计税项目时，最好能将该固定资产部分用于一般计税项目，使其成为具有混合用途的固定资产。在税收筹划方案的实施过程中，要尽量用好、用足这类政策。

第四节 增值税计税方法的筹划

一、增值税的计税方法

增值税的计税方法包括一般计税方法与简易计税方法（见表2-12）。

表2-12　　　　　　　　　　　增值税计税方法

计税方法	适用主体	税额计算公式
一般计税方法	一般纳税人	应纳税额＝当期销项税额－当期进项税额
简易计税方法	小规模纳税人 一般纳税人的特定情形	应纳税额＝销售额（不含增值税）×征收率

一般纳税人发生增值税应税销售行为适用一般计税方法计税（特定情形除外）。一般计税方法的计算公式为：

当期应纳税额＝当期销项税额－当期进项税额

小规模纳税人发生应税销售行为适用简易计税方法计税。一般纳税人发生财政部和国家税务总局规定的应税销售行为，可以选择适用简易计税方法计税，一经选择，36个月内不得变更。简易计税方法的计算公式为：

应纳税额＝销售额（不含增值税）×征收率

二、一般纳税人适用简易计税方法的部分情形

一般纳税人发生可选择或者应当（句尾标注）按照简易计税方法依照3%的征收率计算缴纳增值税的特定应税销售行为的情况很多，下列情形较为常见，在税收筹划时易于操作，并且节税效果较好：

（1）县级及县级以下小型水力发电单位生产的电力。小型水力发电单位是指各类投资主体建设的装机容量为5万千瓦以下（含5万千瓦）的小型水力发电单位。

（2）自产建筑用和生产建筑材料所用的砂、土、石料。

（3）以自己采掘的砂、土、石料或其他矿物连续生产的砖、瓦、石灰（不含黏土实心砖、瓦）。

（4）自己用微生物、微生物代谢产物、动物毒素、人或动物的血液或组织制成的生物制品。

（5）自产的自来水。

（6）自来水公司销售自来水。（应当）

（7）自产的商品混凝土（仅限于以水泥为原料生产的水泥混凝土）。

（8）单采血浆站销售非临床用人体血液。

（9）寄售店代销寄售物品（包括居民个人寄售的物品在内）。（应当）

（10）典当业销售死当物品。（应当）

（11）药品经营企业销售生物制品。

（12）公共交通运输服务，包括轮客渡、公交客运、地铁、城市轻轨、出租车、长途客运、班车。其中，班车是指按固定路线、固定时间运营并在固定站点停靠的运送旅客的陆路运输服务。

（13）经认定的动漫企业为开发动漫产品提供的动漫脚本编撰、形象设计、背景设计、动画设计、分镜、动画制作、摄制、描线、上色、画面合成、配音、配乐、音效合成、剪辑、字幕制作、压缩转码（面向网络动漫、手机动漫格式适配）服务，以及在境内转让动漫版权（包括动漫品牌、形象或者内容的授权及再授权）。

（14）电影放映服务、仓储服务、装卸搬运服务、收派服务和文化体育服务。

（15）资管产品管理人运营资管产品过程中发生的增值税应税行为。（暂时应当）

（16）提供物业管理服务的纳税人，向服务接受方收取的自来水水费（以扣除其对外支付的自来水水费后的余额为销售额）。（应当）

（17）提供非学历教育服务、教育辅助服务。

（18）以清包工方式提供建筑服务。

（19）销售电梯的同时，提供安装服务（按照甲供工程适用）。

三、纳税平衡点的计算

假设不含税销售额为 S，适用的一般计税方法销项税率为 T_1，不含税购进金额为 P，适用的一般计税方法进项税率为 T_2，适用的简易计税方法征收率为 3%。

当一般计税方法应纳税额=简易计税方法应纳税额时，即处于纳税平衡点。

由 $S \times T_1 - P \times T_2 = S \times 3\%$，可得：

纳税平衡点不含税购销金额比（P/S）=（T_1-3%）÷T_2

将增值税税率 13%、9%、6% 与增值税征收率 3% 分别代入上式，即可得出增值税一般计税方法和简易计税方法纳税平衡点的不含税购销金额比（见表2-13）。

表2-13　　　　　　　　　　　　纳税平衡点不含税购销金额比

类型	一般计税方法销项税率（T_1）	一般计税方法进项税率（T_2）	简易计税方法征收率	纳税平衡点不含税购销金额比（P÷S）
1	13%	13%	3%	76.92%
2	13%	9%	3%	111.11%

续表

类型	一般计税方法销项税率（T_1）	一般计税方法进项税率（T_2）	简易计税方法征收率	纳税平衡点不含税购销金额比（$P \div S$）
3	13%	6%	3%	166.67%
4	9%	13%	3%	46.15%
5	9%	9%	3%	66.67%
6	9%	6%	3%	100%
7	6%	13%	3%	23.08%
8	6%	9%	3%	33.33%
9	6%	6%	3%	50%

1.纳税平衡点不含税购销金额比<1时

（1）当纳税人实际不含税购销金额比=纳税平衡点不含税购销金额比时，一般计税方法和简易计税方法税负相同。

（2）当纳税人实际不含税购销金额比>纳税平衡点不含税购销金额比时，一般计税方法税负小于简易计税方法税负，选择适用一般计税方法对纳税人有利。

（3）当纳税人实际不含税购销金额比<纳税平衡点不含税购销金额比时，简易计税方法税负小于一般计税方法税负，选择适用简易计税方法对纳税人有利。

2.纳税平衡点不含税购销金额比>1时

通常情况下，不含税可抵扣购进金额<不含税销售金额，由此可知：

纳税人实际不含税购销金额比=不含税可抵扣购进金额÷不含税销售金额<1

所以，当纳税平衡点不含税购销金额比>1时，实际不含税购销金额比<纳税平衡点不含税购销金额比，选择适用简易计税方法对纳税人有利。

【例2-24】甲仓储服务公司为增值税一般纳税人，预计本年实现不含税销售收入900万元；购进办公耗材取得增值税专用发票，不含税价格为100万元，适用13%的税率，可以抵扣进项税额13万元。该公司应如何选择计税方法进而减轻增值税税负？

【解析】仓储服务适用6%的增值税税率，购进货物适用13%的增值税税率。

适用一般计税方法应纳税额=900×6%-100×13%=41（万元）

适用简易计税方法应纳税额=900×3%=27（万元）

甲仓储服务公司选择适用简易计税方法比一般计税方法少缴纳增值税14万元（41-27）。

根据表2-13，纳税平衡点不含税购销金额比为23.08%。实际不含税购销金额比=100÷900×100%=11.11%<23.08%。通过纳税平衡点不含税购销金额比判断，同样可以得出甲仓储服务公司选择适用简易计税方法有利的结论。

四、劳务派遣服务计税方法的选择

劳务派遣服务是指劳务派遣公司为了满足用工单位对于各类灵活用工的需求，将员工派遣至用工单位，接受用工单位管理并为其工作的服务。

一般纳税人提供劳务派遣服务，可以按照有关规定，以取得的全部价款和价外费用为销售额，按照一般计税方法计算缴纳增值税，其增值税销项税额=全部价款和价外费用÷（1+6%）×6%；也可以选择差额纳税，以取得的全部价款和价外费用，扣除代用工单位支付给劳务派遣员工的工资、福利和为其办理社会保险及住房公积金后的余额为销售额，按照简易计税方法以5%的征收率计算缴纳增值税，即应纳税额=（全部价款和价外费用-代用工单位支付给劳务派遣员工的工资、福利和为其办理社会保险及住房公积金的费用）÷（1+5%）×5%。

同样，小规模纳税人提供劳务派遣服务，可以取得的全部价款和价外费用为销售额，按照简易计税方法以3%的征收率计算缴纳增值税，其应纳税额=全部价款和价外费用÷（1+3%）×3%；也可以选择差额纳税，以取得的全部价款和价外费用，扣除代用工单位支付给劳务派遣员工的工资、福利和为其办理社会保险及住房公积金后的余额为销售额，按照简易计税方法以5%的征收率计算缴纳增值税，即应纳税额=（全部价款和价外费用-代用工单位支付给劳务派遣员工的工资、福利和为其办理社会保险及住房公积金的费用）÷（1+5%）×5%。

选择差额纳税的纳税人，向用工单位收取用于支付给劳务派遣员工工资、福利和为其办理社会保险及住房公积金的费用，不得向用工单位开具增值税专用发票，可以开具增值税普通发票。

根据财税〔2016〕47号文件《关于进一步明确全面推开营改增试点有关劳务派遣服务、收费公路通行费抵扣等政策的通知》的规定，无论是一般纳税人，还是小规模纳税人，都可以选择差额纳税。影响劳务派遣企业增值税税负的关键在于税负临界点。

（一）一般纳税人劳务派遣服务税负临界点的计算

假设劳务派遣公司含税销售额为X，其中支付给劳务派遣员工的工资、福利和为其办理社会保险及住房公积金等的代付支出为Y，可抵扣进项税额为Z，税负临界点等式为：

（X-Y）÷（1+5%）×5%=X÷（1+6%）×6%-Z

税负临界点销售额计算公式为：

X=111.3Z-5.3Y

当X>111.3Z-5.3Y时，选择适用简易计税方法（差额纳税）有利；当X<111.3Z-5.3Y时，选择一般计税方法有利。

【例2-25】甲劳务派遣公司（一般纳税人）与A公司签订劳务派遣协议，为A公司提供劳务派遣服务。甲劳务派遣公司代A公司向劳务派遣员工支付工资，并缴纳社会保险和住房公积金。本月，甲劳务派遣公司共取得劳务派遣收入53.55万元，并全额开具增值税普通发票。其中，代A公司支付给劳务派遣员工的工资为23.10万元，为其缴纳社会保险18.90万元和住房公积金10.50万元。甲劳务派遣公司本月购进一批办公用品，并取得增值税专用发票，注明的不含税价款为3万元，税额为0.51万元，且本月已经认证相符。试分析甲劳务派遣公司基于增值税税负最小化的计税方法选择。

【解析】方案一，按照一般计税方法计算甲劳务派遣公司应缴纳的增值税。

不含税销售额=含税销售额÷（1+税率）=53.55÷（1+6%）=50.52（万元）

销项税额=不含税销售额×税率=50.52×6%=3.03（万元）

可抵扣的进项税额=0.51万元

应纳税额=销项税额-进项税额=3.03-0.51=2.52（万元）

方案二，按照简易计税方法（差额纳税）计算甲劳务派遣公司应缴纳的增值税。

代付支出=23.10+18.90+10.50=52.50（万元）

含税销售额=53.55-23.10-18.90-10.50=1.05（万元）

不含税销售额=含税销售额÷（1+征收率）=1.05÷（1+5%）=1（万元）

应纳税额=不含税销售额×征收率=1×5%=0.05（万元）

方案二比方案一节省2.47万元增值税（2.52-0.05）。通过进一步计算发现，实际销售额53.55万元大于税负临界点销售额-221.49万元（111.3×0.51-5.3×52.50），应选择方案二，适用简易计税方法（差额纳税）。

（二）小规模纳税人劳务派遣公司税负临界点的计算

假设劳务派遣公司含税销售额为X，其中支付给劳务派遣员工的工资、福利和为其办理社会保险及住房公积金等的代付支出为Y，税负临界点等式如下：

（X-Y）÷（1+5%）×5%=X÷（1+3%）×3%

税负临界点代付支出计算公式为：

Y=38.83%X

当Y>38.83%X时，选择差额纳税有利。

【例2-26】某按季进行增值税纳税申报的个体工商户，是查账征收的小规模纳税人，本月劳务派遣服务收入为52.50万元，其中支付给劳务派遣员工的工资、福利和为其办理社会保险及住房公积金等的代付支出为42万元。试分析其基于增值税税负最小化的计税方法选择。

【解析】方案一，按照简易计税方法计算应缴纳的增值税。

不含税销售额=含税销售额÷（1+征收率）=52.50÷（1+3%）=50.97（万元）

应纳税额=不含税销售额×征收率=50.97×3%=1.53（万元）

方案二，按照差额纳税计算应缴纳的增值税。

含税差额销售额=全部含税收入-本期扣除金额=52.50-42=10.50（万元）

不含税差额销售额=含税差额销售额÷（1+征收率）=10.50÷（1+5%）=10（万元）

应纳税额=不含税差额销售额×征收率=10×5%=0.50（万元）

方案二比方案一少缴1.03万元（1.53-0.50）增值税。通过进一步计算发现，实际代付支出42万元大于税负临界点代付支出20.39万元（38.83%×52.50），应选择方案二。

五、房地产销售计税方法的选择

（一）一般计税方法——差额纳税

一般纳税人销售自行开发的房地产老项目，可以选择适用一般计税方法计税。计算公式为：

销售额=（全部价款和价外费用-当期允许扣除的土地价款）÷（1+9%）

$$当期允许扣除的土地价款 = \frac{当期销售房地产项目建筑面积}{房地产项目可供销售建筑面积} × 支付的土地价款$$

支付的土地价款是指向政府、土地管理部门或受政府委托收取土地价款的单位直接支付的土地价款，包括支付的征地和拆迁补偿费用、土地前期开发费用和土地出让收益等。

在计算销售额时从全部价款和价外费用中扣除土地价款，应当取得省级以上（含省级）财政部门监（印）制的财政票据。

（二）简易计税方法——全额纳税

一般纳税人销售自行开发的房地产老项目，可以选择适用简易计税方法，按照5%的征收率计税。一经选择适用简易计税方法计税，36个月内不得变更为一般计税方法计税。

一般纳税人销售自行开发的房地产老项目选择适用简易计税方法计税的，以取得的全部价款和价外费用为销售额，不得扣除对应的土地价款。

房地产老项目是指《建筑工程施工许可证》注明的合同开工日期在2016年4月30日前的房地产项目、《建筑工程施工许可证》未注明合同开工日期或者未取得《建筑工程施工许可证》但建筑工程承包合同注明的开工日期在2016年4月30日前的建筑工程项目。

【例2-27】L公司2016年3月开工建设第四期楼盘，收入约为100 000万元；该公司从规划设计、工程施工建设到后期绿化和配套设施建设的过程中取得的可抵扣进项税额为2 700万元，分摊到第四期楼盘的土地出让金为19 000万元。当纳税义务实际发生时，适用简易计税方法更为有利，还是适用一般计税方法更为有利？

【解析】设可以抵减的土地成本为X，开发收入为Y，整个开发过程中取得的可抵扣进项税额为Z。

简易计税方法应纳税额=Y÷（1+5%）×5%

一般计税方法应纳税额=（Y-X）÷（1+9%）×9%-Z

L公司第四期楼盘预计收入如果适用简易计税方法计税：

应纳税额=100 000÷（1+5%）×5%=4 761.90（万元）

如果采用一般计税方法计税：

应纳税额=（100 000-19 000）÷（1+9%）×9%-2 700=3 988.07（万元）

可见，虽然L公司对其房地产老项目可以适用简易计税方法，但是适用一般计税方法更为有利，它比适用简易计税方法节约773.83万元（4 761.90-3 988.07）增值税。

六、纳税人放弃增值税免税权

增值税免税是国家为鼓励一些特殊行业的发展而实施的税收优惠政策。有时候，企业放弃免税权可能会带来更多的经济利益。

根据增值税计税原理，一般纳税人享受免税项目的销售额就不再计提销项税额，相应的进项税额也不得抵扣，还不能向购买方开具增值税专用发票。如果增值税免税只针对特定环节的纳税人，就会造成增值税抵扣链条中断，使税负在不同环节之间发生转移，在某些情况下不但不能使纳税人受益，反而会加重其税负，甚至影响产品销售。

只有在产品最终进入消费领域从而退出市场流转时免税，纳税人的总体税负才会降低。如果对中间产品免税，则免征环节越靠后，下一环节纳税人不能抵扣的进项税额就越大，而不能抵扣的进项税额进入产品成本导致纳税人的总体税负也越大。如果下一环节纳税人可以从其他渠道以合适的价格购入非免税产品，其必然会选择购入非免税产品，从而势必会降低免税产品的市场竞争力，因此享受免税待遇的纳税人有可能放弃免税权。

（一）放弃免税权的基本规定

纳税人销售货物或者提供应税劳务和应税行为适用免税规定的，可以放弃免税权。纳税人应以书面形式提交放弃免税权声明，报主管税务机关备案。纳税人自提交备案资料的次月起，按照现行有关规定计算缴纳增值税。免税权一经放弃，36个月内不得再申请免税。放弃免税权的增值税一般纳税人可以开具增值税专用发票。

纳税人在免税期内购进用于免税项目的货物、加工修理修配劳务或者应税服务所取得的增值税扣税凭证，一律不得抵扣。这就要求纳税人就放弃免税权权衡利弊，从长计议，而不能只计一时得失。纳税人一经放弃免税权，其生产销售的全部增值税应税货物、劳务以及服务等均应按照适用税率征税，不得选择某一免税项目放弃免税权，也不得根据不同的销售对象选择部分货物、劳务或服务放弃免税权。因此，放弃免税权的企业不可能存在兼营免税项目，而对于有多种产品享受免税的企业，未必所有免税产品放弃免税权都有利，因此纳税人必须全面、综合地考虑放弃免税权的得失。

（二）放弃免税权的筹划

纳税人享受免税权或放弃免税权都要进行权衡。如果享受免税权，销售免税货物就不能开具增值税专用发票，当下游企业需要增值税专用发票进行抵扣时，不能开具增值税专用发票可能影响企业的销售；如果放弃免税权，36个月内不得再申请免税，在此期间发生免税有利的情况也不能再享受免税权。因此，选择免税还是放弃免税，要以企业的利益最大化为目标进行综合考虑。

情形一：3年内进项税额过大时，可以考虑放弃免税权。

【例2-28】假设某小型航空运输公司计划在未来3年内为新增货物运输业务加大航空器材投入，由此增加的进项税额比较大。由于新增的货物运输业务处于开拓期，其收入不会很大。该公司计划本年购买航空器材花费1亿元，取得的增值税进项税额为1 300万元，消耗航空油料及后勤服务的进项税额为200万元，取得的航空货物运输收入为1 000万元（不含税），取得的免税的飞机播撒农药服务收入为500万元（不含税）。试基于增值税税负最小化分析是否应当放弃免税权。

【解析】方案一，该公司不放弃飞机播撒农药服务的免税权。

$$\begin{array}{l}不得抵扣的\\进项税额\end{array}=\begin{array}{l}当期无法划分的\\全部进项税额\end{array}\times\left(\begin{array}{l}当期适用简易计税\\方法计税项目销售额\end{array}+\begin{array}{l}免征增值税\\项目销售额\end{array}\right)\div\begin{array}{l}当期全部\\销售额\end{array}$$

$$=（1 300+200）\times500\div（1 000+500）=500（万元）$$

飞机播撒农药服务应分摊的进项税额为500万元，故进项税额转出500万元。

方案二，该公司放弃免税权，正常纳税。

飞机播撒农药服务的销项税额=500×9%=45（万元）

进项税额正常抵扣，不需要转出。

方案一比方案二多纳税455万元（500-45），故应选择方案二。

可见，由于该公司未来3年还要进行硬件投入，进项税额比较大，而货物运输收入不会增加许多，故3年内放弃免税权比较合理。如果3年后货物运输业务销售额占收入的比例大，免税货物或服务销售额分摊的进项税额小，进项税额转出少，抵扣的进项税额多，则享受免税权更有利。

情形二："低征高扣"的纳税人可以选择放弃免税权。

"低征高扣"主要是指增值税一般纳税人计提销项税额时的税率较低，而计提进项税额时的税率较高，由此所产生的税负倒挂现象。例如，建筑业购进材料和设备的进项税率为13%，对外提供应税建筑服务的销项税率为9%。又如，财产保险公司的机动车辆保险业务占其全部保单业务的比重较大，销项税额按6%的税率计提，而其对机动车辆修理修配的实物或者劳务赔付从修理方取得的增值税专用发票还可以按照13%的税率抵扣进项税额，利用这种"低征高扣"造成的高达7%的税负倒挂，财产保险公司可以轻松实现税负降低。

"低征高扣"在农产品生产销售领域更为普遍。购进免税农产品按买价和9%或10%的扣除率计算进项税额，而销售农产品（包括简单加工农产品）则按含税销售额进行价税分离，如此形成了"低征高扣"。如农产品经初加工仍为农产品，要扣除加工消耗的机器、水、电和配件等的进项税额，则需要较大的增值率才能使进项税额与销项税额平衡。农产品加工企业的增值率普遍比较低，一般都会有留抵税额，有的企业留抵税额还非常大，因此，放弃免税权较好。农产品加工企业放弃免税权，就可以正常开具增值税专用发票，也能正常抵扣，并能避免购买方以不能提供可抵扣的增值税专用发票为由压低价格。

情形三：综合考虑销售毛利，可以放弃免税权。

企业是否放弃免税权不应只考虑增值税，还应考虑企业的销售毛利。

【例2-29】某有机化肥生产企业为增值税一般纳税人，其所产化肥一直享受增值税免税优惠，既作为最终消费品直接销售给农业生产者，又作为原材料销售给化工企业（增值税一般纳税人）。其向农业生产者和化工企业销售化肥的比例为3:7。生产化肥的原材料均从一般纳税人处采购并取得了增值税专用发票。假设本月销售100吨化肥，每吨不含税售价为3 000元，成本为2 034元（含从"进项税额转出"转入的234元）。试基于本月数据和增值税税负最小化帮助该企业分析是否应当放弃免税权。

【解析】方案一，继续享受免税优惠。

应纳增值税税额=0

毛利=（3 000-2 034）×（30+70）=96 600（元）

方案二，放弃免税权。

应纳增值税税额=（3 000×9%-234）×100=3 600（元）

毛利=［3 000-（2 034-234）］×30+［3 000-（2 034-234）］×70=120 000（元）

计算结果显示，同方案一相比，方案二需要多缴纳增值税3 600元，但可以使毛利增加23 400元（120 000-96 600），综合考虑销售毛利，放弃免税权更为有利。

仅根据增值税应纳税额的多寡无法判断该企业利润水平的高低，特别是当其面对的客户主要是化工企业时，情况会变得更为复杂。从企业的角度来看，如果进项税额较为可观，放弃免税优惠可换来进项税额的扣减，能使生产成本明显下降。从客户的角度来看，由于化肥并非最终产品，而是下一环节纳税人的生产原料，企业在化肥销售环节享受了免税优惠，就会导致产品中包含的以前环节已经缴纳的增值税不能向以后的环节转移，而是沉淀为产品成本的一部分。这势必导致下一环节的纳税人提高产品的销售价格，以维持原有的利润水平。反过来，在同等条件下，下一环节的纳税人显然更偏好没有享受免税优惠的原材料，因为能获得可以抵扣的增值税专用发票。

【例2-30】凯星公司本年1月成立，属于增值税一般纳税人，其经营范围为干鲜蔬菜和其他商品的批发及零售。自成立之日起，该公司销售的蔬菜就享受增值税免税优惠。新年伊始，董事会制定了年度销售目标：实现含税销售收入32 600万元，其中蔬菜10 000万元、其他商品 22 600 万元。该公司不能从供货方取得增值税专用发票和海关进口增值税专用缴款书，在蔬菜购进环节只能取得农产品收购发票或者销售发票。

该公司计划对蔬菜类商品实行保本销售，即综合销售毛利率为零，但其他商品综合销售毛利率为 30%。以上毛利率的核算均含增值税。该公司本年购入蔬菜类商品的价款为 10 000 万元，购入其他类商品取得的增值税专用发票上注明的价税合计为 11 300 万元，预计全年发生其他税费扣除项目 5 000 万元，且该公司能准确划分应税项目和免税项目的进项税额。假定不考虑其他税费，也不考虑期初、期末存货对利润的影响，销售蔬菜统一按 9% 的税率核算增值税，销售其他商品统一按 13% 的税率核算增值税，以增值税、增值税附征（只考虑城市维护建设税、教育费附加）和企业所得税（税率为 25%）总体税负为决策依据，该公司是享受增值税优惠政策划算，还是放弃免税权划算？

【解析】方案一，享受蔬菜流通环节免征增值税优惠。

进项税额=11 300÷（1+13%）×13%=1 300（万元）

销项税额=22 600÷（1+13%）×13%=2 600（万元）

应纳增值税税额=2 600-1 300=1 300（万元）

应纳增值税附征合计额=1 300×（7%+3%）=130（万元）

应纳企业所得税税额=［22 600÷（1+13%）+10 000-10 000-113 000÷（1+13%）-5 000-130］×25%
$$=1\ 217.50（万元）$$

净利润=4 870-1 217.50=3 652.50（万元）

应纳税额合计=1 300+130+1 217.50=2 647.50（万元）

方案二，放弃蔬菜流通环节免征增值税优惠。

进项税额=11 300÷（1+13%）×13%+10 000×9%=2 200（万元）

销项税额=22 600÷（1+13%）×13%+10 000÷（1+9%）×9%=3 425.69（万元）

应纳增值税税额=3 425.69-2 200=1 225.69（万元）

应纳增值税附征合计额=1 225.69×（7%+3%）=122.57（万元）

应纳企业所得税税额=［22 600÷（1+13%）+10 000÷（1+9%）-10 000×（1-9%）-11 300÷（1+13%）-
5 000-122.57］×25%
$$=1\ 237.94（万元）$$

净利润=4 951.74-1 237.94=3 713.80（万元）

应纳税额合计=1 225.69+122.57+1 237.94=2 586.20（万元）

计算结果显示，方案二虽然放弃了增值税免税权，但是少缴税 61.30 万元（2 647.50-2 586.20），同时多实现净利润 61.30 万元（3 713.80-3 652.50）。由此看来，该公司放弃蔬菜流通环节增值税免税权可以获取更多的税后利润，应选择方案二。

按照计划，凯星公司应该放弃蔬菜销售增值税免税权，但前提是保证计划实现。要最大限度地降低税负和多赚利润，有更多细节要考虑，有更深层次的知识要学习。如果销售额发生了变化，税负也会随之波动，在一定条件下，放弃免税权可能导致多缴税，那就得不偿失了。

假设把销售蔬菜的毛利率提高到 5%，即蔬菜含税销售额为 10 500 万元（10 000×（1+5%）），其他条件不变。

方案三，享受蔬菜流通环节免征增值税优惠。

应纳增值税税额=1 300 万元（计算过程同上述方案一）

应纳增值税附征合计额=130万元（计算过程同上述方案一）

应纳企业所得税税额=［22 600÷（1+13%）+10 500-10 000-11 300÷（1+13%）-5 000-130］×25%

=1 342.50（万元）

净利润=5 370-1 342.50=4 027.50（万元）

应纳税额合计=1 300+130+1 342.50=2 772.50（万元）

方案四，放弃蔬菜流通环节免征增值税优惠。

进项税额=11 300÷（1+13%）×13%+10 000×9%=2 200（万元）

销项税额=22 600÷（1+13%）×13%+10 500÷（1+9%）×9%=3 466.97（万元）

应纳增值税税额=3 466.97-2 200=1 266.97（万元）

应纳增值税附征合计额=1 266.97×（7%+3%）=126.70（万元）

应纳企业所得税税额=［22 600÷（1+13%）+10 500÷（1+9%）-10 00×（1-9%）-11 300÷

（1+13%）-5 000-126.70］×25%

=1 351.58（万元）

净利润=5 406.33-1 351.58=4 054.75（万元）

应纳税额合计=1 266.97+126.70+1 351.58=2 745.25（万元）

对比来看，方案四比方案三少缴税27.25万元（2 772.50-2 745.25），并多实现净利润27.25万元（4 054.75-4 027.50）。可见，方案四比方案三更有利。

假设把销售蔬菜毛利率提高到15%，即蔬菜含税销售额为11 500万元（10 000×（1+15%）），其他条件不变。

方案五，享受蔬菜流通环节免征增值税优惠。

应纳增值税税额=1 300万元（计算过程同上述方案一）

应纳增值税附征合计额=130万元（计算过程同上述方案一）

应纳企业所得税税额=［22 600÷（1+13%）+11 500-10 000-11 300÷（1+13%）-5 000-130］×25%

=1 592.50（万元）

净利润=6 370-1 592.50=4 777.50（万元）

应纳税额合计=1 300+130+1 592.50=3 022.50（万元）

方案六，放弃蔬菜流通环节免征增值税优惠。

进项税额=11 300÷（1+13%）×13%+10 000×9%=2 200（万元）

销项税额=22 600÷（1+13%）×13%+11 500÷（1+9%）×9%=3 549.54（万元）

应纳增值税税额=35 49.54-2 200=1 349.54（万元）

应纳增值税附征合计额=1 349.54×（7%+3%）=134.95（万元）

应纳企业所得税税额=［22 600÷（1+13%）+11 500÷（1+9%）-10 000×（1-9%）-11 300÷（1+13%）-

5 000-134.95］×25%

=1 578.88（万元）

净利润=63 15.51-1 578.88=4 736.63（万元）

应纳税额合计=1 349.54+134.95+1 578.88=3 063.37（万元）

对比来看，方案五比方案六少缴税40.87万元（3 063.37-3 022.50），并多实现净利润40.87万元（4 777.50-4 736.63）。可见，应选择方案五，享受免征增值税优惠。

通过以上计算分析，可以得出这样的结论：随着蔬菜销售毛利率的增加，放弃蔬菜流通环节免征增值税优惠的节税效果越来越差。当蔬菜销售毛利率达到15%时，享受蔬菜流通环节免征增值税优惠比较划算。

我们可以通过测算找出两个方案的毛利率平衡点。假定毛利率为x，全年购进蔬菜的含税成本为100万元，那么免税情况下的毛利应等于放弃免税情况下的毛利，此时的毛利率为平衡点毛利率：

100×（1+x）−100=100×（1+x）÷（1+9%）−100×（1−9%）

x=9%

为了验证计算过程是否准确，假设销售蔬菜的毛利率为9%，即蔬菜含税销售额为10 900万元（10 000×（1+9%）），其他条件不变。

方案七：享受蔬菜流通环节免征增值税优惠。

应纳增值税税额=1 300万元（计算过程同上述方案一）

应纳增值税附征合计额=130万元（计算过程同上述方案一）

应纳企业所得税税额=［22 600÷（1+13%）+10 900−10 000−11 300÷（1+13%）−5 000−130］×25%
=1 442.50（万元）

净利润=5 770−1 442.50=4 327.50（万元）

应纳税额合计=1 300+130+1 442.50=2 872.50（万元）

方案八，放弃蔬菜流通环节免征增值税优惠。

进项税额=11 300÷（1+13%）×13%+10 000×9%=2 200（万元）

销项税额=22 600÷（1+13%）×13%+10 900÷（1+9%）×9%=3 500（万元）

应纳增值税税额=3 500−2 200=1 300（万元）

应纳增值税附征合计额=1 300×（7%+3%）=130（万元）

应纳企业所得税税额=［22 600÷（1+13%）+10 900÷（1+9%）−10 000×（1−9%）−11 300÷（1+13%）−
5 000−130］×25%
=1 442.50（万元）

净利润=5 770−1 442.50=4 327.50（万元）

应纳税额合计=1 300+130+1 442.50=2 872.50（万元）

计算结果显示，方案七与方案八税负相等，实现的利润也相等。由此不难发现，对于经销蔬菜的一般纳税人来说，当蔬菜含税进销差价毛利率在9%以内时，应选择放弃蔬菜流通环节增值税免税权；当蔬菜含税进销差价毛利率达到9%以上时，应选择享受蔬菜流通环节免征增值税优惠。[1]企业应根据自己的具体情况，合理判断是否享受蔬菜流通环节免征增值税优惠，以实现税后利益的最大化。

（三）放弃免税权的注意事项[2]

第一，不能随意放弃免税权。放弃免税权要提交书面声明，而且要由纳税人主动提出。不申请不放弃，税务机关不能主动要求纳税人放弃免税权。

第二，要及时报税务机关备案。税务机关接受备案从形式上表明税务机关已认可纳税人的声明，已确认放弃免税权的起始时间。

第三，纳税人销售免税货物，不得开具增值税专用发票。如果放弃了免税权，则使免税货物变成了应税货物，可以开具增值税专用发票。

第四，放弃免税权的纳税人符合一般纳税人认定条件尚未认定为增值税一般纳税人的，应当按现行规定认定为增值税一般纳税人，其销售的货物或劳务可开具增值税专用

① 王海涛. 放弃蔬菜免税权可能节约税收［J］. 注册税务师，2015（10）：38−41.
② 程辉. 放弃增值税免税权的税收筹划［N］. 中国会计报，2014−11−14（14）.

发票。

第五，放弃免税权后，不能随意变更限定期限和限定范围。一是一旦放弃免税权，36个月内不能变更，纳税人在免税期内购进用于免税项目的货物或者应税劳务所取得的增值税扣税凭证一律不得抵扣；二是不得根据不同的销售对象选择部分货物或劳务放弃免税权，不能因为部分购货方不索取增值税专用发票就按免税申报。

第六，如果企业有多种免税项目，有的免税项目能准确单独核算，有的免税项目不能准确单独核算，企业要计算所有的免税权都放弃的情况下是否划算，因为现行政策不允许放弃一部分免税权的同时，继续享受其他免税项目的免税权。统筹考虑免税项目是可否放弃免税权的关键。

第五节 增值税出口退税的筹划

增值税出口退税是指对报关出口的货物、劳务或服务退还在国内各生产环节和流转环节按税法的规定已缴纳的增值税。对出口货物退免增值税，可以避免国际双重征税，体现税负公平，增强本国商品的国际竞争力，进而扩大出口，增加外汇。企业可以充分筹划，用足出口退免税政策，达到减轻税负的目的。

常见的增值税出口退税筹划主要是区分两种加工贸易方式，即进料加工和来料加工。进料加工是出口企业用外汇从国外购进原材料，经生产加工后复出口的一种贸易方式；来料加工是由外商提供原材料或技术设备，出口企业根据要求进行加工装配再将成品出口，收取加工费的一种贸易方式。这两种加工贸易方式的税收政策不同，来料加工适用免税不退税政策，而进料加工适用免抵退税政策。

一、征税率与退税率的比较

如果出口货物的退税率等于征税率，进料加工优于来料加工。对生产企业来说，来料加工直接免征增值税，但尚有部分国内采购的辅料负担了增值税，这部分增值税无法享受退税；进料加工可享受出口退税，包括国内采购辅料的进项税额在内的所有增值税都可退还。

如果出口货物的退税率低于征税率，到底选用哪种方式，需要计算确定。其影响因素包括征退税率差的大小、国内采购料件的多少、增值幅度的大小。征退税率差越大，国内采购料件越少，增值幅度越大，进料加工方式的税负就越重。征退税率差越小，国内采购料件越多，增值幅度越小，来料加工方式的税负就越重。

【例2-31】某有进出口经营权的出口企业为外国加工一批货物，进口保税料件价格为2 000万元，加工后出口价格为3 500万元，为加工产品所耗用的国内原材料等费用的进项税额为70万元，增值税适用税率为13%，出口退税率为9%。假设该企业生产的货物全部出口，试分析来料加工和进料加工两种贸易方式的增值税税负。

【解析】方案一，采用来料加工贸易方式，享受出口环节增值税免税政策。

当期应纳税额=0

方案二，采用进料加工贸易方式，享受出口环节增值税免抵退税政策。

当期免抵退税不予免征和抵扣的税额=（3 500-2 000）×（13%-9%）=60（万元）

当期应纳税额=60-70=-10（万元）

通过计算得知，如果采用进料加工贸易方式，该企业能得到10万元的增值税退税。

但是，如果出口退税率为6%，则：

当期免抵退税不予免征和抵扣的税额=（3 500-2 000）×（13%-6%）=105（万元）

当期应纳税额=105-70=35（万元）

增值税的征税率比退税率高，征退税率差要计入出口货物成本。在进料加工贸易方式下，征税率与退税率的差越大，当期免抵退税不予免征和抵扣税额就越大，计入出口货物成本的数额就越大。当应纳税额大于零时，应选择来料加工贸易方式。

二、耗用国内采购料件数量的比较

在进料加工贸易方式下，可以抵扣的国内采购料件进项税额能够在很大程度上决定企业能否享受出口环节增值税退税。

沿用【例2-31】的相关数据，将国内原材料等费用的进项税额改为50万元，则：

当期免抵退税不予免征和抵扣的税额=（3 500-2000）×（13%-9%）=60（万元）

当期应纳税额=60-50=10（万元）

由此可见，当国内采购料件少、可抵扣的进项税额较小时，若采用进料加工贸易方式，可抵扣的进项税额不足以抵减销项税额，则不仅不能退税，反而还要纳税，故此时应选择来料加工方式。相反，在出口货物耗用的国内采购料件较多的情况下，进项税额较大，来料加工贸易方式因为不能享受出口退税，就存在出口成本随着国内采购料件进项税额的增加而增大的现象；而在进料加工贸易方式下，由于可抵扣的进项税额较大，当期应纳税额为负数，可以享受出口退税，故此时应选择进料加工贸易方式。

三、企业利润水平的比较

企业利润水平的高低在出口退税环节也会对税负产生影响。在进料加工贸易方式下，利润越高，当期免抵退税不得免征和抵扣的税额就越大，当期应退税额就会越小，甚至要纳税；利润越低，当期免抵退税不得免征和抵扣的税额越小，进项税额转出越小，应退税额越大。

沿用【例2-31】的相关数据，若出口价格提高到4 000万元，利润相应提高，则：

当期免抵退税不予免征和抵扣的税额=（4 000-2 000）×（13%-9%）=80（万元）

当期应纳税额=80-70=10（万元）

在此情形下，若采用进料加工贸易方式，该企业要缴纳10万元的增值税；若采用来料加工贸易方式，则适用免税规定，可以省下10万元的增值税。

因此，企业要根据材料采购、生产、货物销售（出口和内销）等具体情况，综合考虑多种因素，合理调整内外销比例，减轻增值税税负或降低出口货物成本。

此外，还需要关注以下三点：

一是企业当期或近期有无足够的可抵扣进项税额。出口企业享受增值税免抵退税政策，从会计处理的角度看，"退税"的前提是期末有留抵税额。根据"应纳税额=销项税额-（进项税额-不得免征和抵扣税额）"，在销项税额一定的情况下，实际的免抵退税情况就取决于进项税额与不得免征和抵扣税额的差额。当加工增值率高，且没有足够的可供抵扣进项税额时，就可以考虑放弃进料加工贸易方式，而采用来料加工贸易方式。

二是征税率与退税率相同的情况。对于退税率等于征税率的产品，无论其利润率有多高，采用免抵退税的进料加工贸易方式比采用"不征不退"的来料加工贸易方式更为有利。因为以这两种方式出口货物均不征税，免抵退税的进料加工贸易方式可以对耗用的国内购进料件的进项税额进行抵扣且无进项税额转出，而"不征不退"的来料加工贸易方式则要将耗用的国内购进料件的进项税额计入出口货物成本。

三是有无所有权及定价权。出口企业应采用来料加工贸易方式还是进料加工贸易方式，还应考虑货物的所有权问题。在来料加工贸易方式下，进口料件和出口成品的所有权都归外商所有，承接来料加工的出口企业只收取加工费，也没有定价权；在进料加工贸易方式下，进口料件及出口成品的所有权及定价权都属于承接进料加工的出口企业，企业可就出口盈利与增值税税负进行权衡，必要时可通过提高售价来增加出口盈利，并最大限度地提高出口退税的计算基数。

第六节　增值税优惠政策的筹划

一、免税或零税率选择的筹划

纳税人发生应税销售行为，同时适用免税和零税率规定的，可以选择适用免税或者零税率。适用免税或零税率，在适用简易计税方法的情况下没有区别。适用简易计税方法的有两种纳税人：小规模纳税人与选择适用简易计税方法的一般纳税人。境内的单位和个人提供适用增值税零税率的应税服务，适用简易计税方法的，实行免征增值税办法。

采用一般计税方法的，如果选择适用免征增值税，不能抵扣进项税额，应纳税额为0；如果选择适用零税率，销项税额为0，应纳税额=0-进项税额，这就意味着可能存在"留抵税额"或"退还税款"。我们可以这样理解：适用零税率的，如果适用一般计税方法，实行免抵退税办法。相比较而言，适用零税率比免税更加实惠。

有两种情况企业会放弃适用零税率而选择免税：第一，企业无法满足退税条件，比如单证无法按期收齐，或者按照严格退税流程退税的收益不高。第二，免税比退税更加划算。例如，某企业适用零税率，当货物征税率为13%、退税率为6%时，不得免征和抵扣的征退税率差达到7%，意味着进项税额转出率达到7%。如果销售货物的增值率较大，进项税额转出较多，该企业不仅无法获得退税，相反还要纳税。典型的例子就是国家不鼓励出口的商品，其退税率低，选择免抵退税远不如选择免税划算。

【例2-32】A公司提供设计服务，为增值税一般纳税人（采用一般计税方法）。本年9月，A公司向境外单位提供设计服务，账面记载的营业收入折合人民币为100万元（全部为外销），当期取得进项税额10万元，上期留抵税额为0。试比较适用零税率和免税两个方案的增值税税负，并基于增值税税负最小化作出选择。

【解析】方案一，适用零税率。

$$\frac{零税率应税服务}{当期免抵退税额}=\frac{当期零税率应税服务}{免抵退税计税价格}\times\frac{零税率应税}{服务退税率}$$

$$=100\times6\%=6（万元）$$

当期应纳税额=0-10=-10（万元）

当期期末留抵税额>当期免抵退税额

当期应退税额=当期免抵退税额=6万元

方案二，放弃适用零税率，选择免税，不允许抵扣进项税额。

当期应纳税额=0

通过上述计算可知，A公司适用零税率时，当期可退税6万元，并留抵4万元；放弃零税率而选择免税时，当期应纳税额为零。显而易见，应选择方案一。

【例2-33】B公司提供设计服务，为增值税一般纳税人（采用一般计税方法）。本年9月，B公司向境外单位提供服装设计服务，账面记载的营业收入折合人民币为100万元（全部为外销），当期取得进项税额0.1万元，上期留抵税额为0。试比较适用零税率和免税两个方案的增值税税负，并基于增值税税负最小化作出选择。

【解析】方案一，适用零税率。

$$\frac{零税率应税服务}{当期免抵退税额}=\frac{当期零税率应税服务}{免抵退税计税价格}\times\frac{零税率应税}{服务退税率}$$

$$=100\times6\%=6（万元）$$

当期应纳税额=0-0.1=-0.1（万元）

当期期末留抵税额<当期免抵退税额

当期应退税额=当期期末留抵税额=0.1（万元）

方案二，放弃适用零税率，选择免税，不允许抵扣进项税额。

当期应纳税额=0

通过上述计算可见，对于进项税额很少的企业而言，免抵退税办法操作起来工作量巨大，抵扣却很少，因此放弃适用零税率而选择免税更有利。

一般而言，纳税人提供应税服务，同时适用免税和零税率规定的，优先适用零税率，因为通常情况下零税率对纳税人更为有利，这是税务机关赋予纳税人的一项权利。但是，如果进项税额很少，纳税人可以放弃适用零税率而选择免税。另外，适用零税率无须税务机关审批或备案，免税须经税务机关审批或备案。因为零税率是增值税的一档税率，只要符合规定，就可以适用零税率；而免税是税收优惠，要遵循税收优惠管理的相关要求，先经税务机关审批或报送税务机关备案。

二、起征点的筹划

国家税务总局公告2023年第1号《国家税务总局关于增值税小规模纳税人减免增值税等政策有关征管事项的公告》规定，增值税小规模纳税人（以下简称"小规模纳税人"）发生增值税应税销售行为，合计月销售额未超过10万元（以1个季度为1个纳税期的，季度销售额未超过30万元，下同）的，免征增值税。小规模纳税人发生增值税应税销售行为，合计月销售额超过10万元，但扣除本期发生的销售不动产的销售额后未超过10万元的，其销售货物、劳务、服务、无形资产取得的销售额免征增值税。适用增值税差额征税政策的小规模纳税人，以差额后的销售额确定是否可以享受该公告规定的免征增值税政策。"增值税及附加税费申报表（小规模纳税人适用）"中的"免税销售额"相关栏次，填写差额后的销售额。

【例2-34】小规模纳税人利用起征点进行税收筹划的设计。

情形一：按季度申报的某小规模纳税人在本年4月销售货物取得收入10万元；5月提供建筑服务取得收入30万元，同时向其他建筑企业支付分包款12万元；6月销售不动产取得收入200万元。该小规模纳税人本年第二季度差额计税销售额合计228万元（10+30-12+200），超过30万元；但是扣除200万元不动产销售额的差额计税销售额合计28万元（10+30-12），不超过30万元。因此，该小规模纳税人可以享受小规模纳税人免税政策。同时，该小规模纳税人销售不动产取得的200万元收入应依法纳税。

情形二：某小规模纳税人本年第二季度3个月的销售额分别是6万元、11万元和12万元。如果该小规模纳税人按月纳税，则5月和6月的销售额均超过了月销售额10万元的免税标准，需要缴纳增值税，只有4月的6万元能够享受免税政策；如果该小规模纳税人按季度纳税，本年第二季度销售额合计29万元，未超过季度销售额30万元的免税标准，29万元全部能够享受免税政策。因此，该小规模纳税人应选择按季度纳税。

情形三：某小规模纳税人本年第二季度3个月的销售额分别是8万元、9万元和15万元。如果该小规模纳税人按月纳税，4月和5月的销售额均未超过月销售额10万元的免税标准，能够享受免税政策；如果该小规模纳税人按季度纳税，本年第二季度销售额合计32万元，超过季度销售额30万元的免税标准，32万元均无法享受免税政策。为减轻税负，该小规模纳税人应选择按月纳税。

按固定期限纳税的小规模纳税人可以选择以一个月或一个季度为纳税期限，一经选择，一个会计年度内不得变更。因此，小规模纳税人需要对可实现的销售额作出预判，并合理选择纳税期限，以减轻税负。

三、增值税即征即退优惠政策的筹划

增值税即征即退是指按税法的规定缴纳的增值税税款由税务机关在征税时部分或全部退还给纳税人的一种税收优惠。

（一）软件生产企业增值税即征即退的筹划

我国税法规定，增值税一般纳税人销售其自行开发生产的软件产品、将进口软件产品进行本地化改造后对外销售的软件产品，按基本税率征收增值税后，对其增值税实际税负超过3%的部分实行即征即退政策。满足下列条件的软件产品，经主管税务机关审核批准，可以享受上述规定的增值税政策：其一，取得省级软件产业主管部门认可的软件检测机构出具的检测证明材料；其二，取得软件产业主管部门颁发的"软件产品登记证书"或著作权行政管理部门颁发的"计算机软件著作权登记证书"。

根据《"大众创业、万众创新"税费优惠政策指引》的规定，软件企业取得的"即征即退"增值税税款用于软件产品研发和扩大再生产并单独进行核算的，可以作为不征税收入，在计算企业所得税应纳税所得额时从收入总额中减除。

【例2-35】A公司主要生产嵌入式软件产品，兼营销售一般货物，符合软件产品增值税即征即退条件。A公司嵌入式软件产品的销售较为稳定，一般货物的销售存在淡旺季波动。A公司本年总收入为2 500万元。其中，嵌入式软件销售收入2 000万元（硬件销售收入1 000万元，软件销售收入1 000万元）；一般货物销售收入500万元。

本年发生的销售成本包括硬件销售成本500万元、软件销售成本50万元、一般货物销售成本400万元。本年专用于硬件的进项税额为80万元，专用于软件开发生产的进项税额为10万元，专用于一般货物生产的进项税额为60万元，不能准确划分的进项税额为20万元。本年缴纳的增值税为255万元。A公司适用增值税税率13%和企业所得税税率25%，一般在增值税申报次月办理即征即退申请手续。试设计增值税筹划方案。

【解析】增值税一般纳税人销售其自行开发生产的软件产品，按13%的税率征收增值税后，对其增值税实际税负超过3%的部分实行即征即退政策。

根据《财政部 国家税务总局关于软件产品增值税政策的通知》（财税〔2011〕100号）第四条的规定，嵌入式软件产品销售额＝当期嵌入式软件产品与计算机硬件、机器设备销售额合计－当期计算机硬件、机器设备销售额。在总收入一定的前提下，硬件销售收入越高，相应的软件销售收入越低；反之，则越高。

根据《财政部 国家税务总局关于软件产品增值税政策的通知》第四条的规定，计算机硬件、机器设备的销售额按照下列顺序确定：①按纳税人最近同期同类货物的平均销售价格计算确定；②按其他纳税人最近同期同类货物的平均销售价格计算确定；③按计算机硬件、机器设备组成计税价格计算确定，计算机硬件、机器设备组成计税价格＝计算机硬件、机器设备成本×（1+10%）。

假设A公司并未单独向客户销售硬件，且其他企业并未销售同类产品。为了多退税，该公司与客户签订合同时，无须就软硬件两部分分别定价，可将硬件和嵌入式软件组合定价；进行纳税申报时，由于没有同期同类货物的平均销售价格可以参照，只能按照组成计税价格计算确定。因此，按照硬件成本500万元计算组成计税价格。

硬件组成计税价格＝500×（1+10%）＝550（万元）

与原硬件单独定价1 000万元相比，硬件收入减少了450万元，软件收入则相应增加了450万元，可增加退税金额45万元〔450×（13%－3%）〕。

从进项税额抵扣的角度来看，软件企业的进项税额由两部分构成：专用于软件产品开发生产的进项税额和无法划分的进项税额。我们分别说明两种情况的具体操作。

1.专用于软件产品开发生产的进项税额

专用于软件产品开发生产的进项税额主要包括：软件产品生产过程所耗用的材料及劳务（如光盘、软件认证费用）的进项税额和专用于软件产品开发生产的设备及工具（包括但不限于用于软件设计的计算机设备、读写打印器具设备、工具软件、软件平台和测试设备）的进项税额。

取得的增值税专用发票认证通过后，方可用于进项税额抵扣。专用于软件产品开发生产的进项税额，如未按规定进行抵扣，则该部分待抵扣进项税额应转入成本，最终减少当期企业所得税应纳税所得额，降低企业所得税税负。当然，如果仅对专用于软件产品开发生产的进项税额不进行抵扣处理，其目的、动机可能引起争议。鉴于此，建议企业在采购环节选择小规模纳税人供货商，或者要求供货商开具增值税普通发票，以减少抵扣的进项税额，进而增加即征即退的退税额。

在【例2-35】中，如未抵扣专用于软件开发生产的进项税额，即本期可抵扣的进项税额减少10万元，因为即征即退的退税额＝当期软件产品销售额×10%－当期软件产品可抵扣进项税额，所以本期即征即退的退税额增加10万元。同时，未抵扣的进项税额10万元作为货物成本的组成部分，在软件销售时于企业所得税税前列支，即增加当期可扣除的成本10万元，减少当期企业所得税应纳税所得额10万元，如果适用25%的企业所得税税率，则相应减少应纳所得税税额2.5万元（10×25%）。虽然未抵扣进项税额会增加当期的应纳税额，但由于企业在次月办理退税减少的应纳税额更多，故少抵扣税款的时间价值可以忽略不计。

2.无法划分的进项税额

（1）采用适当的分摊方法。

根据《财政部 国家税务总局关于软件产品增值税政策的通知》第六条的规定，增值税一般纳税人在销售软件产品的同时，销售其他货物或者应税劳务的，对于无法划分的进项税额，应按照实际成本或销售收入比例确定软件产品应分摊的进项税额。纳税人应将选定的分摊方式报主管税务机关备案，并自备案之日起1年内不得变更。

究竟该选择何种分摊方法，才能实现企业利益最大化？

收入方面：一般情况下，软件产品附加值高、增值大，而硬件和一般货物销售毛利通常较低、增值较小，所以软件产品收入在总收入中的占比较高。

成本方面：通常情况下，软件产品的投入主要集中于研究开发阶段，研究阶段的投入在当期费用化，开发阶段的投入资本化为无形资产，在一定期限内进行摊销，反映在当期费用中。软件产品的生产成本主要是为使软件产品处于待售状态而发生的软件准备费用，如软件复制拷贝费用、软件文档费用等。可见，与硬件和一般货物相比，软件产品在生产过程中的直接投入较少，反映为生产成本水平较低，因此，软件产品成本在总成本中的占比较低。

综上分析，对于无法划分的进项税额，如果采用实际成本占比分摊方法计算，软件产品应分摊的进项税额相对较少，名义税负较高，企业可申请的退税也就较多。

在【例2-35】中，软件产品分摊的无法划分的进项税额按照实际成本占比分摊法计算为1.05万元[20×50÷（400+500+50）]，采用实际收入占比分摊法计算为8万元[20×1 000÷（500+1 000+1 000）]，按实际成本占比分摊法计算的即征即退税款比按实际收入占比分摊法多6.95万元（8-1.05）。

（2）选择适当的增值税专用发票抵扣时间。

增值税专用发票认证期限的限制已经取消，抵扣时间存在一定的灵活性、可控性。同时，现行增值税相关政策仅规定，主管税务机关可以按公式依据年度数据对适用一般计税方法的纳税人兼营适用简易计税方法计税项目、免征增值税项目而无法划分的不得抵扣的进项税额进行清算，而对即征即退的情况未作规定，这也为税收筹划提供了一定的空间。

纳税人可以选择无法划分的进项税额的增值税专用发票的抵扣时间，影响软件产品应分摊的进项税额，从而最大限度享受国家给予的优惠政策，在合法合规的前提下实现企业利益最大化。具体来说，如果采用实际收入占比分摊法（当不便于采用实际成本占比分摊法计算时），在软件收入占比较低的月份多抵扣无法划分的进项税额（按比例抵扣，抵得少），合理选择《财政部 国家税务总局关于软件产品增值税政策的通知》第六条规定的计算方法，可减少软件产品抵扣的进项税额，达到增加当期软件产品增值税税负、提高增值税即征即退税额的目的。

在【例2-35】中，A公司嵌入式软件产品的销售较为稳定，但一般货物的销售存在一定的季节性，不同月份的软件产品收入、成本占比存在一定差异。由于销售情况存在一定的规律性，企业就可以提前预测全年不能准确划分的进项税额，具体抵扣时间可以自取得进项增值税专用发票之日起灵活安排，在一般货物销售较少的月份暂不认证抵扣，直至一般货物销售增多、软件产品销售收入占比下降的月份再进行认证抵扣，使软件产品分摊的进项税额减少，即征即退税额增加。

（二）资源综合利用企业增值税即征即退的筹划

做好资源的综合利用，事关生态环境保护和国民经济持续、快速、健康发展。治理污染肯定要付出代价，综合利用"三废"（废渣、废水、废气）生产产品，使之符合国家的税收优惠政策，实现企业价值最大化，是相关纳税人在税收筹划中需要重点关注的议题。《财政部 国家税务总局关于印发<资源综合利用产品和劳务增值税优惠目录>的通知》（财税〔2015〕78号）是关于资源综合利用增值税即征即退政策的重要文件，其目的是落实国务院精神，调动资源综合利用和节能减排企业的积极性。

纳税人销售自产的资源综合利用产品和提供资源综合利用劳务（以下简称"资源综合利用产品和劳务"），可享受增值税即征即退政策。具体综合利用的资源名称、综合利用产品和劳务名称、技术标准和相关条件、退税比例等按照《资源综合利用产品和劳务增值税优惠目录》（以下简称《目录》）的相关规定执行。

纳税人从事《目录》所列的资源综合利用项目，申请享受规定的增值税即征即退政策时，应同时符合下列条件：

（1）属于增值税一般纳税人；

（2）资源综合利用产品和劳务，不属于国家发改委《产业结构调整指导目录》中的禁止类、限制类项目；

（3）资源综合利用产品和劳务，不属于生态环境部《环境保护综合名录》中的"高污染、高环境风险"产品或者重污染工艺；

（4）综合利用的资源，属于生态环境部《国家危险废物名录》列明的危险废物的，应当取得省级及以上环境保护部门颁发的"危险废物经营许可证"，且许可经营范围包括该危险废物的利用；

（5）纳税信用等级不属于税务机关评定的C级或D级。

纳税人应单独核算适用增值税即征即退政策的资源综合利用产品和劳务的销售额和应纳税额；未单独核算的，不得享受增值税即征即退政策。

享受此类优惠政策需要注意以下几点：

其一，准确计算销项税额。对于产品种类较多，且既有可享受税收优惠政策项目又有不可享受税收优惠政策项目的企业，或者可享受多种税收优惠政策项目的企业来说，准确核算销项税额是筹划成功的关键。

其二，理清进项税额。对于产品种类较多的企业来说，同销项税额的核算相比，进项税额的核算更复杂，必须严格按照《目录》的规定，准确划分哪些是属于可退税项目的进项税额，哪些是属于不可退税项目的进项税额。对于无法划分的进项税额，应按销售收入的比例进行划分。

另外，享受增值税即征即退政策，必须完全符合所有退税条件，否则不予退税。若企业发生不符合退税条件的行为，自不符合条件的次月起，不再享受该优惠政策。若企业在办理退税的过程中发生税收或环保处罚事项，则其自处罚决定下达的次月起3年内不得享受增值税即征即退优惠政策。

【例2-36】某钢铁厂位于郊区，其在生产钢材的过程中，每天产生近60吨废煤渣（炉底渣）。废煤渣的排放使周围乡村的水质受到很大影响，附近的居民经常抗议该钢铁厂的排放行为，从而影响了该钢铁厂正常的生产经营。环境保护主管部门也多次给予该钢铁厂警告和罚款，累计罚款70万元。

该钢铁厂根据有关专家的建议，拟订了两个解决方案：方案一，把废煤渣的排放处理全权委托给工厂所在地的村委会，但须一次性支付该村委会900万元处理费用；方案二，投资900万元兴建墙体材料厂，利用该钢铁厂排放的废煤渣生产墙板，且生产的墙板中利用该钢铁厂排放的废煤渣的比例不少于70%。请比较以上方案，并基于增值税税负最小化作出选择。

【解析】根据《财政部 国家税务总局关于印发<资源综合利用产品和劳务增值税优惠目录>的通知》所附《目录》的规定，将废渣用于砖瓦（不含烧结普通砖）、砌块、陶粒、墙板、管材（管桩）、混凝土、砂浆、道路井盖、道路护栏、防火材料、耐火材料（镁铬砖除外）、保温材料、矿（岩）棉、微晶玻璃、U形玻璃，产品原料70%以上来自废渣时，单独核算的，可享受增值税退税的比例为70%。

建材产品生产企业应充分利用环保税收优惠政策，对资源进行综合利用。

方案一是以传统的就治污而论治污的思维模式得出的。由这种模式形成方案时，一般不会有意识、有目的地去考虑企业的节税利益，而仅以解决排污为目的。此方案并未彻底解决废煤渣问题。

方案二充分利用废渣来生产《目录》中的相关产品，既治理了污染，又为企业创造了新价值，实现了企业与社会的共赢。同时，方案二符合享受增值税即征即退优惠政策的条件，该钢铁厂还可获得增值税节税收益。

仅从增值税税负最小化目标出发，应该选择方案二。

具体来说，方案二有以下三项优势：一是符合国家的产业政策，享受增值税即征即退税收优惠；二是解决了长期以来困扰企业发展的工业污染问题；三是创造了更多的就业岗位。总体而言，方案二比方案一更加优越，既能治理污染，又能保证企业正常的生产经营，使企业树立良好的社会形象，实现企业价值最大化。

在实际操作过程中，为了顺利享受增值税即征即退政策，该钢铁厂需要注意以下几个问题：首先，兴建的墙体材料厂要实行独立核算，能够准确提供销售额、销项税额和进项税额数据；其次，墙体材料厂竣工投产时，要及时向有关部门提供书面申报材料；再次，认真填写"资源综合利用企业项目申报表"，同时提供具体的文字分析材料，具体内容包括工程项目竣工投产情况、生产工艺、技术指标、技术标准和利用效率等，还应附上不造成二次污染的证明，以及产品销售和效益分析预测情况等；最后，要经过当地资源综合利用认定委员会的审定并获得该委员会颁发的认定证书，然后向所在地税务机关提交《增值税即征即退申请报告》，当地税务机关根据认定证书及相关材料办理有关手续。通过以上程序，该钢铁厂兴办的墙体材料厂就可以享受增值税即征即退税收优惠。

（三）福利企业增值税即征即退的筹划

《财政部 国家税务总局关于促进残疾人就业增值税优惠政策的通知》（财税〔2016〕52号）规定：对安置残疾人的单位和个体工商户（以下称"纳税人"），实行由税务机关按纳税人安置残疾人的人数，限额即征即退增值税。每月可退还的增值税具体限额，由县级以上税务机关根据纳税人所在区县（含县级市、旗，下同）适用的经省（含自治区、直辖市、计划单列市，下同）人民政府批准的月最低工资标准的4倍确定。

享受上述政策须同时满足的条件如下：

（1）纳税人（除盲人按摩机构外）月安置的残疾人占在职职工人数的比例不低于25%（含25%），并且安置的残疾人人数不少于10人（含10人）；盲人按摩机构月安置的残疾人占在职职工人数的比例不低于25%（含25%），并且安置的残疾人人数不少于5人（含5人）。

（2）依法与安置的每位残疾人签订1年以上（含1年）的劳动合同或服务协议。

（3）为安置的每位残疾人按月足额缴纳基本养老保险、基本医疗保险、失业保险、工伤保险和生育保险等社会保险。

（4）通过银行等金融机构向安置的每位残疾人按月支付不低于纳税人所在区县适用的经省人民政府批准的月最低工资标准的工资。

（5）纳税人纳税信用等级为税务机关评定的C级或D级的，不得享受此项税收优惠政策。

（6）既适用促进残疾人就业增值税优惠政策，又适用重点群体、退役士兵、随军家属、军转干部等支持就业的增值税优惠政策的，纳税人可自行选择适用的优惠政策，但不能累加享受。一经选定，36个月内不得变更。

（7）此项税收优惠政策仅适用于生产销售货物，提供加工、修理修配劳务，以及提供营改增现代服务和生活服务税目（不含文化体育服务和娱乐服务）范围的服务取得的收入之和占其增值税收入的比例达到50%的纳税人，但不适用于上述纳税人直接销售外购货物（包括商品批发和零售）以及销售委托加工的货物取得的收入。

（四）其他即征即退政策

根据《财政部 国家税务总局关于全面推开营业税改征增值税试点的通知》（财税〔2016〕36号）附件3《营业税改征增值税试点过渡政策的规定》，一般纳税人提供管道运输服务，对其增值税实际税负超过3%的部分，实行增值税即征即退政策；经中国人民银行、国家金融监督管理总局或者商务部批准从事融资租赁业务的试点纳税人中的一般纳税人，提供有形动产融资租赁服务和有形动产融资性售后回租服务的，对其增值税实际税负超过3%的部分，实行增值税即征即退政策。所称增值税实际税负，是指纳税人当期提供应税服务实际缴纳的增值税税额占纳税人当期提供应税服务取得的全部价款和价外费用的比例。

四、政府补助的增值税筹划

企业收到的政府补助是国家为了实现特定的政治、经济目标，由财政安排专项资金提供的资助。企业收到的政府补助的金额往往比较大，全部不计税可能存在漏缴税款的风险，一旦发生风险，税务稽查时，企业除要补缴税款外，还需承担滞纳金和罚款，不仅会造成经济损失，还会影响企业的纳税信用评级；若全部计税，虽然可以规避税务稽查处罚风险，但可能存在不需要计税的政府补助被计税的情况，造成企业实际补助收益减少。以下就会计、税收相关政策，分析政府补助的增值税纳税属性及税收筹划。①

根据《企业会计准则第16号——政府补助》（以下简称"政府补助准则"）的规定，政府补助是指企业从政府无偿取得的货币性资产或非货币性资产。其主要特征有两个：一是来源于政府的经济资源（如果有证据表明其他单位只起到代收代付作用，政府是补助的实际拨付者，也属于政府补助）；二是具有无偿性，企业不需要向政府交付商品或服务等对价。企业从政府取得的经济资源，如果与企业销售商品或提供服务等活动存在直接关联关系，且是企业商品或服务的对价或者是对价的组成部分，则适用《企业会计准则第14号——收入》等相关会计准则，而不适用政府补助准则。企业取得的政府补助适用哪种企业会计准则，不能仅从收入来源判断，关键要看其是否与企业销售商品或服务有关，属于商品或服务对价的部分，应归于企业日常收入，与企业正常销售收入的核算方式一样。

我国税法规定的纳税义务发生原因是"销售"，即政府补助是否与企业的销售行为有关是纳税与否的决定性因素。如果"有关"，则需要缴纳增值税；否则，就不属于增值税纳税范畴，不需要缴纳增值税。根据《关于取消增值税扣税凭证认证确认期限等增值税征管问题的公告》（国家税务总局公告2019年第45号）的规定，纳税人取得的财政补贴收入（政府补助），与其销售货物、劳务、服务、无形资产、不动产的收入或者数量直接挂钩的，应按规定计算缴纳增值税。

纳税人取得其他情形的财政补贴收入，不属于增值税应税收入，不征收增值税。该公告明确了政府补助的增值税计税口径，只有与企业销售收入或数量直接挂钩的政府补助才需要缴纳增值税，其他政府补助均不需要缴纳增值税。该公告就政府补助的增值税计税政策解释得非常具体和清晰，也具有可操作性，突出强调了纳税人取得的政府补助应与销售有关。

情形一，政府补助与企业应税行为无关。

【例2-37】为了进一步加强清洁能源供应，促进风力发电产业发展，政府向风力发电企业A公司补助了1 000万元，用于弥补风力发电设施的建设成本。该政府补助是否需要缴纳增值税？

【解析】政府向A公司提供的补助具有"无偿性"特征，A公司获得该补助未与销售电力的收入或数量直接挂钩，即政府补助与企业应税行为无关，不是企业应税行为的对价，只是政府鼓励其进行风力发电设施建设的经济补偿。从会计、税收政策的规定分析，其属于典型的不缴纳增值税的政府补助，A公司收到的补助资金只需向政府开具收款收据，不影响进项税额抵扣。

A公司收到款项时的账务处理为（金额单位：万元）：

借：银行存款　　　　　　　　　　　　　　　　　　　　　　　　　　　1 000
　　贷：递延收益　　　　　　　　　　　　　　　　　　　　　　　　　　1 000

A公司每年确认收益时的账务处理为（假设按10年均摊）：

借：递延收益　　　　　　　　　　　　　　　　　　　　　　　　　　　100
　　贷：其他收益　　　　　　　　　　　　　　　　　　　　　　　　　　100

① 赵新艳. 明确政府补助收入属性，做好税收筹划 [J]. 中国商人，2020（9）：106-107.

情形二，政府补助与企业应税行为密切相关。

【例2-38】为了进一步加强清洁能源供应，促进风力发电产业发展，政府向风力发电企业A公司提供补助，其每向电网公司销售1度电即补助0.1元，最高补助1 000万元。A公司当年向电网公司销售了1 000万度电，获得政府补助100万元。该政府补助是否需要缴纳增值税？

【解析】从经济实质上分析，政府补助A公司是为了加强清洁能源供应，以达到环保、产业领先等政策目的。在现阶段，由于成本偏高，与传统发电方式相比，风力发电没有价格优势，但作为清洁能源其具有较大的发展潜力，因此政府给予风力发电企业补助，帮助企业获得降价能力，提高市场竞争力，最终企业会将政府补助通过降价的方式转移到电网公司，达到促进电力销售的目的。

从整个流程来看，这相当于政府购买了电力产品的折扣部分，电网公司购买了折余部分。从企业销售的角度来看，政府也是购买者之一，政府支付的补助金额也是A公司销售收入的一部分。A公司在销售过程中，从电网公司和政府两个购买方取得销售收入。政府补助构成了A公司销售电力产品的实质对价，与应税销售行为直接挂钩，因此，其应该缴纳增值税。

A公司收到政府补助时的账务处理为（金额单位：万元）：

借：银行存款　　　　　　　　　　　　　　　　　　　　　　　　　100
　　贷：主营业务收入　　　　　　　　　　　　　　　　　　　　　88.50
　　　　应交税费——应交增值税（销项税额）　　　　　　　　　　11.50

此时，政府补助的会计确认规则和税务计税规则一致。只要政府补助与纳税人的销售收入或数量挂钩，构成应税行为的对价，其就失去了"无偿性"，不再符合适用政府补助准则的条件，应该计算缴纳增值税。

通过比较可以看出，政府补助的筹划原则是使政府补助与企业销售不发生直接联系，从而使企业不缴纳增值税。

另外，政府补助不缴纳增值税，是否会影响企业进项税额的抵扣？这是实务中经常遇到的问题。根据我国税法的规定，用于适用简易计税方法计税项目、免征增值税项目、集体福利或者个人消费的购进货物、劳务、服务、无形资产和不动产，以及非正常损失的购进货物及相关劳务和交通运输服务等项目取得的进项税额，不得从销项税额中抵扣。如果取得的政府补助用于资产相关事项，发生的支出未出现上述不可抵扣情形，取得的进项税额是可以正常抵扣的。如果政府补助用于弥补成本费用，形成当期损益，对应的进项税额是否可以抵扣？现行政策未明确禁止，因此，企业也可以抵扣。

第七节　增值税纳税义务发生时间的筹划

一、增值税纳税义务的发生时间

1.应税销售行为纳税义务和扣缴义务发生时间的一般规定

（1）销售货物或者应税劳务，纳税义务发生时间为收讫销售款或者取得索取销售款凭据的当天，先开具发票的，为开具发票的当天。

（2）纳税人进口货物，纳税义务发生时间为报关进口的当天。

（3）增值税扣缴义务发生时间为纳税人增值税纳税义务发生的当天。

2.按销售结算方式的不同，纳税义务发生时间的部分具体规定

（1）采取直接收款方式销售货物的，不论货物是否发出，均为收到销售款或者取得索取销售款凭据的当天。

（2）采取托收承付和委托银行收款方式销售货物的，为发出货物并办妥托收手续的当天。

（3）采取赊销和分期收款方式销售货物的，为书面合同约定的收款日期当天；无书面合同或者书面合同没有约定收款日期的，为货物发出的当天。

（4）采取预收货款方式销售货物的，为货物发出的当天，但生产销售生产工期超过12个月的大型机械设备、船舶、飞机等货物的，为收到预收款的当天或者书面合同约定的收款日期当天。

（5）委托其他纳税人代销货物的，为收到代销单位的代销清单或者收到全部或部分货款的当天；未收到代销清单及货款的，为发出代销货物满180天的当天。

（6）纳税人发生视同销售货物行为的，为货物移送的当天。

（7）销售应税劳务的，为提供劳务同时收讫销售款或者取得索取销售款凭据的当天。

（8）纳税人提供租赁服务采取预收款方式的，为收到预收款的当天。

（9）纳税人从事金融商品转让的，为金融商品所有权转移的当天。

（10）纳税人发生视同销售服务、无形资产或者不动产行为的，为服务、无形资产转让完成的当天或者不动产权属变更的当天。

二、销售结算方式的税收筹划

企业生产销售产品，在销售环节增值税的筹划上可以考虑销售结算方式的转变。企业最常用的销售结算方式有直接收款、赊销和分期收款等。销售结算方式的转变不会减少企业的应纳税额，但转变销售结算方式能改变纳税义务发生时间，以实现延期纳税的目的。延期纳税能使纳税人获得税款的时间价值，可在一定程度上缓解企业周转资金紧张的问题，并促进业务量的增加，间接影响利润。对于涉及的业务多、金额大的大型企业来说，延期纳税的意义更大。

采取直接收款方式销售货物，不论货物是否发出，增值税纳税义务发生时间均为收到销售款或取得索取销售款凭据的当天，即货物是否发出不影响纳税义务发生时间，纳税义务发生时间只和货款有关。赊销或分期收款方式销售货物的纳税义务发生时间为合同约定的收款日期；如果没有订立合同或者合同中没有约定收款日期，以货物发出的当天为纳税义务发生时间。可见，对于购买方而言，赊销或分期收款的好处是获取货款的时间价值；对销售方而言，赊销或分期收款的好处是货物的销量增加和库存减少。

【例2-39】本年4月，L公司向A公司销售了一批AI智能电视，含税售价为904万元，采用直接收款方式结算，并在销售当天开出提货单。试基于资金时间价值分析以下哪种情形对L公司更有利：方案一，采用直接收款方式，A公司当月结清货款，于月底前将货物全部提走；方案二，采用直接收款方式，A公司当月只支付452万元货款，并于月底前将

货物全部提走，剩下的款项在7月一次结清；方案三，不采用直接收款方式，而是采用分期收款方式订立销售合同，约定分4次收取款项，A公司按约定于4月1日支付452万元并将货物全部提走，5月1日支付113万元，6月1日支付113万元，7月1日支付226万元。

【解析】方案一，采用直接收款方式。

L公司4月计提增值税销项税额=904÷（1+13%）×13%=104（万元）

方案二，采用直接收款方式，发生欠款，跨期结清。

在直接收款方式下，不管当期收到购买方多少比例的货款，都要对全部销售额计提销项税额。若购买方不能一次性付清货款，仍要对在当期不能收到的款项计提销项税额，相当于销货方提前纳税。企业在向经常不能一次性付清款项的客户销售货物时，应考虑采用赊销或分期收款方式订立销售合同。

L公司采用直接收款方式销售货物，虽然4月实际收到的货款为452万元，但仍需按904万元的销售收入计提增值税销项税额104万元，而L公司收到的与452万元货款对应的增值税销项税额为52万元（452÷1.13×0.13），相当于提前计提了52万元（104−52）销项税额。

方案三，采用分期收款方式订立销售合同，按约定分4次收取款项。

L公司4月至7月应计提的增值税销项税额如下：

4月销项税额=452÷（1+13%）×13%=52（万元）

5月销项税额=113÷（1+13%）×13%=13（万元）

6月销项税额=113÷（1+13%）×13%=13（万元）

7月销项税额=226÷（1+13%）×13%=26（万元）

与直接收款方式相比，L公司4月只需计提52万元增值税销项税额，剩下的52万元销项税额延期计提。5月计提13万元（延期1个月），6月计提13万元（延期两个月），7月计提26万元（延期3个月）。延期计提增值税销项税额对该公司有利。

因此，从资金时间价值的角度来看，赊销或分期收款方式比直接收款方式延期计提52万元销项税额，方案三对L公司更有利。

三、合同约定付款日期的税收筹划

【例2-40】甲公司于2024年7月6日采用赊销方式销售给乙公司A、B两种产品，销售额共计5 000万元，产品全部于当天发出（暂不考虑进项税额）。合同约定如下：A产品价款为3 000万元，于2024年7月31日一次性付清；B产品价款为2 000万元，1年后一次性付清。以上金额均不含增值税。甲公司投资报酬率为10%。试基于资金时间价值作税收筹划分析（甲、乙均为增值税一般纳税人）。

【解析】方案一，按原方案约定的付款日期付款。

A产品价款为3 000万元，约定7月31日一次性付清，增值税纳税义务发生时间为2024年7月31日。

B产品价款为2 000万元，约定1年后一次性付清。按通常理解，1年后一次性付清即为2025年7月5日付款，但由于合同中没有约定具体哪一天付款，因此属于合同没有约定收款日期的情况，增值税纳税义务发生时间为货物发出的当天，即2024年7月6日。

甲公司2024年7月应计提增值税销项税额=5 000×13%=650（万元）

方案二，修改合同约定的付款日期条款为"A产品价款为3 000万元，于2024年8月1日一次性付清；B产品价款为2 000万元，于2025年7月5日一次性付清"。

合同修改后，A产品增值税纳税义务发生时间变为2024年8月1日，该笔业务的收款时间只推迟了1天，对A公司的现金流几乎没有影响，但是可以延期1个月计税。B产品收款时间不变，但增值税纳税义务发生时间变为2025年7月5日，从而延期1年计税。

甲公司2024年8月应计提增值税销项税额=3 000×13%=390（万元）

甲公司2025年7月应计提增值税销项税额=2 000×13%=260（万元）

修改合同约定的付款日期后，甲公司可延期1个月计提390万元的增值税销项税额，延期1年计提260万元的增值税销项税额。如果该公司将该两笔资金用于投资，预期可获得报酬29.25万元（390×10%÷12+260×10%）。

修改合同后，该公司不但可以获得资金时间价值，而且没有任何税收风险。

●●● 思考与练习

一、即测即评

第二章单项选择题　　　　第二章多项选择题　　　　第二章判断题

二、案例分析题

1.为了扩大市场份额，增加销售量，L公司拟于本年6月采购原材料生产AI智能电视。在原材料供应商中，一般纳税人适用的增值税税率为13%，小规模纳税人委托税务机关代开的增值税专用发票上的征收率为3%。L公司适用的企业所得税税率为25%。

L公司在采购这批原材料时有三个方案可以选择：方案一，从一般纳税人A公司采购；方案二，从小规模纳税人B公司采购，可取得税务机关代开的增值税专用发票；方案三，从小规模纳税人C公司采购，取得增值税普通发票。A、B、C三家公司给出的含税报价分别是900万元、850万元和800万元。预计L公司使用这批原材料生产出来的AI智能电视可以卖到1 210万元（不含税），产生的其他费用合计为180万元。不考虑增值税附征，从税后利润的角度来看，该公司应该选择哪个方案？

2.某热电厂本年9月购进原材料一批，取得的增值税专用发票上注明的可抵扣进项税额为100万元，当月应税项目的销售额为900万元，免税项目的销售额为100万元；10月初购进原材料，取得的增值税专用发票上注明的可抵扣进项税额为500万元，当月应税项目的销售额为900万元，免税项目的销售额为900万元。分别计算该热电厂本年9月、10月应纳增值税税额，并根据购货时间的筹划原理提出税收筹划建议。

3.某旅游发展有限公司为一般纳税人，2024年12月提供境内旅游服务，取得旅游服务收入530万元。同月，该公司向其他接待单位支付游客相关费用如下：支付住宿费79.50万元，已取得增值税专用发票（价款75万元、税额4.50万元）；支付餐饮费84.80万元，已取得增值税普通发票（价款80万元、税额4.80万元）；支付门票费53万元，已取得增值税专用发票（价款50万元、税额3万元）；支付交通费98.10万元，已取得增值税普通发票、航空电子行程单、铁路车票（价款90万元、税额8.10万元）；支付其他接团旅游企业的旅游费用5.30万元，已取得增值税专用发票（价款5万元、税额0.30万元）。现有两个计税方法的筹划方案可供选择：方案一，该公司选择一般计税方法；方案二，该公司选择简易计税方法。基于增值税税负的角度，该公司应选择哪个方案？

第三章　消费税的税收筹划

【学习目标】

1. 熟悉消费税政策的基本规定；
2. 熟练掌握消费税计税依据与税率的筹划方法；
3. 了解委托加工相关消费税筹划思路以及筹划技巧。

●●● **思政园地**

党的二十届三中全会审议通过了《中共中央关于进一步全面深化改革 推进中国式现代化的决定》。消费税改革是这次会议的另一大亮点。会议强调，"推进消费税征收环节后移并稳步下划地方""研究把城市维护建设税、教育费附加、地方教育附加合并为地方附加税，授权地方在一定幅度内确定具体适用税率"。优化消费税征收环节和分享机制，可以进一步促进消费税在调节消费结构、引导绿色消费等方面的作用，同时增强地方财政的可持续性，促进区域间税收收入分配公平。

●●● **案例导入**

张某于2025年买了一辆15万元的纯电动新能源车。虽然新能源车没有排量标准，但按照功率和马力换算，除了微型车以外，大多数国产新能源车的排量相当于燃油车2.0升排量。2.0升排量燃油车的消费税税率是5%，而购买纯电动新能源车则不征收消费税。一般而言，小汽车消费税在生产环节征收（超豪华小汽车在零售环节加征一道消费税），通常会转嫁给消费者，张某购买纯电动新能源车，则无须负担消费税。

财政部、国家税务总局2019年12月3日联合发布的《中华人民共和国消费税法（征求意见稿）》所附的《消费税税目税率表》为乘用车按气缸容量（排气量）设置了1%、3%、5%、9%、12%、25%、40%七档税率，其中1.5升以上至2.0升（含2.0升）适用5%的税率。可见，乘用车以气缸容量为消费税的征税依据，不管是否属于新能源车，有气缸就征税，没气缸就不征税。由于普通乘用车以气缸容量为征税依据，油电混动新能源车有气缸，因而需要缴纳消费税；而纯电动新能源车没有气缸，因而不征消费税。

第一节　消费税基本政策

消费税是对在我国境内从事生产、委托加工和进口应税消费品的单位和个人，以及国务院确定的销售应税消费品的其他单位和个人，就其销售额或销售数量，在特定环节征收的一种税。消费税是国家为了调节产品结构、引导消费方向、增加财政收入，在普遍征收增值税的基础上，选择部分消费品再征收的一道特殊流转税。

一、消费税税目及税率

现行消费税设置了15个税目和若干子目。

（一）烟

该税目设置4个子目：卷烟、雪茄烟、烟丝、电子烟。

卷烟在生产、委托加工和进口环节均采用从量加从价的复合计税方法。

对卷烟在生产环节按甲类卷烟和乙类卷烟分别适用不同税率。甲类卷烟每标准条（200支）不含增值税调拨价格≥70元的，适用复合税率56%+0.003元/支。乙类卷烟每标准条不含增值税调拨价格<70元的，适用复合税率36%+0.003元/支。

2009年5月1日起，对卷烟在批发环节加征从价税，适用税率为5%，2015年5月10日起提高至11%，并按0.005元/支加征从量税。

根据《财政部 海关总署 税务总局关于对电子烟征收消费税的公告》（财政部 海关总署 税务总局公告2022年第33号）的规定，将电子烟纳入消费税征收范围，在烟税目下增设电子烟子目。电子烟是指用于产生气溶胶供人抽吸的电子传输系统，包括烟弹、烟具以及烟弹与烟具组合销售的电子烟产品。烟弹是指含有雾化物的电子烟组件。烟具是指将雾化物雾化为可吸入气溶胶的电子装置。电子烟实行从价定率的办法计算纳税。生产（进口）环节的税率为36%，批发环节的税率为11%。

（二）酒

该税目设置4个子目：白酒、黄酒、啤酒、其他酒。

对啤酒（含果啤）按甲类啤酒和乙类啤酒分别适用不同税率。甲类啤酒每吨不含增值税出厂价格（含包装物及包装物押金）≥3 000元的，适用定额税率250元/吨。乙类啤酒每吨不含增值税出厂价格（含包装物及包装物押金）<3 000元的，适用定额税率220元/吨。包装物押金不包括重复使用的塑料周转箱的押金。

白酒适用20%的比例税率加0.5元/500克（或500毫升）定额税率的复合税率。

（三）高档化妆品

高档化妆品是指生产（进口）环节销售价格在10元/毫升（克）或15元/片（张）及以上的美容、修饰类化妆品或护肤类化妆品，不包括普通化妆品以及舞台、戏剧、影视演员化妆用的上妆油、卸妆油、油彩。

（四）贵重首饰及珠宝玉石

贵重首饰及珠宝玉石包括各种金银珠宝首饰和经采掘、打磨、加工的各种珠宝玉石。

（五）鞭炮、焰火

鞭炮、焰火通常分为喷花类、旋转类、旋转升空类、火箭类、吐珠类、线香类、小礼花类、烟雾类、造型玩具类、爆竹类、摩擦炮类、组合烟花类、礼花弹类等13类，不包括体育上用的发令纸、鞭炮药引线。

（六）成品油

该税目包括汽油、柴油、溶剂油、航空煤油、石脑油、润滑油、燃料油7个子目。

（七）小汽车

该税目包括乘用车、中轻型商用客车、超豪华小汽车3个子目。

（八）摩托车

该税目对气缸容量在250毫升和气缸容量在250毫升以上的摩托车分别适用3%和10%的税率。

（九）高尔夫球及球具

高尔夫球及球具包括高尔夫球、高尔夫球杆、高尔夫球包（袋），以及高尔夫球杆的杆头、杆身和握把。

（十）高档手表

高档手表是指每只不含增值税售价在10 000元（含）以上的各类手表。

（十一）游艇

游艇是指长度大于8米（含8米）小于90米（含90米），内置发动机，可以在水上移动，一般为私人或团体购置，主要用于水上运动和休闲娱乐等非牟利活动的各类机动艇。

（十二）木制一次性筷子

木制一次性筷子是指以木材为原料加工而成的一次性使用的筷子，也包括未经打磨、倒角的木制一次性筷子。

（十三）实木地板

实木地板是指各类规格的实木地板、实木指接地板、实木复合地板以及用于装饰墙壁、天棚的侧端面为榫、槽的实木装饰板，也包括未经涂饰的素板。

（十四）电池

电池包括原电池、蓄电池、燃料电池、太阳能电池和其他电池。

（十五）涂料

涂料是指涂于物体表面能形成具有保护、装饰或特殊性能的固态涂膜的一类液体或固体材料之总称。

二、消费税计税公式

消费税的税率形式包括比例税率、定额税率，以及比例和定额复合税率。相应的计税公式见表3-1。

表3-1 消费税计税公式

税率	适用范围	计税公式
比例税率	成品油、啤酒、黄酒、白酒、卷烟之外的应税消费品	应纳税额＝销售额×比例税率
定额税率	成品油、啤酒和黄酒	应纳税额＝销售数量×单位税额
复合税率	白酒、卷烟	应纳税额＝销售额×比例税率＋销售数量×单位税额

第二节　消费税计税依据的筹划

一般而言，销售额是消费税计税依据的筹划重点。销售额是指纳税人销售应税消费品向购买方收取的全部价款和价外费用，不包括向购买方收取的增值税税款。价外费用是指向购买方收取的手续费、补贴、基金、集资费、返还利润、奖励费、违约金、滞纳金、延期付款利息、赔偿金、代收款项、代垫款项、包装费、包装物租金、储备费、优质费、运输装卸费以及其他各种性质的价外费用。

一、经销部门设置方式的筹划

消费税的纳税行为大多发生在生产销售领域。纳税人通过自设非独立核算经销部门销售自产应税消费品的，应当按照销售额或者销售数量缴纳消费税。如果关联企业为生产应税消费品的企业，以较低而不违反公平交易原则的价格将应税消费品销售给独立核算的销售部门，则可以降低消费税的计税基数，进而减少应纳税额。如果生产销售环节已缴纳消费税，则在单一环节缴税的前提下，独立核算的销售部门再销售时，无须缴纳消费税，从而可使整体消费税税负下降。

【例3-1】某工厂生产的小汽车的正常出厂价为115 200元/辆，适用5%的消费税税率；该工厂向分设的独立核算经销部供货的价格为88 200元/辆。本年3月，该工厂出厂小汽车200辆。试比较工厂直接对外销售和由独立核算的经销部对外销售两个方案，并作出筹划选择。

【解析】方案一，工厂直接对外销售。

应纳消费税税额＝115 200×200×5%＝1 152 000（元）

方案二，由独立核算的经销部对外销售。

应纳消费税税额＝88 200×200×5%＝882 000（元）

方案二比方案一少纳消费税270 000元（1 152 000-882 000），应选择方案二。

但是，纳税人通过自设独立核算经销部门销售自产应税消费品，有时未必能达到筹划目的，因为生产厂家向经销部出售应税消费品时只能适度压低价格。如果税务机关认定价格明显偏低且无正当理由，则有权根据反避税条款调整价格。因此，纳税人在筹划中应适当定价，并获得税务机关的认可。

二、混合销售行为的筹划

关于混合销售行为，消费税的规定与增值税大致相同。为了避免加重消费税负担，可将货物与劳务或服务分开核算，从而避免就劳务或服务缴纳消费税。例如，摩托车生产企业既向客户销售摩托车，又负责运送所售摩托车并收取运费，那么，运费作为价外费用就应并入销售额计算缴纳消费税；如果摩托车生产企业将运费同应税消费品销售收入分开核算，那么，运费就无须缴纳消费税。由于客户日益重视售后服务，企业可以考虑设立售后服务部、专业服务中心等来为客户提供各种劳务或服务，将取得的各种劳务或服务收入单独核算、单独纳税，这样就可以避免将劳务或服务收入作为消费税的计税依据。

三、包装物收入计税依据的筹划

根据税法的相关规定，包装物作价随同应税消费品销售的，无论包装物是否单独计价以及会计上如何核算（见表3-2），其均应并入应税消费品的销售额中，按其所包装消费品的适用税率缴纳消费税。包装物不作价随同产品销售，收取的押金则不应并入应税消费品的销售额中征税。因逾期未收回包装物不再退还的或者已收取的时间超过12个月的押金，应并入应税消费品的销售额，按照应税消费品的适用税率缴纳消费税。

酒类产品（除啤酒、黄酒）生产企业销售酒类产品而收取的包装物押金，无论押金是否返还与会计上如何核算，均需并入酒类产品销售额中，依酒类产品的适用税率征收消费税。对啤酒和黄酒实行从量定额的办法征收消费税，征税的多少与应税消费品的销售金额无直接关系。因此，对酒类包装物押金征税的规定不适用于实行从量定额办法征收消费税的啤酒和黄酒。

表3-2　　　　　　　　　　　　　包装物收取相关款项涉税会计处理

包装物的各类情形	相关款项涉税会计处理
随同产品销售且不单独计价的包装物	不单独核算包装物收入和税金，随所包装产品的销售收入计入"主营业务收入"，并计算增值税销项税额与消费税
随同产品销售且单独计价的包装物	单独核算包装物销售收入和税金，不含税收入计入"其他业务收入"，并计算增值税销项税额与消费税
收取租金的出租包装物	租金作为价外费用，不含税收入计入"其他业务收入"，并计算增值税销项税额与消费税
收取押金的出租出借包装物（啤酒、黄酒以外的其他酒类产品包装物押金均应直接并入当期销售额）	收取押金时计入"其他应付款"；在期限内退还包装物时，做相反的会计分录；逾期未退还包装物的，没收的押金视同销售收入，不含税收入计入"其他业务收入"，并计算增值税销项税额与消费税
随同产品（啤酒、黄酒以外的其他酒类产品除外）销售并另外加收押金的包装物	收取押金时计入"其他应付款"；在期限内退还包装物时，做相反的会计分录；逾期未退还包装物的，没收的押金视同销售收入，不含税收入计入"营业外收入"，并计算增值税销项税额与消费税

包装物消费税计税依据的筹划聚焦于包装物与应税消费品销售额的分离，具体操作可采用变"先包装，后销售"的方式为"先销售，后包装"的方式，将消费品和包装物按照

各自的价格分别销售给零售商，再由零售商包装后对外销售。这样就不必针对包装物本身缴纳消费税，应税消费品的包装物价格越昂贵，节税效果越明显。如果包装物不作价销售而是收取押金（啤酒、黄酒以外的其他酒类产品除外），且未逾期，则押金不并入应税消费品销售额缴纳消费税。

【例3-2】某制造厂销售1 000根高尔夫球杆，每根球杆的售价为2 000元，另有包装物售价为200元（以上金额均不含增值税）。已知高尔夫球及球具的消费税税率为10%，试比较以下销售方案，并作出筹划选择：方案一，采取随同包装物一并销售的形式；方案二，采用收取包装物押金的形式进行销售。

【解析】方案一销售额=2 200×1 000=2 200 000（元）

方案一应纳消费税税额=2 200 000×10%=220 000（元）

方案二销售额=2 000×1 000=2 000 000（元）

方案二应纳消费税税额=2 000 000×10%=200 000（元）

方案二比方案一可暂时少纳20 000元（220 000-200 000）消费税，应选择方案二。

因逾期未收回包装物不再退还的包装物押金或者收取时间超过12个月的包装物押金，应并入应税消费品的销售额，按所包装的应税消费品适用的税率计算消费税应纳税额。对既作价随同应税消费品销售，又另外收取的包装物押金，凡纳税人在规定的期限内没有退还的，均应并入应税消费品的销售额，按照应税消费品的适用税率缴纳消费税。

可见，包装物计税依据的筹划要点是：第一，包装物不作价随产品销售；第二，应在不超过12个月的规定期限内收回包装物并退还押金。根据税法的规定，只要是符合条件的押金，就可以不并入应税消费品销售额计算缴纳消费税，因此可采用以下方式节税：以押金的形式签订合同，并将合同约定的包装物收回时间控制在12个月之内；待押金逾期不退还时，再计算消费税，实现递延纳税，获取资金的时间价值。

四、成套销售的筹划

根据税法的规定，纳税人将应税消费品与非应税消费品，以及适用税率不同的应税消费品组成成套消费品销售的，应根据销售额按应税消费品适用的最高税率纳税。因此，纳税人应慎用成套销售方式。对于特定的应税消费品，企业可以通过独立核算的销售公司进行产品的成套销售。例如，高档化妆品生产厂家可以将产品销售给独立核算的销售公司，由销售公司将高档化妆品与其他商品组成礼盒，通过将"成套"环节后移的方式避免非应税消费品随同套内应税消费品缴纳消费税。

【例3-3】某日化厂为一般纳税人，既生产高档化妆品，又生产护发品。该日化厂现有两个销售方案：方案一，分别核算和销售高档化妆品和护发品，可取得高档化妆品销售收入15万元、护发品销售收入5万元；方案二，将与方案一同样数量的高档化妆品和护发品组成礼品套装销售，可取得收入20万元。上述收入均为不含税收入，高档化妆品的消费税税率为15%。试比较以上两个方案，并基于消费税税负最小化作出选择。

【解析】方案一：分别销售，高档化妆品应缴纳消费税，护发品不缴纳消费税。

应纳消费税税额=15×15%=2.25（万元）

方案二：成套销售，礼品套装按高档化妆品的适用税率缴纳消费税。

应纳消费税税额=20×15%=3（万元）

方案二比方案一要多缴纳0.75万元（3-2.25）消费税，所以应选择方案一。

成套销售的目的是方便消费者并促进销售。对于礼盒装商品，企业可以在分别销售礼盒内各商品的同时，另外向购货方提供相应的礼盒，消费者在零售环节也可以根据需要选择是否使用礼盒。这样既减轻了企业的消费税负担，又给消费者提供了选择权。

【例3-4】某化妆品公司生产并销售高档化妆品和护肤品，其中销路较好的几种产品及其出厂单价分别为口红480元、眼影320元、粉饼200元、洗面奶60元。该公司新开发的润肤霜出厂单价为140元。试比较以下销售方案，并基于消费税税负最小化作出选择：方案一，高档化妆品和护肤品分别销售，分别核算；方案二，高档化妆品和护肤品成套销售。

【解析】口红、眼影、粉饼为高档化妆品，洗面奶、润肤霜为护肤品。

方案一单位应纳消费税税额=（480+320+200）×15%=150（元）

方案二单位应纳消费税税额=（480+320+200+60+140）×15%=180（元）

方案二采用成套销售方式，全套产品都要缴纳消费税，单位应纳消费税税额比方案一多30元（180-150），所以应选择方案一。

【例3-5】某酒厂生产白酒与药酒，白酒的消费税税率为20%加0.5元/500克，药酒的消费税税率为10%。为了增加销售量，该厂将1瓶白酒（500克）、1瓶药酒（500克）和1把启瓶器包装成1套礼品销售。白酒的价格为60元/瓶，药酒的价格为90元/瓶，启瓶器的价格为50元/把，礼品套装的价格为200元/套。当月，该厂对外销售白酒10 000瓶，总金额为600 000元；销售药酒6 000瓶，总金额为540 000元；销售套装1 000套（每套含1瓶白酒、1瓶药酒、1把启瓶器），总金额为200 000元。请分析三种不同方案下的消费税税负，并基于税负最小化作出选择。

【解析】方案一，三类产品单独核算。

白酒应纳消费税税额=10 000×0.50+600 000×20%=125 000（元）

药酒应纳消费税税额=540 000×10%=54 000（元）

套装应纳消费税税额=1 000×2×0.50+200 000×20%=41 000（元）

合计应纳消费税税额=125 000+54 000+41 000=220 000（元）

方案二，三类产品未单独核算，成套销售，则应适用税率从高的原则，按白酒的税率计算缴纳消费税。

应纳消费税税额=（10 000+6 000+1 000×2）×0.50+（600 000+540 000+200 000）×20%
　　　　　　　=277 000（元）

方案一比方案二少缴纳消费税57 000元（277 000-220 000）。

方案三，三类产品单独核算且不成套销售，则套装中的各类酒单独计算税额，分别按照白酒和药酒缴纳消费税。

套装内白酒应纳消费税税额=（0.50+60×20%）×1 000=12 500（元）

套装内药酒应纳消费税税额=90×1 000×10%=9 000（元）

套装合计应纳消费税税额=12 500+9 000=21 500（元）

分开销售比成套销售少纳消费税税额=41 000-21 500=19 500（元）

套装外白酒应纳消费税税额=10 000×0.50+600 000×20%=125 000（元）

套装外药酒应纳消费税税额=540 000×10%=54 000（元）

启瓶器不缴纳消费税。

合计应纳消费税税额=12 500+9 000+125 000+54 000=200 500（元）

方案三比方案二少缴纳消费税76 500元（277 000-200 500），比方案一少缴纳消费税19 500元（220 000-200 500）。方案三应纳消费税最少，应选择方案三。

可见，企业从事消费税兼营业务时，应尽量单独核算，以降低消费税税负。

成套销售的筹划方法与包装物计税依据的筹划方法相似，改"先包装，后销售"方式为"先销售，后包装"方式，将"成套"环节后移，避免非应税消费品缴纳消费税。具体筹划的实施必须满足两个条件（缺一不可）：先销售，后包装；分开销售，单独核算。

五、视同销售的筹划

纳税人将自产自用的应税消费品用于其他方面的，如馈赠、赞助、广告等，应视同销售，按纳税人生产的同类消费品的销售价格计算纳税，没有同类消费品销售价格的，按照组成计税价格计算纳税。其计算公式为：

$$组成计税价格 = \frac{成本 + 利润}{1 - 消费税比例税率} = \frac{成本 \times (1 + 成本利润率)}{1 - 消费税比例税率}$$

或者

$$组成计税价格 = \frac{成本 \times (1 + 成本利润率) + 自产自用数量 \times 定额税率}{1 - 消费税比例税率}$$

"同类消费品销售价格"是指纳税人或代收代缴义务人当月销售同类消费品的销售价格。如果当月同类消费品销售价格高低不同，应按销售数量加权平均计算，销售的应税消费品销售价格明显偏低又无正当理由的或者无销售价格的，不得列入加权平均计算。如果当月无销售或者当月未完结，应按照同类消费品上月或者最近月份的销售价格计算纳税。

但税法同时规定，纳税人将自产的应税消费品用于换取生产资料和消费资料、投资入股或抵偿债务等的，应当以纳税人同类应税消费品的最高售价为计税依据计算消费税。对此，不妨先销售后购货、入股、偿债，虽然多了一道环节，却可以减少计税依据，从而降低消费税税负。

【例3-6】某摩托车生产企业，当月对外销售同型号摩托车，以4 000元的单价销售50辆，以4 500元的单价销售10辆，以4 800元的单价销售5辆。当月以20辆同型号摩托车与甲企业换取原材料，双方按当月的加权平均销售价格确定摩托车的价格。摩托车消费税税率为10%。试比较以下方案，并基于摩托车换取原材料业务的消费税税负最小化作出选择：方案一，直接换取原材料；方案二，先按照当月加权平均价格销售摩托车，再用销售收入购买原材料。

【解析】方案一应纳消费税税额=4 800×20×10%=9 600（元）

方案二应纳消费税税额=（4 000×50+4 500×10+4 800×5）÷（50+10+5）×20×10%=8 276.92（元）

方案二比方案一节约消费税1 323.08元（9 600-8 276.92），应选择方案二。

【例3-7】某汽车制造厂因欠供应商货款1 500 000元，拟以10辆市场价格为150 000元/辆的小轿车（适用5%的消费税税率）抵债，当期同型号小轿车的最高售价为180 000元。试比较以下方案，并基于消费税税负最小化作出选择：方案一，直接以小轿车抵债；方案二，先销售小轿车给债权人，然后再以销售收入偿债。

【解析】方案一应纳消费税税额=10×180 000×5%=90 000（元）

方案二应纳消费税税额=10×150 000×5%=75 000（元）

方案二比方案一节约消费税15 000元（90 000-75 000），应选择方案二。

【例3-8】甲企业准备以入股的方式向乙企业投资。双方商定，甲企业以200辆自产摩托车（适用10%的消费税税率）作价入股（评估价格为6 000元/辆），取得乙企业100万股股权。甲企业当月对外销售同型号摩托车，以5 000元/辆的价格销售60辆，以5 600元/辆的价格销售80辆，以6 800元/辆的价格销售20辆。试比较以下方案，并基于消费税税负最小化作出选择：方案一，直接以摩托车进行实物投资入股；方案二，先按照当月加权平均价格销售摩托车给乙企业，然后再以销售收入入股。

【解析】方案一应纳消费税税额=6 800×200×10%=136 000（元）

方案二应纳消费税税额=（5 000×60+5 600×80+6 800×20）÷（60+80+20）×200×10%

=110 500（元）

方案二比方案一节约消费税25 500元（136 000-110 500），应选择方案二。

纳税人以应税消费品投资入股时，一般是按照协议价格或者评估价格投资入股，只要协议价格或者评估价格低于其当月销售同类应税消费品的加权平均价格，直接以应税消费品投资入股就会比先销售、后投资的方式缴纳更多的消费税。因此，如果企业存在以应税消费品换货、抵债、入股的情况，最好先销售，再作购货、抵债或入股处理。

六、白酒消费税计税依据的筹划

根据税法的规定，对于白酒生产企业销售给销售单位的白酒，生产企业消费税计税价格高于销售单位对外销售价格70%（含70%）的，税务机关暂不核定消费税最低计税价格，生产企业消费税计税价格低于销售单位对外销售价格70%的，消费税最低计税价格由税务机关根据生产规模、白酒品牌、利润水平等情况在销售单位对外销售价格50%~70%的范围内核定。其中，对于生产规模较大、利润水平较高的企业生产的需要核定消费税最低计税价格的白酒，税务机关的核价幅度原则上应处于销售单位对外销售价格60%~70%的范围内。以上规定意味着白酒消费税从严征收，企业避税通道被收紧。

基于此，具体筹划应注意以下几个方面：

1.及时填报相关价格信息

政策规定白酒计税价格低于销售单位对外销售价格（不含增值税）70%的，才由税务机关核定消费税最低计税价格，但这并不意味着70%以上的，就不受税务机关监管。在主管税务机关规定的时限内填报"白酒相关经济指标申报表"，是针对所有白酒生产企业的要求。如果没有及时填报，则要按照销售单位销售价格征收消费税，消费税税额将会大增，设立独立核算的销售单位不仅不能减轻反而会增加消费税税负。

2.正确申报最低计税价格

最低计税价格由白酒生产企业自行申报，省级（或计划单列市）税务机关核定，核定依据主要是企业的生产规模、白酒品牌、利润水平等。最低计税价格通常为销售单位对外销售价格的50%~70%，生产规模较大、利润水平较高的，为60%~70%。例如，某企业将白酒销售给销售单位的价格是240元/千克，销售单位对外销售的价格为600元/千克。

如果申报最低计税价格为420元/千克（对外销售价格的70%），则达到了最低计税价格的上限，企业要交较多的消费税。但若申报最低计税价格为240元/千克（对外销售价格的40%），则达不到最低计税价格的下限，难以通过税务机关的审核。如果申报最低计税价格为360元/千克（对外销售价格的60%），就可能得到税务机关的认可。总之，申报最低计税价格时，既要考虑最大限度保留企业的利润空间，又要让税务机关能够接受。

3.价格调整要把握好幅度和节奏

许多企业试图提高白酒销售价格，把税收负担转嫁给消费者。尽管税负转嫁是筹划办法之一，但采取这种做法要慎重。《国家税务总局关于加强白酒消费税征收管理的通知》（国税函〔2009〕380号）规定："已核定最低计税价格的白酒，销售单位对外销售价格持续上涨或下降时间达到3个月以上、累计上涨或下降幅度在20%（含）以上的白酒，税务机关重新核定最低计税价格。"提价频繁导致反复核定最低计税价格，亦使税收筹划没有稳定性，对企业是不利的。

4.调整产品结构和产业链

（1）提高高档白酒产销比例。白酒生产企业的消费税以从价定率和从量定额复合计税的方式征收，除从价税外，每500克（或500毫升）征收0.5元的从量税。从量计征消费税对低档白酒的影响比较大，但对高档白酒的影响则微不足道。因此，白酒生产企业需要根据自身的实际情况，适当调整产品结构，提高高档白酒的产销比例。

（2）选择自制白酒，减少白酒的委托加工。从生产环节来看，许多企业都有外购或委托加工酒或酒精后继续生产白酒的情况，但是按我国现行税法的规定，外购或委托加工已税酒和酒精生产白酒已纳税款或代收代缴的税款不得抵扣，即外购酒或酒精生产的白酒在销售时还要按销售价格缴纳消费税，且无抵扣。委托加工应税消费品的单位和个人应依法缴纳消费税，委托加工的应税消费品，由受托方在向委托方交货时代收代缴税款。如果企业把委托加工的或外购的粮食白酒用于连续生产应税消费品，这批粮食白酒就要缴纳两道消费税，即在委托加工或初始生产环节交一次税，企业收回委托加工产品或购进产品后再加工生产的产品在销售时还要再交一次消费税，且无抵扣。

七、加工方式的筹划

应税消费品所处的流转环节不同，其消费税计税依据也有所不同。如果纳税人选择了合理的加工方式，就会相应地减少应缴纳的消费税，降低税负。

企业生产应税消费品有两种形式：一种为自行加工应税消费品；另一种为委托加工应税消费品。两者的计税基数不同：纳税人自行加工应税消费品所缴纳的消费税是以产品的实际销售价格为计税依据的；委托加工应税消费品所缴纳的消费税则以受托方当期同类消费品销售价格或组成计税价格为计税依据，并由受托方代收代缴。

我国现行消费税法规对委托加工应税消费品有特殊规定，委托加工应税消费品是指由委托方提供原材料和主要材料，受托方只收取加工费和代垫的部分辅助材料费的应税消费品。其他情形一律不能视为委托加工应税消费品。

为了避免税款流失，对于委托加工应税消费品的应纳消费税，我国采取了源泉控制的管理办法，即由受托方（受托方为个人的除外）向委托方交货时代收代缴消费税。纳税人委托个人（含个体工商户）加工应税消费品的，一律由委托方收回后在委托方所在地缴纳消费税。

委托加工应税消费品的涉税处理见表3-3。

表3-3 委托加工应税消费品的涉税处理

要点	委托方	受托方
构成委托加工的条件	提供原料和主要材料	收取加工费和代垫的部分辅料费
加工及提货时涉及的税种	购买材料、支付加工费涉及增值税进项税额，委托加工涉及消费税	购买辅料涉及增值税进项税额，收取加工费和代垫的辅料费涉及增值税销项税额
消费税纳税环节	提货时，由受托方代收代缴（受托方为个人的除外）；受托方未代收代缴的，由委托方收回后缴纳	交货时代收代缴（受托方为个人的除外）

委托加工应税消费品，按照受托方同类消费品的销售价格计算纳税；没有同类消费品销售价格的，按照组成计税价格计算纳税。

实行从价定率办法计税的组成计税价格计算公式为：

$$组成计税价格 = \frac{材料成本 + 加工费}{1 - 消费税比例税率}$$

实行复合计税办法计税的组成计税价格计算公式为：

$$组成计税价格 = \frac{材料成本 + 加工费 + 委托加工收回数量 \times 定额税率}{1 - 消费税比例税率}$$

其中，"材料成本"是指委托方所提供加工材料的实际成本。如果加工合同上未如实注明材料成本，受托方所在地主管税务机关有权核定其材料成本。"加工费"是指受托方加工应税消费品向委托方收取的全部费用（包括代垫辅助材料的实际成本），但不包括随加工费收取的增值税税额。

委托加工应税消费品实行复合计税办法的，计算组成计税价格时，需要把全部消费税（包括比例税率部分和定额税率部分）计入组成计税价格中。

委托加工收回的已税消费品，委托方用于连续生产应税消费品并属于抵税范围的，其已纳税款准予按生产领用量从应纳消费税中抵扣。

当期准予扣除的委托加工应税消费品已纳税款=期初库存的委托加工应税消费品已纳税款+当期收回的委托加工应税消费品已纳税款-期末库存的委托加工应税消费品已纳税款

委托加工的委托方被代收代缴了消费税，收回的已税消费品以不高于受托方计税价格直接出售的，不再缴纳消费税；以高于受托方计税价格出售的，需按照规定申报缴纳消费税，在计税时准予扣除受托方已代收代缴的消费税。

【例3-9】A公司生产化妆品，欲将一批价值100万元的原材料加工成高档化妆品，现有三个方案可供选择：方案一，直接委托B公司加工，加工费为70万元，收回后对外销售，售价为300万元。方案二，委托B公司进行初级加工，支付加工费36万元，收回后再进一步加工，发生再加工费34万元，再加工完成后对外销售，售价为300万元。方案三，自行加工，发生加工费70万元，对外销售，售价为300万元。B公司无同类消费品销售。A公司高档化妆品的消费税税率为15%，企业所得税税率为25%。试分析A公司采用不同加工方式的税后收益（不考虑城市维护建设税（以下简称"城建税"）与教育费附加等）。

【解析】方案一，B公司在移交委托加工高档化妆品时应代收代缴消费税。

　　B公司应代收代缴消费税税额＝（100+70）÷（1-15%）×15%=30（万元）

　　A公司应纳消费税税额=300×15%-30=15（万元）

　　合计应纳消费税税额=30+15=45（万元）

　　A公司税后利润=（300-100-70-30-15）×（1-25%）=63.75（万元）

　　方案二，B公司在移交委托加工高档化妆品时应代收代缴消费税。

　　B公司应代收代缴消费税税额＝（100+36）÷（1-15%）×15%=24（万元）

　　A公司应纳消费税税额=300×15%-24=21（万元）

　　合计应纳消费税税额=24+21=45（万元）

　　A公司税后利润=（300-100-36-34-24-21）×（1-25%）=63.75（万元）

　　方案三，A公司自行加工应税消费品，直接计算应纳消费税。

　　A公司应纳消费税税额=300×15%=45（万元）

　　A公司税后利润=（300-100-70-45）×（1-25%）=63.75（万元）

　　可见，在其他因素相同的情况下，企业选择不同的加工方式对其销售应税消费品的税后利润没有影响，实际负担的消费税税额相同，税后利润一致。但是，这三种加工方式下消费税的纳税时间不同，委托加工方式下在提货环节发生了消费税纳税义务。在实务中，企业选择委托加工方式一般是因为受托方的加工成本小于自行加工成本，因此完全或部分委托加工相较于自行加工来说更有成本优势。

第三节　消费税税率的筹划

　　由于应税消费品的适用税率相对固定，只有在出现兼营不同税率应税消费品的情况下，纳税人才可以通过销售方式和核算方式的选择达到分别适用税率的目的，从而降低税负。消费税的兼营行为主要是指消费税纳税人同时经营适用两种以上税率应税消费品的行为。税法明确规定，纳税人兼营多种不同税率的应税消费品，应当分别核算不同税率应税消费品的销售额、销售数量；未分别核算销售额、销售数量，或者将不同税率的应税消费品组成成套消费品销售的，应从高适用税率。这就要求企业在会计核算上要做到账目清楚，以免增加税负。

一、分开核算的筹划

　　消费税对于每种应税消费品所适用的税率都有明确规定，实行"一目一率"。企业可采取转化子目的方式，或者将兼营的不同税率应税消费品分开核算，从而合理减轻税负。例如，酒类综合生产企业既生产粮食白酒，又生产其他酒，两种酒所适用的消费税比例税率分别为20%和10%，而且粮食白酒还适用0.5元/500克（或500毫升）的定额税率，因此，应分别核算粮食白酒和其他酒的销售额，若未分别核算，则需从高适用税率。

　　【例3-10】某酒厂本月生产并销售粮食白酒150吨，实现销售收入75万元。同时，销售其他酒50吨，实现销售收入10万元。以上金额均不含增值税。试比较未分开核算和分开核算两个方案，并基于消费税税负最小化作出选择。

【解析】方案一，未分开核算。

当月应纳消费税税额=（75+10）×20%+（150+50）×2 000×0.5÷10 000=37（万元）

方案二，分开核算。

当月应纳消费税税额=75×20%+150×2 000×0.5÷10 000+10×10%=31（万元）

方案二比方案一少缴纳6万元（37-31）消费税，应选择方案二。

具体筹划时，注意分开核算要求合同文本的设计、存货管理与账务管理规范。

二、酒厂合并的筹划

【例3-11】甲酒厂以生产药酒为主，适用的消费税税率为10%。其生产药酒的原材料为某白酒，均从乙酒厂购入。乙酒厂向甲酒厂提供白酒5 000吨，售价为4 000万元，适用的消费税比例税率为20%，定额税率为0.5元/500克。当年甲酒厂销售药酒取得收入6 000万元，销售数量为5 000吨。试比较以下方案，并基于消费税税负最小化作出选择：方案一，甲酒厂仍然采购乙酒厂的白酒作为原料；方案二，甲酒厂并购乙酒厂，使乙酒厂作为甲酒厂的白酒生产车间。

【解析】方案一：甲酒厂仍然采购乙酒厂的白酒作为原料。

甲酒厂应纳消费税税额=6 000×10%=600（万元）

乙酒厂应纳消费税税额=4 000×20%+500×2×0.5=1 300（万元）

合计应纳消费税税额=600+1 300=1 900（万元）

方案二：甲酒厂并购乙酒厂，使乙酒厂作为甲酒厂的白酒生产车间。

甲酒厂应纳消费税税额=6 000×10%=600（万元）

收购乙酒厂作为甲酒厂的白酒生产车间，所生产的应税消费品白酒用于连续生产另一种应税消费品药酒，移送环节不缴纳消费税，应纳消费税总额为600万元。可见，方案二比方案一少缴纳消费税1 300万元（1 900-600），应当选择方案二。

需要外购某种酒类应税消费品用于连续生产另一种酒类应税消费品的企业，可以通过并购上游企业，将原来企业之间的购销环节转变为企业内部的原材料领用环节，从而达到避免重复缴纳消费税的目的。

三、纳税临界点的筹划

应税消费品的等级不同，适用的消费税税率则不同。一般而言，存在幅度比例税率的应税消费品，其等级越高，所适用的消费税税率也越高。价格的变化可能导致消费税税率在税目子目之间跳档。为了避免税率变化导致税负加重，企业应在价格临界点附近进行合理定价，以便适用较低的税率。

（一）卷烟的无差异价格临界点

从2009年5月1日起，甲类卷烟的消费税从价税率由原来的45%调整至56%，乙类卷烟由30%调整至36%，雪茄烟由25%调整至36%；对甲乙类卷烟的划分标准也进行了调整，由原来50元的分界线上浮至70元，每标准条（200支）调拨价格在70元（不含增值税）以上（含70元）的卷烟为甲类卷烟，低于此价格的为乙类卷烟，即卷烟调拨价格以70元为临界点；卷烟批发环节加征一道从价税，税率为11%，并按0.005元/支加征从量税。卷烟适用税率见表3-4。

表3-4　　　　　　　　　　　　　　卷烟适用税率

环节	卷烟类型	比例税率	定额税率		
			每支	每标准条（200支）	每标准箱（5万支）
生产环节、进口环节、委托加工环节	甲类卷烟	56%	0.003元	0.6元	150元
	乙类卷烟	36%	0.003元	0.6元	150元
批发环节	卷烟	11%	0.005元	1元	250元

在价格临界点附近，卷烟生产企业收入增加的金额可能小于税收增加的金额，此时需要合理定价，以实现税后利益最大化。以下就来测算卷烟的无差异价格临界点（考虑城建税与教育费附加）。

根据税法的规定，设临界点价格为A，令卷烟价格大于或等于70元/条的利润与卷烟价格等于69.99元/条的利润相等，当城建税税率为7%、教育费附加征收率为3%时，可得：

A−成本−A×56%−从量税−［A×56%+从量税+（A×13%−进项税额）］×（7%+3%）

=69.99−成本−69.99×36%−从量税−［69.99×36%+从量税+（69.99×13%−进项税额）］×（7%+3%）

解得：

A=111.49元/条

也就是说，当卷烟调拨价格在70元/条和111.49元/条之间时，若企业将销售价格降至69.99元/条，那么消费税税率降低给企业带来的利润增加将会弥补价格降低造成的损失。

通过以上计算，可以得出卷烟定价与税前利润的关系（如图3-1所示）。

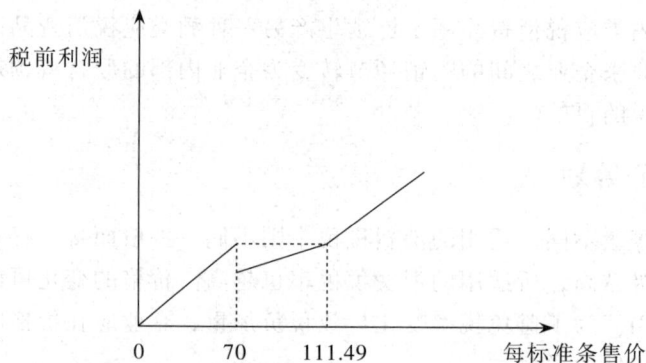

图3-1　卷烟定价与税前利润的关系（单位：元）

由图3-1可见：

（1）当卷烟调拨价格（不含税价）介于（0，70）之间时，其税前利润随着卷烟价格的提高而增加。

（2）当卷烟调拨价格（不含税价）介于［70，111.49）之间时，其税前利润小于定价为69.99元时的利润，因为税率的跳档引起消费税增加的金额大于提价带来的利润。因此，此时企业应将调拨价格降低至70元以下，消费税税率降低带给企业的利润增加将会弥补价格降低造成的损失。

（3）当卷烟调拨价格（不含税价）介于［111.49，+∞）之间时，虽然消费税也会增加，但卷烟价格的提高会弥补增加的消费税，因此其税前利润会随着卷烟价格的提高而增加。

同理，当城建税税率为5%和1%、教育费附加征收率为3%时，临界点价格分别为109.28元/条和105.29元/条（见表3-5）。

表3-5 不同城建税税率下卷烟无差异价格临界点

城建税税率	教育费附加征收率	无差异价格临界点
7%	3%	111.49
5%	3%	109.28
1%	3%	105.29

【例3-12】某卷烟厂当月销售2 000条卷烟，生产成本为30元/条，分摊在这批卷烟上的期间费用为7 000元，进项税额为5 000元。该批卷烟不含增值税的调拨价格有两个方案：方案一，每条卷烟75元；方案二，每条卷烟68元。试比较以上两个定价方案，并基于销售利润最大化作出选择。

【解析】方案一，每条卷烟调拨价格大于70元，适用的从价消费税税率为56%。

应纳消费税税额=2 000÷250×150+75×2 000×56%=85 200（元）

应纳增值税税额=75×2 000×13%-5 000=14 500（元）

应纳城建税及教育费附加合计额=（85 200+14500）×（7%+3%）=9 970（元）

销售利润=75×2 000-30×2 000-85 200-9 970-7 000=-12 170（元）

方案二，卷烟调拨价格小于70元，适用的从价消费税税率为36%。

应纳消费税税额=2 000÷250×150+68×2 000×36%=50 160（元）

应纳增值税税额=68×2 000×13%-5 000=12 680（元）

应纳城建税及教育费附加合计额=（50 160+12 680）×（7%+3%）=6 284（元）

销售利润=68×2 000-30×2 000-50 160-6 284-7 000=12 556（元）

通过比较可以发现，降低销售价格导致销售收入减少了14 000元（75×2 000-68×2 000），但应纳消费税税额减少了35 040元（85 200-50 160），应纳增值税税额减少了1 820元（14 500-12 680），应交城建税及教育费附加合计额减少了3 686元（9 970-6 284），销售利润增加了24 726元（12 556+12 170），其原因是消费税税率大幅降低导致消费税负担大大减轻。

假如将方案一中的调拨价格定为150元/条，其他条件不变，则纳税和盈利情况如下：

应纳消费税税额=2 000÷250×150+150×2 000×56%=169 200（元）

应纳增值税税额=150×2 000×13%-5 000=34 000（元）

应纳城建税及教育费附加合计额=（169 200+34 000）×（7%+3%）=20 320（元）

销售利润=150×2 000-30×2 000-169 200-20 320-7 000=43 480（元）

与方案二相比，定价为150元/条获取的利润要比定价为68元/条多30 924元（43 480-12 556）。可见，定价策略显著影响企业税负与销售利润。

（二）啤酒的无差异价格临界点

根据我国现行消费税法的规定，啤酒消费税税率为从量定额税率，同时根据啤酒的单位价格实行全额累进税率。不含增值税出厂价格（含包装物及包装物押金）在3 000元/吨以上（含3 000元/吨）的，定额税率为250元/吨；在3 000元/吨以下的，定额税率则为220元/吨。全额累进税率的一个特点是税负在价格临界点变化比较大，可能出现税负增加大于计税依据增加的情况。在这种情况下，巧妙运用价格临界点，适当降低产品价格，反而能够增加利润。根据啤酒的不同定额税率，可计算出啤酒的无差异价格临界点。

设价格临界点的单价为A（假设其高于3 000元/吨，故适用250元/吨的税率），销售数量为B（考虑城建税及教育费附加）。

应纳消费税税额=250×B

应纳增值税税额=A×B×13%－进项税额

应纳城建税及教育费附加合计额＝［250×B+（A×B×13%－进项税额）］×（7%+3%）

啤酒价格为A时的利润为：

利润=A×B－成本－250×B－［250×B+（A×B×13%－进项税额）］×（7%+3%） (3-1)

啤酒价格等于2 999.99元/吨时的利润为：

利润=2 999.99×B－成本－220×B－［（220×B+2 999.99×B×13%－进项税额）］×（7%+3%） (3-2)

令式（3-1）和式（3-2）相等，得：

A=3 033.42元/吨

当啤酒出厂价格为3 033.42元/吨时，两者的利润相同，此为无差异价格临界点。当销售价格高于3 033.42元/吨时，纳税人才能获得节税利益。当销售价格不低于3 000元/吨但低于3 033.42元/吨时，纳税人取得的利润反而低于销售价格为2 999.99元/吨时的利润。利用此规律，可在税收筹划中合理安排定价。

●●● 思考与练习

一、即测即评

第三章单项选择题

第三章多项选择题

第三章判断题

二、案例分析题

1.某酒厂通过促销活动卖出套装酒2万套，价格是1 200元/套，每个套装礼盒中包含白酒和红酒各1瓶，而且红酒和白酒的净含量都是500克。如果单卖，白酒每瓶1 000元，红酒每瓶200元。红酒适用的比例税率是10%，无从量税。而白酒适用的比例税率是20%，从量税为0.5元/500克。试比较"先包装，后销售"与"先销售，后包装"两个方案，并基于消费税税负最小化作出选择。

2.甲企业将自产的特制化妆品（不对外销售，且无市场同类产品价格）作为福利发放给职工，成本为1 000万元，成本利润率为5%，消费税税率为30%。试比较以下方案，并基于消费税税负最小化作出选择：方案一，维持该批产品成本不变；方案二，通过合理的成本分配，将成本降为 800 万元。

3.甲企业生产卷烟一批，每标准箱的成本为 4 000 元。卷烟的出厂定价有两个方案：一是每条卷烟 80 元，不含增值税价格为 68.38 元（80÷1.17），每标准箱不含增值税金额为 17 095 元（68.38×250）；二是每条卷烟 85 元，不含增值税价格为 72.65 元（85÷1.17），每标准箱不含增值税金额为 18 162.50 元（72.65×250）。试比较上述两个定价方案，并基于消费税税负最小化作出选择。

第四章　企业所得税的税收筹划

【学习目标】

1. 掌握企业所得税纳税人身份的筹划思路；
2. 掌握一般收入、不征税收入、免税收入确认的筹划思路；
3. 掌握企业所得税成本费用等扣除项目的基本筹划方法；
4. 掌握企业所得税优惠政策依据及筹划技巧；
5. 了解企业所得税征收方式的政策规定与筹划思路；
6. 了解重组业务企业所得税政策规定与常规筹划安排。

●●●● 思政园地

党的二十大报告在优化税制结构、完善分配制度、支持绿色发展等方面直接提到了税收工作。党的二十届三中全会强调，制造业是国民经济的支柱，为进一步减轻企业负担，政府将通过税费减免、税收优惠等措施，优化制造业的发展环境，提升国际竞争力。会议提出，强化企业科技创新主体地位，建立培育壮大科技领军企业机制，加强企业主导的产学研深度融合，建立企业研发准备金制度，支持企业主动牵头或参与国家科技攻关任务。

在构建促进专精特新中小企业发展壮大机制方面，会议提出，要鼓励科技型中小企业加大研发投入，提高研发费用加计扣除比例，同时鼓励和引导高校、科研院所按照先使用后付费的方式把科技成果许可给中小微企业使用。因此，需要通过完善企业所得税制改革，使更多改革成果惠及市场主体和广大群众。具体而言，要实施覆盖创业投资、创新主体、研发活动等创新全链条的企业所得税优惠政策，不断加大研发费用加计扣除力度，逐步扩大小微企业减征企业所得税的范围和力度，使固定资产加速折旧政策适用范围扩大到全部制造业，着力培育经济发展新动能。

●●●● 案例导入

注册在中关村示范区内的A创业投资企业（有限责任公司，自然人持股比例为100%）投资于同样注册在中关村示范区内的B制造企业。B制造企业立项研发某项技术，成功取得一项专利，研发支出为500万元。

政策背景：2021年，国家继续鼓励技术创新和研发活动，特别是鼓励制造业企业的技术创新和研发活动。制造业加计扣除比例提高到100%，因此B制造企业在研发当期和后续专利摊销期间可以在企业所得税税前扣除的金额为1 000万元。

　　鼓励技术创新和研发活动的减税"组合拳"还需要结合2020年年末制定的两项税收政策加以解析。《财政部 国家税务总局 科技部 知识产权局关于中关村国家自主创新示范区特定区域技术转让企业所得税试点政策的通知》（财税〔2020〕61号）和《关于中关村国家自主创新示范区公司型创业投资企业有关企业所得税试点政策的通知》（财税〔2020〕63号）为注册在中关村国家自主创新示范区的科技企业和科技企业的股东奉送了两个大礼包：

　　（1）符合条件的技术转让所得，在一个纳税年度内不超过2 000万元的部分，免征企业所得税；超过2 000万元的部分，减半征收企业所得税（财税〔2020〕61号）。

　　（2）创业投资企业转让持有3年以上股权的所得占年度股权转让所得总额的比例超过50%的，按照年末个人股东持股比例减半征收当年企业所得税；转让持有5年以上股权的所得占年度股权转让所得总额的比例超过50%的，按照年末个人股东持股比例免征当年企业所得税（财税〔2020〕63号）。

　　假如专利摊销完毕，B制造企业将专利以5 000万元的价格转让给他人，获得的转让所得中有2 000万元免税，其余3 000万元减半征收企业所得税。

　　B制造企业减少确认应纳税所得额=2 000+3 000×50%=3 500（万元）

　　假如A创业投资企业转让持有已满5年B制造企业的股权，获得转让所得5 000万元，当年A创业投资企业转让股权所得总计9 000万元，则该年度转让B制造企业的股权占股权转让所得总额的比例超过50%，符合财税〔2020〕63号文件的规定，由于自然人持股比例为100%，应缴纳的企业所得税可以全部减免（如果A创业投资企业向自然人股东分配股息，则需要扣缴个人所得税）。

第一节　企业纳税人身份与征收方式的税收筹划

　　企业所得税是对中华人民共和国境内的企业（居民企业及非居民企业）和其他取得收入的组织以其生产经营所得为课税对象所征收的一种所得税。我国现行的企业所得税法律法规是2018年12月修订的《中华人民共和国企业所得税法》（以下简称《企业所得税法》）以及2019年4月修订的《企业所得税法实施条例》。企业所得税的筹划主要涉及纳税人身份选择、计税依据、税率、税收优惠、企业重组等多个方面。

一、居民企业与非居民企业的选择

　　按照《企业所得税法》的规定，在中华人民共和国境内，企业和其他取得收入的组织（以下统称"企业"）为企业所得税的纳税人，不包括个人独资企业、合伙企业。企业所得税纳税人又分为居民企业和非居民企业。居民企业是指依法在中国境内注册成立或者依照外国法律成立但实际管理机构在中国境内的企业。非居民企业是指依照外国法律成立，且实际管理机构不在中国境内但在中国境内设立机构、场所的企业，或者在中国境内未设立机构、场所但有来源于中国境内所得的企业。

　　居民企业应当就其来源于中国境内、境外的所得缴纳企业所得税。非居民企业在中国境内设立机构、场所的，应当就其所设机构、场所取得的来源于中国境内的所得，以及发生在中国境外但与其所设机构、场所有实际联系的所得缴纳企业所得税；非居民企业在中国境内未设立机构、场所的，或者虽设立机构、场所但取得的所得与其所设机构、场所没有实际联系的，应当就其来源于中国境内的所得缴纳企业所得税。

通常情况下，"注册地"的标准较易判断，"实际管理机构"的标准存在筹划空间。实际管理机构一般根据股东大会的场所、董事会及行使指挥监督权力的场所等来综合判断。外国企业要避免成为我国居民企业，不仅要在国外注册，还要把实际管理机构设在国外，如股东大会、董事会会议在国外举行，在国外设立重大决策机构等。

另外，机构、场所与常设机构不同，一般而言，常设机构一定构成机构、场所，但机构、场所不一定是常设机构。

常设机构是国际法的概念，主要用于确定税收协定缔约一方对另一方企业利润的征税权。一般而言，常设机构就是一个相对固定的营业场所，需要具备实质存在、相对固定且时间上具有一定持续性、从事全部或部分营业活动等特征。根据常设机构的定义和特征，可以将其分为一般型常设机构、工程型常设机构、劳务型常设机构和非独立代理型常设机构。

机构、场所是国内法的概念，根据《企业所得税法》的规定，如果非居民企业在中国境内设立机构、场所，应当就其所设机构、场所取得的来源于中国境内的所得以及发生在中国境外但与其所设机构、场所有实际联系的所得缴纳企业所得税，但设立机构、场所取得的所得与其所设机构、场所没有实际联系的除外。换言之，非居民企业在我国设立机构、场所（且所得与机构、场所有实际联系），其承担的纳税义务与我国居民企业相类似，企业所得税税率为25%，但是非居民企业未在我国设立机构、场所的，则仅需缴纳预提所得税，一般税率为10%。

我国采用正列举的方式判断何为机构、场所，包括管理机构，营业机构，办事机构，工厂、农场、开采自然资源的场所，提供劳务的场所，从事建筑、安装、装配、修理、勘探等工程作业的场所，以及其他从事生产经营活动的机构、场所。如果非居民企业委托营业代理人在中国境内从事生产经营活动，包括委托单位或者个人经常代其签订合同或者储存、交付货物等，该营业代理人同样被视为非居民企业在中国境内设立的机构、场所。[①]通常的筹划方法是非居民纳税人尽可能避免在境内设立机构、场所，而是更多地借助互联网与数字经济手段，使来源于境内的所得仅适用10%的预提所得税税率。

居民企业承担无限纳税义务，不仅要就其境内的所得申报纳税，还要就其境外的所得申报纳税，这可能导致双重征税。纳税人在选择身份时，在条件与政策许可的情况下，应尽量选择非居民纳税人身份，以减轻税收负担。

【例4-1】某外国企业本年度来源于中国境内的所得（技术研发服务收入）为2 000万元，可以选择以下三个方案：方案一，在中国境内设立实际管理机构；方案二，在中国境内不设立实际管理机构，但设立营业场所，且其所得与营业场所有联系；方案三，在中国境内既不设立实际管理机构，也不设立营业场所，仅通过电子商务方式经营。试比较这三个方案，并基于企业所得税税负最小化作出选择。

---

① 余俐，张晓南. 如何区分机构场所和常设机构［N］. 中国税务报，2020-12-04（8）.

【解析】方案一该外国企业应纳税额=2 000×25%=500（万元）

方案二该外国企业应纳税额=2 000×25%=500（万元）

方案三该外国企业应纳税额=2 000×10%=200（万元）

通过比较，应选择方案三，因为方案三的税负最轻。

二、企业组织形式的选择

许多企业会设立总分公司或母子公司（见表4-1），这两种组织形式在企业所得税处理方式上有所不同，各有利弊。

表4-1　　　　　　　　　　　　　　分公司与子公司的比较

分公司	子公司
非独立核算、非法人	独立核算、法人
不能独立签署合同	能独立签署合同
设立程序简单、费用低、手续简便	设立程序复杂、费用高、手续繁杂
不能独立享受税收优惠	能独立享受税收优惠
与总公司合并纳税	独立纳税

创办子公司一般需要较繁杂的手续，并需要达到当地的注册条件。子公司具有独立的法人资格，可以独立承担民事责任，在法律上和母公司是两个主体；在纳税方面，子公司也同母公司相分离，作为单独的纳税主体，独立承担纳税义务，其成本、损失和所得全部独立核算，独立缴纳企业所得税和其他各项税收。

分公司不具有独立的法人资格，一般不独立承担民事责任，在法律上和总公司是一个纳税主体。分公司将其成本、损失和所得并入总公司一并纳税，因而分公司的亏损可以抵消总公司的盈利，从而降低公司整体税负。另外，总分公司合并纳税要比母子公司分别纳税的税收遵从成本低。

在具体筹划公司组织形式时，还应考虑其他因素，诸如公司的发展目标、特点、区域间税收政策和征管的差异等。企业设立初期，因为需要大量资金投入，较长时间内无法获得盈利，往往处于亏损状态。如果采用分公司形式，就能够利用分公司的扩张成本冲抵总公司的利润，从而减轻整体税负。对于扭亏为盈迅速的行业，条件成熟时可以设立子公司，这样就可以独立享受相关优惠政策，比如在优惠期内享受减免税政策等。纳税人在选择企业组织形式时，要权衡利弊，慎重作出决定。

企业可以立足于战略与经营层面，进行统筹规划，具体筹划设计时可考虑以下四种情形：第一种情形，预计所设公司适用优惠税率且有盈利，选择子公司形式，单独纳税。第二种情形，预计所设公司适用非优惠税率且有盈利，选择分公司形式，汇总到总公司纳税，以弥补总公司或其他分公司的亏损；即使所有分公司均有盈利，汇总纳税虽无节税效应，但可以降低企业的办税成本，提高管理效率。第三种情形，预计所设公司适用非优惠税率且亏损，选择分公司形式，汇总纳税可以用其他分公司或总公司的利润弥补亏损。第四种情形，预计所设公司适用优惠税率且亏损，在此种情况下，就要考虑扭亏能力。若短期内可以扭亏，宜采用子公司形式，否则宜采用分公司形式，这与企业的经营策划紧密相关。

【例4-2】A太阳能发电公司（以下简称"A公司"）在深圳注册，它需要在北京投资成立一个项目公司，即B公司，深圳与北京的企业所得税税率均为25%。据测算，A公司当年应纳税所得额为1亿元。试分析在不同情形下，B公司应当选择何种组织形式才能减轻整体企业所得税税负？

【解析】税法规定，总分机构分摊税款应按以下公式计算：

总机构分摊税款=汇总纳税企业当期应纳所得税税额×50%

所有分支机构分摊税款总额=汇总纳税企业当期应纳所得税税额×50%

某分支机构分摊税款=所有分支机构分摊税款总额×该分支机构分摊比例

总机构应按照上年度分支机构的营业收入、职工薪酬和资产总额三个因素计算各分支机构分摊所得税税款的比例。三级及以下分支机构，其营业收入、职工薪酬和资产总额统一计入二级分支机构，三因素的权重依次为0.35、0.35、0.30。

A公司应缴纳的企业所得税在不同经营状况下的计算如下：

情形一，预估前3年企业由于拆迁问题亏损严重，无盈利可能。B公司为分公司，当年亏损3 000万元，且A公司只有B公司一家分公司，A公司纳税时可汇总B公司亏损额。

A公司应纳税所得额=（A公司当年应纳税所得额-B公司当年亏损额）×50%

= （10 000-3 000）×50%=3 500（万元）

A公司应纳税额=A公司应纳税所得额×深圳企业所得税税率=3 500×25%=875（万元）

B公司应纳税所得额=（10 000-3 000）×50%=3 500（万元）

B公司应纳税额=B公司应纳税所得额×北京企业所得税税率=3 500×25%=875（万元）

A、B两公司应纳税额合计=A公司应纳税额+B公司应纳税额=875+875=1 750（万元）

情形二，预估前3年企业由于拆迁问题亏损严重，无盈利可能。B公司为子公司，当年亏损3 000万元，集团公司纳税时不能汇总B公司亏损额。

A公司应纳税所得额=10 000万元

A公司应纳税额=10 000×25%=2 500（万元）

B公司亏损，无须纳税，集团公司应纳税额为2 500万元。

情形三，企业前3年无任何问题，预计成立公司当年拿地开盘，有现金流的回流，可结转收入配比成本。B公司为分公司，当年盈利3 000万元，假设A公司只有B公司一个分公司，纳税计算如下：

A公司应纳税额=（A公司当年应纳税所得额+B公司当年盈利额）×50%×深圳企业所得税税率

= （10 000+3 000）×50%×25%=1 625（万元）

B公司应纳税额=（A公司当年应纳税所得额+B公司当年盈利额）×50%×北京企业所得税税率

= （10 000+3 000）×50%×25%=1 625（万元）

A、B两公司应纳税额合计=A公司应纳税额+B公司应纳税额=1 625+1 625=3 250（万元）

情形四，企业前3年无任何问题，预计成立公司当年拿地开盘，有现金流的回流，可结转收入配比成本。B公司为子公司，当年盈利3 000万元，纳税计算如下：

B公司应纳税额=3 000×25%=750（万元）

A公司应纳税额=10 000×25%=2 500（万元）

集团公司应纳税额合计=A公司应纳税额+B公司应纳税额=750+2 500=3 250（万元）

通过计算比较可以看出，在长期亏损情况下，运用分公司组织形式能更好地降低整体的税收成本。成立公司的目的是获得利润，如果公司长期亏损，在激烈的市场竞争中存续的可能性会很小。如果是暂时亏损（长期来看为营利状态），子公司具有独立法人地位，在公司经营的很多问题上具有更大的优势。如果有可能，集团公司可以考虑在有企业所得税税收优惠政策的地区成立子公司，如新疆、西藏等，可以适用西部地区鼓励类企业的优惠税率。

三、征收方式选择的筹划

企业所得税的征收方式有查账征收与核定征收。查账征收适用于财务会计核算规范的企业，将收入减成本、费用、税金、损失等内容之后的利润（或采用会计利润进行纳税调整）乘以适用税率，计算缴纳企业所得税。核定征收是指由于纳税人的会计账簿不健全、资料残缺难以查账，或者其他原因导致难以准确确定纳税人应纳税额，由税务机关采用合理的方法依法核定纳税人应纳税额的一种征收方式。核定征收可具体分为定额征收和核定应税所得率。如果是定额征收，企业无须计算应纳税额。

税法规定，纳税人有下列情形之一的，核定征收企业所得税：

（1）依照法律、行政法规的规定可以不设置账簿的；

（2）依照法律、行政法规的规定应当设置但未设置账簿的；

（3）擅自销毁账簿或者拒不提供纳税资料的；

（4）虽设置账簿，但账目混乱或者成本资料、收入凭证、费用凭证残缺不全，难以查账的；

（5）发生纳税义务，未按照规定的期限办理纳税申报，经税务机关责令限期申报，逾期仍不申报的；

（6）申报的计税依据明显偏低，又无正当理由的。

税务机关应根据纳税人的具体情况，对核定征收企业所得税的纳税人核定应税所得率或者核定应纳税额。有下列情形之一的，核定其应税所得率：

（1）能正确核算（查实）收入总额，但不能正确核算（查实）成本费用总额的，应纳税额=收入总额×应税所得率×适用税率；

（2）能正确核算（查实）成本费用总额，但不能正确核算（查实）收入总额的，应纳税额=成本费用支出额÷（1-应税所得率）×应税所得率×适用税率；

（3）通过合理方法，能计算和推定纳税人收入总额和成本费用总额的，应纳税额的计算比照前述情形。

税务机关采用下列方法核定征收企业所得税：

（1）参照当地同类行业或者类似行业中经营规模和收入水平相近的纳税人的税负水平核定；

（2）按照应税收入额或成本费用支出额定率核定；

（3）按照耗用的原材料、燃料、动力等推算或测算核定；

（4）按照其他合理方法核定。

采用一种方法不足以正确核定应纳税所得额或应纳税额的，可以同时采用两种以上方法核定。采用两种以上方法测算的应纳税额不一致时，可按测算的应纳税额从高核定。

【例4-3】A企业从事汽车零部件的生产销售，当年不含税销售收入为6 000万元，各项成本费用等支出为 2 700 万元，适用的企业所得税税率为 25%。试比较不同征收方式下的税负。

【解析】查账征收方式下：

A 企业当年应纳企业所得税税额=（6 000-2 700）×25%=825（万元）

核定征收方式下，如果税务机关按照 A 企业应税收入的 10% 核定征收企业所得税：

A 企业当年应纳企业所得税税额=6 000×10%×25%=150（万元）

本例中，核定征收税负较轻。在查账征收和核定征收方式下，税款的计算方式和计算结果有很大差异，其中备受关注的是核定征收的应税所得率，《核定征收企业所得税暂行办法》规定各行业应税所得率的范围为 3%~30%，各地具体的应税所得率也因地区差异等原因而不同。核定征收方式不仅简化了税款的征收管理，也在一定程度上减轻了企业的税收负担。查账征收和核定征收的区别主要在于适用条件和征收管理不同，具体表现在税款的计算缴纳上。

一般而言，如果企业是初创期企业或微利企业，实际盈利不多甚至亏损，那么只要账务属实，实际需要缴纳的税款可能比核定征收的税款低。一些特殊行业，比如餐饮、住宿、建筑、娱乐等，由于较难取得支出发票，相对而言，核定征收简单又划算。企业在设立之初就应权衡可能涉及的税种，测算出两种不同征收方式下的总体税负。

对于长年账面亏损的企业而言，核定征收方式并非好的选择，因为核定征收要求企业即使账面亏损，只要有收入就要缴纳企业所得税，所以无形中增大了企业的税负压力。在亏损情形下，企业应完善自身账务处理，进而达到查账征收的标准，以便减轻税负。对盈利企业而言，需要测算两种征收方式下的税负，进而作出选择。

【例 4-4】某地区建筑施工企业核定征收应税所得率为 8%，某项目本年 6 月不含税开票收入为 1 000 万元，核定征收和查账征收应缴纳企业所得税情况见表 4-2、表 4-3。试比较不同可扣除成本费用率下核定征收与查账征收的税负（不考虑小微企业税收优惠）。

表 4-2　　　　　　　　　　　**核定征收方式下企业所得税计算表**　　　　　　　　单位：万元

项目	可扣除成本费用率为 0	可扣除成本费用率为 30%	可扣除成本费用率为 60%	可扣除成本费用率为 90%
收入	1 000	1 000	1 000	1 000
成本	0	300	600	900
应纳税所得额	80	80	80	80
应纳企业所得税	20	20	20	20

表 4-3　　　　　　　　　　　**查账征收方式下企业所得税计算表**　　　　　　　　单位：万元

项目	可扣除成本费用率为 0	可扣除成本费用率为 30%	可扣除成本用率为 60%	可扣除成本费用率为 90%
收入	1 000	1 000	1 000	1 000
成本	0	300	600	900
应纳税所得额	1 000	700	400	100
应纳企业所得税	250	175	100	25

【解析】从表4-2可以看出，采用核定征收方式，影响企业所得税的主要因素是收入额与应税所得率，与可扣除的成本费用没有关系。从表4-3可知，采用查账征收方式，是根据企业实际经营情况征收，即使可扣除成本费用率达90%，应纳企业所得税仍比核定征收方式高。

虽然核定征收相对来说更加节税，但是近年来，核定征收政策有所收紧。核定征收是一种粗放的管理方式，原本是惩罚性措施，但在实务中逐渐成为一种变相的"税收优惠"。现实中的核定征收存在较大管理风险，容易造成税款流失，主要原因有三个：其一，核定征收企业发生大额股权转让或财产转让，无论产生多少所得，都只能按照该行业的应税所得率征收，容易导致税款流失。其二，核定征收企业主营项目确定有误，或主营业务发生重大变化未及时向税务机关申报调整，会导致核定的应税所得率低于行业下限，进而导致税款流失。其三，核定征收税款少于按会计利润计算的应纳所得税税款，容易导致税款流失。

另外，核定征收容易造成下游企业税源流失，主要途径有两个：第一，定额征收企业在定额范围内代开、虚开发票的，会造成受票企业少缴纳增值税或企业所得税等税款。第二，定率征收企业由于实际税负低，承担少量税款而开具大量发票，下游企业取得成本费用类发票后可以进行税前扣除，会导致企业所得税应纳税所得额减少，造成企业所得税流失。核定征收的另一个缺陷是容易造成上游企业税款流失。无论是定率征收的企业，还是定额征收的企业，大多按收入核定，没有成本费用类的发票也不影响企业所得税的计算，因此，这类企业可能不向上游企业索取发票，导致上游企业隐匿收入，进而少缴纳增值税或企业所得税等税款。

核定征收流于形式，核定的税额未能反映企业的实际纳税能力，容易造成国家税源损失，滋生税收腐败等问题。随着税收征管现代化的不断推进，征管部门将逐步取消核定征收方式，减少税源损失，保证税收公平。未来纳税人采用核定征收进行税收筹划的空间会大大压缩，查账征收将成为主流且固定的征收方式。

第二节 企业收入项目的税收筹划

企业所得税的计税依据为应纳税所得额，应纳税所得额是企业每一纳税年度的收入总额减除不征税收入、免税收入、各项扣除以及允许弥补的以前年度亏损后的余额。企业的收入总额包括货币形式与非货币形式的各类收入，具体有销售货物收入、劳务收入、财产转让收入、股息收入、利息收入、租金收入、特许权使用费收入、接受捐赠收入、其他收入等。常见的筹划思路是合理、合法地压缩应税收入总额或推迟应税收入的确认时间，降低企业所得税税负。

一、一般收入的筹划

（一）熟悉收入确认条件，避免提前确认收入

现行税法规定，商品销售收入的确认原则为：除《企业所得税法》及其实施条例另有规定外，企业销售收入的确认必须遵循权责发生制原则和实质重于形式原则。纳税人销售

商品，必须同时满足下列条件，才需要确认收入实现：

（1）商品销售合同已经签订，企业已将与商品所有权相关的主要风险和报酬转移给购货方；

（2）企业对已售出的商品既没有保留通常与所有权相联系的继续管理权，也没有实施有效控制；

（3）收入的金额能够可靠地计量；

（4）已发生或将发生的销售方的成本能够可靠地核算。

如果购销双方约定收到货物后再付款，那么供货方也应将约定写入合同，同时在购销合同中明确规定商品的所有权、商品的控制权转移的时间，这可以达到延迟确认收入的目的。对于供货方而言，尽管相关票据（包括发票、提货单等）已经给了对方，但是只要商品的主要风险还没有转移，就可以不确认收入。

（二）掌握收入确认时间，合理延迟确认收入

现行税法对应税收入的确认时间作出了比较详细的规定。比如对于利息、租金、特许权使用费收入，应当按照合同约定的债务人、承租人、特许权使用人应付利息、租金、特许权使用费的日期确认收入的实现；销售商品需要安装和检验的，在购买方接受商品以及安装和检验完毕时确认收入，如果安装程序比较简单，可在发出商品时确认收入；销售商品采用支付手续费方式委托代销的，在收到代销清单时确认收入；对于艺术表演、招待宴会和其他特殊活动的收费，凡收费涉及几项活动的，预收的款项应合理分配给每项活动，分别确认收入；对于收取的会员费，凡申请入会或成为会员后，会员在会员期内不再付费就可得到各种服务或商品，或者以低于非会员的价格获取商品或服务的，该会员费应在整个受益期内分期确认收入。

根据现行税收法律法规对收入确认时间的规定，纳税人可以从以下几个方面开展筹划：对于租金收入，应当采取预收方式，并尽可能在合同上约定以每月（季、年）初的某个时间为应收租金日期，进而延迟收入的确认；对于需要安装或者检验的商品，应当在合同中明确规定相关收入在安装与检验后确认；对于会员费收入，应当尽量与后续的服务发生关联，特别是在合同中约定会员费与以后的服务相关。这些都可以在一定程度上延迟收入确认。

（三）灵活权衡收入确认，争取更大的收益

在特定情形下，减少或者延迟企业所得税应税收入获得的税收筹划收益可能十分有限。若企业有亏损尚未弥补，且已到第五年，则提前确认收入、增加当期收益可能更为有利。按照《企业所得税法》的规定，大多数企业只有5年亏损弥补期限，提前确认收入可以使亏损尽数得到弥补。

【例4-5】芬来公司本年1月将闲置的设备出租给华升公司，合同约定租期为4年，租金为每年100万元，并在设备交付时一次性收取400万元租金。截至本年12月31日，芬来公司账上仍有320万元亏损没有弥补完（已到弥补期第五年），芬来公司应如何确认租金收入才能节税？

【解析】《关于贯彻落实企业所得税法若干税收问题的通知》（国税函〔2010〕79号）第一条规定，企业提供固定资产、包装物或者其他有形资产的使用权取得的租金收入，如果交易合同或协议中规定租赁期限跨年度，且租金提前一次性支付，根据收入与费用配比

原则，出租人可将上述已确认的收入，在租赁期内，分期均匀计入相关年度收入。

《企业所得税法实施条例》规定，《企业所得税法》所称租金收入，是指企业提供固定资产、包装物或者其他有形资产的使用权取得的收入。租金收入按照合同约定的承租人应付租金的日期确认收入的实现。

根据以上规定，芬来公司一次性收取承租人的租金收入，可以按照合同约定的承租人应付租金的日期确认收入的实现，也可以在租赁期内分期均匀计入相关年度收入。考虑到芬来公司账上还有320万元亏损没有弥补完，应该选择按照合同约定的承租人应付租金的日期确认收入的实现，即在设备交付时，将400万元租金一次性在本年度确认收入。这样就可以弥补芬来公司320万元的亏损，实际上只有80万元（400-320）收入在本年度缴纳企业所得税。

在大多数情况下，推迟应税收入的确认可以使纳税人获得延迟纳税的好处，特别是获得资金的时间价值，但是当企业需要尽快弥补亏损或处于税收优惠期时，从整体来看，提前确认收入更为有利。

【例4-6】某增值税一般纳税人企业采用赊销方式，将某年12月份发生的销售业务以书面合同的形式约定收款日期推迟1个月，即延迟到下一纳税年度的1月份，延迟实现的应税收入为100万元（不含增值税）。假设资金的时间价值为年利率10%，与该收入对应的产品成本为80万元。试分析推迟确认收入的利弊。

【解析】纳税人由于延迟了应税收入的实现，原本应于当年12月份缴纳的增值税延迟到次年的1月份，原本应于当年缴纳的企业所得税延迟到次年第一季度（假设企业所得税按季度预缴），相当于企业获得了1个月增值税税款和1个季度企业所得税税款的时间价值。

总筹划收益=100×13%×10%÷12+（100-80）×25%×10%×3÷12=0.23（万元）

但纳税人很难从上述税收筹划中得到收益，原因有两点：

第一，赊销和分期收款在本质上就是将自己的资金无偿地借与他人使用，对销售者而言，所付出的是资金的时间价值。纳税人"借"与他人使用的资金为113万元（含增值税），使用时间为1个月。

纳税人为此付出的资金时间价值=100×（1+13%）×10%÷12=0.94（万元）

纳税人为进行税收筹划所付出的成本是0.94万元，而得到的税收筹划收益只有0.23万元，成本与收益之间的差额为0.71万元（0.94-0.23），也就意味着企业损失了0.71万元。如果考虑现实生活的复杂性，纳税人实际付出的税收筹划成本要远远高于0.94万元。纳税人采取赊销和分期收款方式销售商品，意味着纳税人将增加应收账款，而应收账款的增加意味着纳税人必须增加应收账款的管理成本；应收账款增加之后，坏账损失增加的可能性也随之提高，甚至会发生应收账款无法收回的情况。

第二，任何一家企业都是以持续经营为基本假设的，税收筹划也应当以这种假设为前提。按照持续经营假设，企业采取赊销和分期收款等方式以延迟应税收入确认应当是一贯的，如果本月采取了赊销方式，那么下月还会采取赊销方式。企业每个月都采取赊销方式进行税收筹划，延迟实现的应税收入为100万元，上月延迟的收入成为本月的应税收入，本月延迟的收入成为下月的应税收入。企业始终被对方占用资金并不是明智的经营策略，因此延迟确认收入有时未必会给纳税人带来实际收益。

二、不征税收入的筹划

不征税收入是指税法规定不纳入征税范围的收入，在计算应纳税所得额时准予从收入总额中扣除。不征税收入包括：财政拨款；依法收取并纳入财政管理的行政事业性收费、政府性基金；国务院规定的其他不征税收入。

《关于进一步鼓励软件产业和集成电路产业发展企业所得税政策的通知》（财税〔2012〕27号）第五条规定，符合条件的软件企业按照财税〔2011〕100号文件的规定取得的即征即退增值税税款，由企业专项用于软件产品研发和扩大再生产并单独进行核算，可以作为不征税收入，在计算应纳税所得额时从收入总额中减除。

根据上述规定，增值税一般纳税人销售其自行开发生产的软件产品，按13%的税率征收增值税后，对其增值税实际税负超过3%的部分实行即征即退政策。软件生产企业享受增值税即征即退政策，所退还的税款可以按不征税收入处理，但是企业的不征税收入用于支出所形成的费用不得在计算应纳税所得额时扣除；企业的不征税收入用于支出所形成的资产，其计算的折旧、摊销不得在计算应纳税所得额时扣除。即征即退的增值税"可以作为不征税收入"，若企业作为不征税收入，则其相应的支出也不能扣除。如果将其用于研发费用开支，则不能享受加计扣除。在这种情况下，即征即退的增值税如果作为应税收入处理，则会获得更多的税前扣除。

三、免税收入的筹划

免税收入属于企业所得税征税范围，但由于税收优惠而免于征收企业所得税。免税收入包括：国债利息收入；符合条件的居民企业之间的股息、红利等权益性投资收益；在中国境内设立机构、场所的非居民企业从居民企业取得与该机构、场所有实际联系的股息、红利等权益性投资收益；符合条件的非营利组织的收入。

【例4-7】某企业用100万元资金进行债券投资，有两个方案可以选择：方案一，购买票面年利率为4.60%的企业债券；方案二，购买年利率为3.80%的国债。该企业适用的所得税税率是25%，不考虑其他因素，仅从税后收益角度考虑，该企业应该怎样选择？

【解析】方案一：

利息收入=100×4.60%=4.60（万元）

税后收益=4.60×（1-25%）=3.45（万元）

方案二：

利息收入=100×3.80%=3.80（万元）

由于国债利息属于免税收入，所以税后收益仍为3.80万元。

对比之下，购买国债比购买企业债券的税后收益多0.35万元（3.80-3.45）。企业债券利率虽然高于国债利率，但是由于国债利息免税，投资国债的税后收益高于投资企业债券。

【例4-8】A公司拥有B公司100%的股权，初始投资成本为1 000万元。B公司截至本年6月底的账面净资产为2 000万元，其中注册资本1 000万元、盈余公积300万元、未分配利润700万元。现A公司按2 200万元将B公司出售给境内C公司，应如何进行税收筹划以减轻企业的所得税税负？

【解析】税法规定，转让股权收入扣除为取得该股权所发生的成本后，为股权转让所得。企业在计算股权转让所得时，不得扣除被投资企业未分配利润等股东留存收益中按该股权可能分配的金额。基于这一规定的筹划思路是：如果股东是法人，可以先对留存收益进行分配，降低净资产，然后再转让，从而降低应纳税所得额，进而减少企业所得税应纳税额。

由于留存收益包括未分配利润和盈余公积两部分，上述盈余公积300万元与未分配利润700万元不得扣减，那么，A公司应确认的财产转让所得是1 200万元（2 200-1 000），而不是200万元（2 200-1000-300-700），企业转让股权所得应缴纳的企业所得税为300万元（1 200×25%）。

上述股权转让产生了重复征税问题。盈余公积300万元、未分配利润700万元属于税后收益，已经缴纳了企业所得税；A公司转让股权时，确认了股权转让所得，并将其计入应纳税所得额，故对该部分重复征收企业所得税。如果A企业先将未分配利润700万元以股息形式分回，则符合条件的居民企业之间的股息、红利收入为免税收入。A公司再以1 500万元的价格转让，则股权转让所得为500万元（1 500-1 000），转让所得应缴纳的企业所得税为125万元（500×25%），与之前相比，减少了175万元（300-125）。

【例4-9】A公司由甲、乙两个法人股东（均为居民企业）于当年年初出资1 000万元设立，甲的出资比例为32%，乙的出资比例为68%。假定4年后的6月30日，A公司所有者权益总额为8 000万元，其中实收资本为1 000万元、盈余公积为1 200万元、未分配利润为5 800万元。甲欲将自己的股权转让出去，请对这一业务进行税收筹划。

【解析】方案一，甲与丙个人签订股权转让协议，甲将其持有的A公司32%的股权全部转让给丙，协议约定甲、丙按该股权的公允价值2 800万元转让。

甲应纳税所得额=2 800-1 000×32%=2 480（万元）

应纳企业所得税税额=2 480×25%=620（万元）

方案二，如果甲、乙达成协议，甲先按公司法的规定程序撤出自己出资的部分，从A公司获得2 800万元的补偿，然后再由丙与A公司签订增资协议，由丙出资2 800万元，其占A公司注册资本的32%。

《关于企业所得税若干问题的公告》（国家税务总局公告2011年第34号）规定，企业撤资取得的资产中，相当于初始出资的部分，应确认为投资收回；相当于被投资企业累计未分配利润和累计盈余公积按减少实收资本比例计算的部分，应确认为股息所得；其余部分应确认为投资资产转让所得。甲因为撤资收回的2 800万元补偿中，320万元（初始投资1 000×32%）属于投资收回，不缴纳企业所得税。按撤资比例32%计算的应享有A公司的累计未分配利润和盈余公积为2 240万元［（5 800+1 200）×32%］，这部分应确认为股息所得，按规定可以作为免税收入。

投资资产转让所得=2 800-320-2 240=240（万元）

应纳企业所得税税额=240×25%=60（万元）

丙的出资行为除增资应交印花税外，不涉及其他税收问题。

上述股权变动的两种形式，其最终结果一样，但税务处理方式大不一样。A公司通过变"股权转让"为"先撤资再增资"，方案二比方案一节约税收560万元（620-60）。

方案三，假设甲、丙为关联方，甲的股权转让协议价以及甲的撤资补偿和丙的出资均按甲持有 A 公司股权的账面净资产份额 2 560 万元确定（不按 2 800 万元确定）。那么，甲因撤资从 A 公司得到的补偿应全部确认为投资收回和股息所得，其中投资收回 320 万元、股息所得 2 240 万元，因无应税所得，也无须缴纳企业所得税。

在不存在纳税调整的情况下，如果甲与丙为非关联方，可选择方案二；如果甲与丙为关联方，可选择方案三。

第三节 企业扣除项目的税收筹划

企业所得税的扣除项目包括成本、费用、税金与损失。在扣除项目方面，税法与会计处理存在部分差异，这些差异为企业进行税收筹划提供了空间。例如，企业的业务招待费、广告费与业务宣传费有一定的扣除标准，超出标准将导致纳税调增，加重企业的税负。为此，企业应当在扣除标准范围内，通过规范的财务核算，合理分解相关费用，实现税前最大扣除。

一、成本、费用的筹划

成本、费用的筹划通常要借助会计核算，主要利用账务处理的变通性来达到节税目的。在现实生活中，同一经济事项有时存在不同的会计处理方法，且这些会计处理并不违背会计准则与税法的规定，但对企业所得税会产生不同的影响。

（一）存货计价方式的筹划

根据企业会计准则的规定，企业可以采用的发出存货成本计价方法包括先进先出法、移动加权平均法、月末一次加权平均法和个别计价法。存货是指企业在生产经营过程中为销售或者耗用而储存的各种资产，如商品、产成品、半成品以及各类材料、燃料、包装物、低值易耗品等。存货是资产负债表中的重要项目，也是用来确定利润表中主营业务成本的重要依据。

在价格平稳或者价格波动不大时，存货计价方法对成本的影响不显著，但是当价格大幅波动时，存货计价方法对成本的影响就较为显著。不同的计价方法对存货的期末库存成本、销售成本的影响不同，继而影响当期应纳税所得额的大小。纳税人可以采用不同的计价方法对发出存货的成本进行筹划。本期销售成本的计算公式为：

本期销售成本=期初存货成本+本期购入存货成本-期末存货成本

由上述公式可知，期末存货成本恰好与销售成本反方向变化。多计提本期期末存货成本，必然会降低本期销货成本，增加本期收益。此外，多计提本期期末存货成本，又会增加下期期初存货成本，从而使下期销货成本提高，降低下期的收益。由于存货成本计价对企业收益和应纳税所得额均有直接影响，因此，企业在选择存货计价方法时，可根据企业战略与税负轻重自行权衡。

【例 4-10】某企业本年购进原材料 3 批：5 月购进 1 万吨，售价为 1 000 元/吨；7 月购进 2 万吨，售价为 1 200 元/吨；12 月购进 1 万吨，售价为 1 400 元/吨。本年领用材料 1 万吨，加工后出售，每吨 2 000 元；支付其他费用每吨 500 元。该企业适用的企业所得税税率为 25%。试比较先进先出法与加权平均法下的企业所得税税负，并基于税负最小化作出选择（不考虑其他税费，假定企业利润为应纳税所得额）。

【解析】方案一，采用先进先出法。

企业利润=2 000-1 000-500=500（万元）

应纳税额=500×25%=125（万元）

方案二，采用加权平均法。

材料单价=（1 000+2 400+1 400）÷4=1 200（万元）

企业利润=2 000-1 200-500=300（万元）

应纳税额=300×25%=75（万元）

方案二比方案一少缴企业所得税50万元（125-75），应采用方案二。

当物价上涨时，采用月末一次加权平均法计算的期末存货价值最低，销售成本最高，可将部分利润递延至次年，以延缓纳税；当物价下降时，采取先进先出法计算的期末存货价值最低，同样可以达到延缓纳税的目的。

当物价上涨时，若企业处于所得税免税期，企业获得的利润越多，其得到的免税额就越大，企业可以选择先进先出法计算存货期末价值，以减少当期成本、费用的摊入，增加当期利润；相反，若企业处于正常征税期间，就可以选择月末一次加权平均法，增加当期摊入的成本、费用，以减少利润、降低应纳税所得额。

处于不同盈亏状态的企业应选择不同的计价方法：第一，盈利企业由于存货成本可最大限度地在本期应纳税所得额中税前扣除，应选择使本期成本最大的计价方法。第二，亏损企业选择计价方法时，应与亏损弥补情况相结合，需考虑亏损弥补年限，可通过存货计价方法来调节利润，在亏损弥补年限内将企业的亏损尽数弥补。换言之，必要且符合规定时，企业可推迟成本确认，进而在以后年度进行扣除，确保成本的抵税效果得到最大程度的发挥。

（二）业务招待费、广告费和业务宣传费的筹划

业务招待费、广告费和业务宣传费作为期间费用的筹划原理是：在遵循税法与企业会计准则的前提下，应尽可能增加据实扣除的金额，对于有扣除标准的费用，应该用足标准，直到达到规定的上限。由于存在扣除比例限制，因此，最大限度地利用扣除比例可以增加企业所得税税前扣除。

1.业务招待费的转换

考虑到商业招待和个人消费之间难以区分，为了加强管理，同时借鉴国际经验，企业发生的与生产经营活动有关的业务招待费支出，按照发生额的60%扣除，但最高不得超过当年销售（营业）收入的5‰，超过列支标准的部分需要调增应纳税所得额。在核算业务招待费时，企业除了应将会务费（会议费）、差旅费等项目与业务招待费严格区分外，还应当将业务招待费和业务宣传费分开核算，并通过两者之间的合理转换进行税收筹划。

比如，可以将若干次餐饮招待改为赠送礼品，用于宣传。企业可以通过财务处理，合理核算业务招待费、会议费、广告费与业务宣传费，将部分业务招待费转换为会议费、广告费或业务宣传费，以增加税前扣除。广告费与业务宣传费的扣除标准是不超过当年销售（营业）收入的15%，在税收筹划中可以充分利用这一规定。假如某公司的业务招待费中有一笔100万元的支出，用于为客户购买礼物，维护、促进客户关系，如果向客户赠送的礼物上印有本企业标识或者本企业产品的名称，就可以合理地把这部分礼品支出列入业务

宣传费和广告费中。如果广告费和业务宣传费较少，且没有超过销售（营业）收入的15%，则可以全额在税前扣除。

2.通过设立销售公司增加费用扣除

业务招待费、广告费和业务宣传费均以销售（营业）收入为基数，按照一定标准进行扣除。如果将集团公司的销售部门设立成一个独立核算的销售公司，将集团公司的产品销售给销售公司，再由销售公司对外销售，可增加一道销售收入，且在整个集团公司的利润总额未发生大的改变的前提下，可以增加税前扣除。

【例4-11】A企业当年实现销售收入10 000万元，当年发生业务招待费60万元、广告费1 500万元、业务宣传费50万元，税前利润为200万元。试比较以下方案，并作出选择：方案一，未进行税收筹划。方案二，A企业设立一个独立核算的销售企业B，A企业的产品以9 000万元的价格销售给B企业，B企业以10 000万元的价格对外销售。A企业与B企业发生的业务招待费分别为45万元和15万元，广告费分别为1 000万元和500万元，业务宣传费分别为35万元和15万元。

【解析】方案一：

业务招待费税前扣除限额（1）=60×60%=36（万元）

业务招待费税前扣除限额（2）=10 000×0.5%=50（万元）

业务招待费不得税前扣除额=60-36=24（万元）

广告费和业务宣传费不得税前扣除额=（1 500+50）-10 000×15%=50（万元）

应调增应纳税所得额=24+50=74（万元）

方案二：

A企业业务招待费扣除限额（1）=45×60%=27（万元）

A企业业务招待费扣除限额（2）=9 000×0.5%=45（万元）

A企业业务招待费不得税前扣除额=45-27=18（万元）

A企业广告费和业务宣传费扣除限额=9 000×15%=1 350（万元）

广告费和业务宣传费实际发生额可在税前全额扣除。

A企业应调增应纳税所得额=18万元

B企业业务招待费扣除限额（1）=15×60%=9（万元）

B企业业务招待费扣除限额（2）=10 000×0.5%=50（万元）

B企业业务招待费不得税前扣除额=15-9=6（万元）

B企业广告费和业务宣传费扣除限额=10 000×15%=1 500（万元）

广告费和业务宣传费实际发生额可在税前全额扣除。

B企业应调增应纳税所得额=6万元

筹划后共调增应纳税所得额=18+6=24（万元）

可以节省企业所得税应纳税额=（74-24）×25%=12.5（万元）

方案二比方案一节税12.5万元，应选择方案二。值得一提的是，设立独立核算的销售公司，除了可以获得节税收益外，对于扩大整个集团公司的产品销售市场、规范销售管理均有重要意义，但也会因此增加一些管理成本。纳税人应根据企业规模以及产品的具体特点，兼顾成本与收益，从长远利益考虑，决定是否设立独立的销售公司。

3.合理分解业务招待费

在核算业务招待费时，企业应将会务费（会议费）、差旅费等项目与业务招待费等分开处理，不宜将会务费、差旅费等计入业务招待费；否则，会对企业产生不利影响。纳税人发生的与其经营活动有关的合理的差旅费、会务费（会议费）等，只要能够提供真实的合法凭证，均可以税前全额扣除，不受比例的限制；而凭证不全的会务费（会议费）只能算作业务招待费。例如发生会务费时，按照规定应该有详细的会议签到簿、召开会议的文件；否则，不能证实会议费的真实性，不得税前扣除。同时，企业不能故意将业务招待费混入会务费、差旅费中核算；否则，就属于逃避缴纳税款。

由于业务招待费的扣除受双重标准限制，应对业务招待费进行规范的会计核算。具体筹划思路如下：因开展业务需要招待客户就餐，会计核算上应将其餐费列为"招待费"；员工在食堂就餐、活动聚餐、加班聚餐，会计核算上应将其餐费列为"职工福利费"；员工出差就餐，在标准内的餐费，会计核算上应列为"差旅费"；企业组织员工进行职业培训，培训期间就餐，会计核算上应将其餐费列为"职工教育经费"；企业在酒店召开会议，会议期间就餐，会计核算上应将其餐费列为"会议费"；企业筹建期间发生的餐费，会计核算上应列为"开办费"；以现金形式发放的员工餐费补贴，会计核算上应列为"工资、薪金"；企业召开董事会，董事会期间发生的餐费，会计核算上应列为"董事会费"；工会组织员工开展活动，活动期间发生的餐费，会计核算上应列为"工会经费"。经过以上操作，就能对业务招待费进行合理的分解。

（三）利息费用的筹划

纳税人在生产经营活动中发生的合理的不需要资本化的借款费用，准予扣除。纳税人购置、建造固定资产和无形资产等，在购置、建造期间的借款费用应作为资本性支出计入有关资产的成本，而不能作为费用于税前列支；对于超出列支标准的利息费用，也不能在税前扣除。根据《企业所得税法实施条例》的规定，企业在生产经营活动中发生的下列利息支出，准予扣除：一是非金融企业向金融企业借款的利息支出、金融企业的各项存款利息支出和同业拆借利息支出、企业经批准发行债券的利息支出；二是非金融企业向非金融企业借款的利息支出，不超过按照金融企业同期同类贷款利率计算的数额部分。因此，企业需要筹集资金时，应尽量向金融机构借款或者通过金融机构发行债券筹资，避免高息借款，以便支付的利息费用可以足额据实在税前扣除。

企业在生产经营过程中，由于扩大再生产需要融资，如果向企业内部员工融资，而企业支付给员工的利息高于同期同类贷款利率，超过同期同类贷款利率的部分不能在企业所得税前扣除，那么，企业可以按同期同类贷款利率支付利息，超过部分通过奖金的形式支付给员工，作为员工对企业作出特殊贡献的奖励。此外，需要注意利息支出税前扣除的合法凭证问题，未按规定取得合法有效凭据的，不得在税前扣除。企业向自然人借款其支出应真实、合法、有效，借出方个人应按规定缴纳相关税费，并开具相应发票，支出利息方应取得相应发票才可以在税前扣除。

【例4-12】某企业现有员工200人，人均月工资为6 000元（每月扣除基本费用5 000元、专项扣除、专项附加扣除后，无须缴纳个人所得税）。该企业当年向员工每人集资16万元，年利率为8%，同期同类银行贷款利率为5%。当年利润表上的利润总额为700万元（假设无其他纳税调整项目）。试比较以下方案，并作出选择：方案一，由于集资利率超过同期同类银行贷款利率，超支利息应进行纳税调增；方案二，该企业向员工集资的名义利率降低3%，再通过提高集资员工个人工资或奖金的方式弥补降低利率造成的利息损失。

【解析】方案一，未筹划。

超支利息应调增应纳税所得额=16×200×（8%-5%）=96（万元）

该企业应纳企业所得税=（700+96）×25%=199（万元）

应代扣代缴个人所得税=16×200×8%×20%=51.2（万元）

方案二，该企业向员工集资的名义利率为5%，未超过同期同类银行贷款利率。减少的96万元利息可按人按月分摊，每人每月增加工资或奖金400元（960 000÷200÷12），增加后员工人均月工资达到6 400元（每月扣除基本费用5 000元、专项扣除、专项附加扣除后，仍然无须缴纳个人所得税）。经过税收筹划，合理的工资、薪金可以在税前扣除，企业所得税应纳税所得额减少96万元，应纳税额减少24万元（96×25%），代扣代缴个人所得税减少19.2万元［16×200×（8%-5%）×20%］，每个职工每月平均应纳税额减少80元［192 000÷（200×12）］。

（四）劳务派遣人员工资支付的筹划

劳务派遣人员工资支付的相关政策如下：按照协议（合同）的约定直接支付给劳务派遣公司的费用，应作为劳务费支出；直接支付给员工个人的费用，应作为工资、薪金支出和职工福利费支出（按工资总额的14%扣除）。其中，属于工资、薪金支出的费用，准予计入企业工资、薪金总额的基数，作为计算其他各项相关费用扣除的依据。工资、薪金支出可作为计算职工福利费、工会经费、职工教育经费扣除的依据。

根据《中华人民共和国劳动合同法》的规定，劳务派遣单位派遣劳动者，应当与接受以劳务派遣形式用工的单位（以下简称"用工单位"）订立劳务派遣协议。劳务派遣协议应当约定派遣岗位和人员数量、派遣期限、劳动报酬和社会保险费的数额与支付方式以及违反协议的责任。只要不是法律所限制或禁止的内容，当事人都可以自行约定，其中，劳动报酬的支付方式，法律没有限制或禁止性规定。也就是说，可以由派遣单位和用工单位自行约定，既可以支付给派遣单位，由其发放；也可以由用工单位代替派遣单位直接发放给劳动者。从税收筹划的角度来看，劳务派遣人员的工资由用工单位直接发放给劳动者，对用工单位有利，因为这样可以增加用工单位工资总额，进而增加职工福利费、工会经费、职工教育经费的扣除限额。

二、固定资产折旧的筹划

固定资产是指企业为生产产品、提供劳务、出租或者经营管理而持有的、使用时间超过12个月的非货币性资产，包括建筑物、机器、机械、运输工具以及其他与生产经营活动有关的设备、器具、工具等。企业应当自固定资产投入使用月份的次月起计提折旧；停止使用的固定资产，应当自停止使用月份的次月起停止计提折旧。企业应当根据固定资产的性质和使用情况，合理确定固定资产的预计净残值。固定资产的预计净残值一经确定，不得随意变更。固定资产价值通过折旧转移到成本、费用之中，折旧额的多少取决于固定资产的计价、折旧年限和折旧方法。

（一）固定资产计价的税收筹划

税法强调"竣工结算"（形式重于实质），会计强调"达到预定可使用状态"（实质重于形式），企业可利用"竣工结算"与"达到预定可使用状态"时点的不同进行税收筹划。一般而言，固定资产的总折旧额是固定的，如果会计核算与税务处理存在差异，前期调增应纳税所得额，后期就要调减。为避免财务核算工作量增大，应尽可能将两者的日期统一。

【例4-13】某公司自行建造一条生产线，于2024年12月20日达到预定可使用状态并交付使用，估计造价为1亿元。假定2025年该公司的税前利润为6 000万元，其中，税前已列支该条生产线的折旧费2 000万元，不考虑其他纳税调整事项。2025年12月10日，办理竣工结算，造价为9 800万元，采用直线法按5年计提折旧。试比较以下方案，并基于企业所得税税负最小化作出选择：方案一，按原定时间办理竣工结算；方案二，提前办理竣工结算。（未办理竣工决算的固定资产，如已达到预定可使用状态，应当计提折旧。）

【解析】方案一，税法规定，已达到预定可使用状态但尚未办理竣工结算的固定资产，按照估计价值确定其成本并计提折旧的，应进行纳税调整。

2025年应纳税所得额=6 000+2 000=8 000（万元）

应纳企业所得税税额=8 000×25%=2 000（万元）

方案二，如果该公司加强在建工程管理，提前做好竣工结算准备，于2025年1月20日办理完竣工结算手续，则：

2025年应纳税所得额=6 000+（10 000-9 800）÷5=6 040（万元）

应纳企业所得税税额=6 040×25%=1 510（万元）

方案二使该企业暂时少交企业所得税490万元（2 000-1 510），应选择方案二。

此外，按照企业会计准则的要求，外购固定资产成本主要包括购买价款、相关税费、使固定资产达到预定可使用状态前所发生的可归属于该项资产的运输费、装卸费、安装费和专业人员服务费等。按照税法的规定，购入的固定资产，按购入价加上发生的包装费、运杂费、安装费，以及缴纳的税金后的价值计价。由于折旧费用在未来较长时间内陆续计提，在企业持续盈利的前提下，为降低本期税负，新增固定资产的入账价值要尽可能低。

例如，对于成套固定资产，其易损件、小配件可以单独开票作为低值易耗品入账，因为低值易耗品在领用时可以一次或分次直接计入当期费用，可降低当期的应纳税所得额。对于在建工程，则要尽早转入固定资产，以便尽早提取折旧。如整体固定资产工期长，在完工部分已经投入使用时，对该部分最好分项决算，以便尽早计入固定资产。

（二）固定资产折旧年限的税收筹划

固定资产折旧年限取决于固定资产能够使用的年限，固定资产使用年限是一个估计的经验值，有一定弹性，因而为税收筹划提供了可能。除国务院财政、税务主管部门另有规定外，固定资产计算折旧的最低年限如下：房屋、建筑物，为20年；飞机、火车、轮船、机器、机械和其他生产设备，为10年；与生产经营活动有关的器具、工具、家具等，为5年；飞机、火车、轮船以外的运输工具，为4年；电子设备，为3年。

可以采取缩短折旧年限或者加速折旧方法的固定资产包括：由于技术进步，产品更新换代较快的固定资产；常年处于强震动、高腐蚀状态的固定资产。

如果企业过去没有使用过与某固定资产功能相同或类似的固定资产，但有充分的证据证明该固定资产的预计使用年限短于规定的计算折旧最低年限，企业可根据该固定资产的预计使用年限和相关规定，对该固定资产采取缩短折旧年限或者加速折旧方法。

如果企业享受开办初期的减免税或者在开办初期享受低税率照顾，购入的固定资产就不宜采用缩短折旧年限或加速折旧方法，以避免将折旧费用提前到免税期间或低税率期间实现，减少企业所享受的税收优惠待遇。

【例4-14】某价值1 000万元的机器设备，企业可以选择15年或10年作为折旧年限，假设市场年利率为10%，企业采取直线法计提折旧。基于资金时间价值考虑，如何选择可以节税（不考虑残值）？

【解析】方案一，机器设备折旧年限为15年。

每年提取的折旧额=1 000÷15=66.66（万元）

折旧年金现值系数为7.606，则：

全部折旧现值=66.66×7.606=507.02（万元）

方案二，机器设备折旧年限为10年。

每年提取的折旧额=1 000÷10=100（万元）

折旧年金现值系数为6.145，则：

全部折旧现值=100×6.145=614.50（万元）

10年折旧期比15年折旧期的折旧现值多107.48万元（614.50-507.02），方案二比方案一应纳税所得额现值少107.48万元，按25%的企业所得税税率来计算，选择10年计提折旧，应纳税额减少26.87万元（107.48×25%），应选择方案二。

【例4-15】某企业按规定可享受免征3年企业所得税的优惠待遇。该企业有一电子设备，价值700 000元，按规定其折旧年限为5~10年。试分析以下方案中不同折旧年限所产生的税收差异，并作出选择：方案一，按7年计提折旧；方案二，按10年计提折旧。

【解析】方案一，按7年计提折旧，年折旧为100 000元（假设设备无残值），扣除3年免税期，假定资金成本率为10%，适用企业所得税税率为25%，则该企业因折旧获得的税收收益现值为59 525元［100 000×（4.868-2.487）×25%］。利率为10%，7年和3年的年金现值系数分别为4.868和2.487。

方案二，按10年计提折旧，年折旧为70 000元（假设设备无残值），则该企业因折旧获得的税收收益现值为64 015元［70 000×（6.145-2.487）×25%］。利率为10%，10年和3年的年金现值系数分别为6.145和2.487。

方案二与方案一相比，因延长折旧年限多获得4 490元（64 015-59 525）的税收收益现值，应选择方案二。

（三）固定资产折旧方法的税收筹划

按照企业会计准则的规定，固定资产折旧的方法主要有平均年限法、工作量法等直线法，和双倍余额递减法、年数总和法等加速折旧法。不同的折旧方法对应纳税所得额的影响不同。虽然从整体上看，固定资产折旧的扣除不可能超过固定资产的价值本身，但对同一固定资产采用不同的折旧方法会使企业所得税税款提前或延迟实现，从而产生不同的货币时间价值。一般情况下，采用加速折旧方法，企业可以在计提折旧期间少缴企业所得税，也可以尽快收回资金，加速资金周转。同时，加速折旧可以起到推迟纳税和隐性减税的作用，相当于从国家取得了一笔无息贷款。

企业的固定资产由于技术进步等原因，确需加速折旧的，可以采取缩短折旧年限或者加速折旧的方法。如果缩短折旧年限，固定资产最低折旧年限不得低于"规定折旧年限"的60%；如果采用加速折旧方法，可以采取双倍余额递减法或者年数总和法。

【例4-16】某企业从事国家扶持的公共基础设施项目建设，拥有固定资产3 000万元，折旧年限为5年，净残值率为5%。假设在不考虑折旧的情况下，每年的应纳税所得额为6 000万元，企业所得税税率为25%。试分析不同固定资产折旧方案对税收的影响。

【解析】方案一，采用平均年限法。

第一年折旧额=3 000×（1-5%）÷5=570（万元）

应纳企业所得税税额=（6 000-570）×25%=1 357.50（万元）

第二年、第三年、第四年、第五年企业应纳企业所得税税额均为1 357.50万元。

方案二，采用年数总和法。

第一年折旧额=3 000×（1-5%）×5÷15=950（万元）

应纳企业所得税税额=（6 000-950）×25%=1 262.50（万元）

第二年折旧额=3 000×（1-5%）×4÷15=760（万元）

应纳企业所得税税额=（6 000-760）×25%=1 310（万元）

第三年折旧额=3 000×（1-5%）×3÷15=570（万元）

应纳企业所得税税额=（6 000-570）×25%=1 357.50（万元）

第四年折旧额=3 000×（1-5%）×2÷15=380（万元）

应纳企业所得税税额=（6 000-380）×25%=1 405（万元）

第五年折旧额=3 000×（1-5%）×1÷15=190（万元）

应纳企业所得税税额=（6 000-190）×25%=1 452.50（万元）

方案三，采用双倍余额递减法。

第一年折旧额=3 000×2÷5=1 200（万元）

应纳企业所得税税额=（6 000-1 200）×25%=1 200（万元）

第二年折旧额=（3 000-1 200）×2÷5=720（万元）

应纳企业所得税税额=（6 000-720）×25%=1 320（万元）

第三年折旧额=（3 000-1 200-720）×2÷5=432（万元）

应纳企业所得税税额=（6 000-432）×25%=1 392（万元）

第四年折旧额=（3 000-1 200-720-432-3 000×5%）÷2=249（万元）

应纳企业所得税税额=（6 000-249）×25%=1 437.75（万元）

第五年与第四年的应纳税额相同，均为1 437.75万元。

通过以上三个方案的比较可以看出，一般情况下，采用双倍余额递减法，固定资产前期折旧额大、应纳企业所得税少，后期折旧额小、应纳企业所得税多，相当于延期纳税。企业延期纳税实质上相当于获得了一笔无息贷款。但是，如果企业处于税收优惠期（如三免三减半），固定资产加速折旧的抵税作用会全部或部分地被减免优惠所抵消，这时企业应采用平均年限法。

三、固定资产大修理的筹划

固定资产的修理支出分为一般修理支出与大修理支出。固定资产一般修理支出可在发生当期直接扣除；固定资产大修理支出作为长期待摊费用，按照固定资产尚可使用年限分期摊销。

固定资产大修理支出，是指同时符合下列条件的支出：其一，修理支出达到取得固定资产时计税基础的50%以上；其二，修理后固定资产的使用年限延长2年以上。

固定资产大修理支出和一般修理支出的税务处理不同。合理安排固定资产修理支出应当考虑以下因素：

（1）支出金额。固定资产修理支出如果达到固定资产计税基础的50%以上，则不能在当期直接扣除，而是作为长期待摊费用处理。比如，固定资产原值为400万元，尚可使用年限为2年，维修费用为210万元，维修后可增加使用年限3年，就要作为长期待摊费用按照5年摊销。但是，如果按照资金状况安排3年的维修方案，每年发生的维修支出70万元，就可以作为一般修理支出在发生当期直接扣除。

（2）企业的盈亏情况。如果企业目前和未来一段时间均处于亏损状态，企业应考虑将支出资本化，增加固定资产的账面价值。固定资产按使用年限提取折旧在税前扣除，这样做可使税前扣除金额向以后年度递延，相当于平衡了企业各年度可扣除的费用。如果企业当前处于盈利状态，就应考虑将支出费用化，增加当期的税前扣除，以达到减少当期企业所得税的目的。

（3）生产经营的需要。固定资产修理支出金额和时间安排必须以生产经营的需要为依据，税收筹划方案以不影响企业的生产经营为前提。

【例4-17】某企业本年12月对一台生产设备进行大修理，当月完工。该生产设备的原值为600万元，已提足折旧，发生修理费用320万元。修理前该固定资产还可以使用2年，维修后使用寿命延长了3年，仍用于原用途。该企业当年实现其他税前会计利润240万元（不包括修理事项），无其他纳税调整事项。试比较以下方案，并基于企业所得税税负最小化作出选择：方案一，未做税收筹划；方案二，分两期完成维修，第一期维修工程本年完工，第二期维修工程次年完工。

【解析】方案一，本年发生的固定资产修理支出达到固定资产原值的50%以上，修理后该生产设备的使用年限延长了2年以上，应将其视为固定资产大修理支出，不可以在当期直接扣除，应按照尚可使用年限分5年摊销。

本年应纳税额=240×25%=60（万元）

方案二，如果按照合理的预算规划和进度安排，该生产设备的修理可以分为两期进行：第一期维修工程在本年12月完工，维修费用为240万元；第二期维修工程于次年6月完工，维修费用为80万元。其他条件不变。本年发生的固定资产修理支出可以在当期直接扣除。本年应纳税所得额为0（240-240），应纳企业所得税为0。次年应纳税所得额减少80万元。

比较两个方案，应选择方案二，将固定资产修理支出合理费用化，增加当期的税前扣除，以达到减少当期企业所得税的目的。

四、资产损失税前扣除的筹划

（一）资产损失发生时应及时进行处置

《企业资产损失税前扣除管理办法》规定，企业发生的资产损失，应在按税收规定实际确认或者实际发生的当年申报扣除，不得提前或推迟扣除。因各类原因导致资产损失未能在发生当年准确计算并按期扣除的，经税务机关批准后，可追补确认在损失发生的年度税前扣除，并相应调整该资产损失发生年度的应纳所得税税额。调整后计算的多缴税额，应按照有关规定予以退税，或者抵顶企业当期应纳税款。依照此规定，如果纳税人存在资产损失，应及时进行处置。

（二）申报资产损失宜提前，确认补偿收益可在后

财政部、国家税务总局《关于企业资产损失税前扣除政策的通知》（财税〔2009〕57

号）规定，企业在计算应纳税所得额时已经扣除的资产损失，在以后纳税年度全部或者部分收回时，其收回部分应当作为收入计入收回当期的应纳税所得额。纳税人在发生资产损失时，虽然预计可能在以后纳税期内收到赔偿或者补偿，但可能性较小时，可以先按照《企业资产损失税前扣除管理办法》的规定对有关资产损失进行税前扣除，在实际收到赔偿或者补偿时再确认为收入或者所得计算缴纳企业所得税，进而获取资金时间价值。

（三）采用内部证据，节约鉴定成本

对企业扣除的各项资产损失，应当提供能够证明资产损失确已实际发生的合法证据，包括具有法律效力的外部证据、具有法定资质的中介机构的经济鉴证证明、具有法定资质的专业机构的技术鉴定证明等。企业实际发生的资产损失按税务管理方式的不同，可分为自行计算扣除的资产损失和需经税务机关审批后才能扣除的资产损失。

企业发生的属于由企业自行计算扣除的资产损失，应按企业内部管理控制的要求，做好资产损失的确认工作，并保留有关资产会计核算资料和原始凭证及内部审批证明等证据，以备税务机关日常检查。企业按规定向税务机关报送资产损失税前扣除申请时，应提供能够证明资产损失确已实际发生的合法证据，包括具有法律效力的外部证据和特定事项的企业内部证据。特定事项的企业内部证据是指会计核算制度健全、内部控制制度完善的企业，对各项资产发生毁损、报废、盘亏、死亡、变质等内部证明或承担责任的声明。

对于符合条件的大中型企业而言，如果发生某些资产损失，可以用内部证明作为认定证据，而无须再提请有关会计师事务所、税务师事务所等中介机构出具经济鉴证证明。对企业来说，这可以减少鉴定费用，进而节约涉税成本。企业可以按照规定进行处理，由本企业出具有关资产损失的评估报告、会计核算有关资料、原始凭证、资产盘点表、相关经济行为的业务合同、企业内部核批文件及有关情况说明，同时向税务机关出具法定代表人、企业负责人和企业财务负责人对该事项真实性承担税收法律责任的声明，然后企业就完成资产损失报批的申请程序了。

五、企业公益性捐赠的筹划

捐赠虽是一种支出，但捐赠时机选择得好，则相当于为企业做广告，并且这种广告特别有利于企业树立良好的社会形象。因此，大企业往往利用捐赠获得节税和做广告的双重收益。企业公益性捐赠一般作为营业外支出在税前扣除。公益性捐赠是指企业通过公益性社会组织或者县级以上人民政府及其部门，向教育、民政等公益事业和遭受自然灾害地区、贫困地区的捐赠。纳税人直接向受赠人的捐赠不允许扣除。《企业所得税法》规定，公益性捐赠支出在年度利润总额12%以内的部分，准予在计算应纳税所得额时扣除；超过年度利润总额12%的部分，准予结转以后3年内在计算应纳税所得额时扣除。

首先，要认清捐赠对象和捐赠中介，即企业应通过税法规定的社会团体和机关实施捐赠。其次，要注意捐赠限额，企业可根据自身的经济实力和发展战略，决定公益性捐赠的额度。从节税的角度考虑，一般不宜超过税前允许扣除的比例，即年度利润总额的12%。如果出于一些特殊原因，需要超过这一比例，也可以"先认捐，后支出"，即将超支部分的公益性捐赠支出安排到下一年度。企业当年可在扣除限额内，合理安排对外的捐赠支出，这既能抵减应纳税所得额，又能履行企业的社会责任，同时还能塑造企业乐善好施的形象。

捐赠额税前扣除限额=年度利润总额×12%，年度利润总额可分解为捐赠前利润总额和捐赠总额，捐赠额税前扣除限额=捐赠总额-捐赠纳税调增额，则（捐赠总额-捐赠纳税调增额）=（捐赠前利润总额-捐赠总额）×12%。通过转换，捐赠纳税调增额=捐赠总额×（1+12%）-捐赠前利润总额×12%。

从税收筹划的角度看，当捐赠纳税调增额=0时，捐赠额可全额扣除。那么，捐赠总额×（1+12%）-捐赠前利润总额×12%=0时，可全额扣除的捐赠额度=捐赠前利润总额×12%÷（1+12%）。

【例4-18】某集团公司决定通过本市民政部门向地震灾区捐款2 000万元。该集团下属企业中，只有甲、乙两家公司具备捐赠该项赈灾款项的经济实力。假定无论捐赠与否，或捐赠多少，甲、乙两家公司当年税前会计利润分别为10 000万元和8 000万元。如何进行捐赠，既能够实现捐赠2 000万元的目标，又能够减轻集团公司的企业所得税税负（假设除公益性捐赠之外，无其他纳税调整项目）？

【解析】方案一，由甲企业单独捐赠。

当年甲企业利润总额为10 000万元，利润总额12%以内的公益性捐赠可在当年计算应纳税所得额时扣除，准予扣除的金额为1 200万元（10 000×12%），其余部分不得扣除。

当年不准扣除金额=2 000-1 200=800（万元）

不准扣除的公益性捐赠为800万元，需要进行纳税调增。

由此增加的税收负担=800×25%=200（万元）

甲企业除捐赠2 000万元外，当年还要额外负担200万元的企业所得税。

方案二，由乙企业单独捐赠。

当年乙企业的利润总额为8 000万元，利润总额12%以内的公益性捐赠可在当年计算应纳税所得额时扣除，准予扣除的金额为960万元（8 000×12%），其余部分不得扣除。

当年不准扣除的金额=2 000-960=1 040（万元）

不准扣除的公益性捐赠为1 040万元，需要进行纳税调增。

由此增加的税收负担=1 040×25%=260（万元）

乙企业除捐赠2 000万元外，当年还要额外负担260万元的企业所得税。

方案三，由甲、乙两家企业共同捐赠。

（1）甲企业在准予扣除的范围内捐赠，其余部分由乙企业捐赠。

甲企业捐赠1 200万元，准予全额扣除，无须进行纳税调增。

乙企业捐赠800万元，准予扣除的金额为960万元，准予全额扣除，无须进行纳税调增。

甲、乙两家企业共同捐赠2 000万元，该集团公司无须进行纳税调增。

（2）乙企业在允许扣除的范围内捐赠，其余部分由甲企业捐赠。

乙企业捐赠960万元，准予扣除的金额为960万元，准予全额扣除，无须进行纳税调增。

甲企业捐赠1 040万元，准予扣除的金额为1 200万元，准予全额扣除，无须进行纳税调增。

经过以上筹划，甲、乙两家企业共同捐赠2 000万元，该集团公司无须负担额外的税款，应选择方案三。

六、白条入账的筹划

白条是指业务经办人以个人或单位的名义，开具或索取的不符合正规凭证要求的收付款项证据。白条有时可代替发票入账。白条入账的规范处理对于企业减少应纳税所得额、减轻税负具有重要意义。

从会计的角度看，财务处理的主要目的是客观、真实地反映企业生产经营活动的过程和结果。《中华人民共和国会计法》规定，会计机构、会计人员必须按照国家统一的会计制度的规定对原始凭证进行审核，对不真实、不合法的原始凭证有权不予接受，并向单位负责人报告。可以看出，我国会计制度对于原始凭证以真实性为第一原则，对凭证的形式并未作出绝对限制，没有明文禁止白条入账。

从税收的角度看，税法以公平税负和保障国家财政收入为主要目的，因此对于危害税收征管的白条必须严格禁止。但是，不是所有的真实业务都能取得发票，也不是所有入账的白条都会危害税收征管，完全禁止白条入账会引发不公平或违反会计的真实性原则。对此，税法也有明确规定，如《关于企业所得税若干问题的公告》（国家税务总局公告2011年第34号）规定，对企业当年度实际发生的相关成本、费用，由于各种原因未能及时取得该成本、费用的有效凭证，允许在预缴季度企业所得税时，暂按账面发生金额进行核算，但在汇算清缴时应补充提供该成本、费用的有效凭证。

《企业所得税税前扣除凭证管理办法》（国家税务总局公告2018年第28号）规定，企业发生支出，应取得税前扣除凭证，作为计算企业所得税应纳税额的依据。企业应在当年度汇算清缴期结束前取得税前扣除凭证，并将与税前扣除凭证相关的资料，包括合同协议、支出依据、付款凭证等留存备查，以证实税前扣除的真实性。税前扣除凭证按照来源的不同，分为内部凭证和外部凭证。内部凭证是指企业自制的用于成本、费用、损失和其他支出核算的会计原始凭证。内部凭证的填制和使用应当符合国家会计法律法规等相关规定。

外部凭证是指企业发生经营活动和其他事项时，从其他单位、个人取得的用于证明其支出发生的凭证，包括但不限于发票（包括纸质发票和电子发票）、财政票据、完税凭证、收款凭证等。企业在境内发生的支出项目属于增值税应税项目（以下简称"应税项目"），对方为已办理税务登记的增值税纳税人的，其支出以发票（包括按照规定由税务机关代开的发票）为税前扣除凭证；对方为依法无须办理税务登记的单位或者从事小额零星经营业务的个人的，其支出以税务机关代开的发票或者收款凭证及内部凭证为税前扣除凭证，收款凭证应载明收款单位名称、个人姓名及身份证号、支出项目、收款金额等相关信息。小额零星经营业务的判断标准是个人从事应税项目经营业务的销售额不超过增值税相关政策规定的起征点。国家税务总局对应税项目开具发票另有规定的，以规定的发票或者票据为税前扣除凭证。

《企业所得税税前扣除凭证管理办法》的出台，完善了以下流程：不合规外部凭证不得作为税前扣除凭证→换开合规外部凭证→因特殊原因不能换开→具有相应资料可以证实支出的真实性→允许扣除。这一流程既尊重事实，又宽严相济，对不合规凭证也给了纳税人补救的机会，切实有效地保障了纳税人的正当权益。

另外，《企业所得税税前扣除凭证管理办法》还规定了不同情形下企业未取得发票的后续补救措施。这些补救措施都有一个前提，那就是必须先入账。换言之，只有当时入账，后面才有补救机会。当然，如果当时未入账，也不是完全没有补救办法。企业以前年度应当取得而未取得发票、其他外部凭证，且相应支出在该年度没有税前扣除的，在以后年度取得符合规定的发票有不超过5年的追补扣除期限。但是往前追溯可能涉及账务及申报数据的调整、亏损结转以后年度弥补、申请退税等大量工作，比较麻烦。

从行政处罚的角度看，《发票管理办法》对于"白条入账"行为规定的法律责任基本一致，即"责令改正，可以处1万元以下的罚款"。规定中用的是"可以"一词，而不是"并"字，说明税务机关有权依据具体情况自由裁量。所以，不是所有未按规定取得发票的情形都应承担法律责任，如果业务真实但因客观原因不能取得发票，则不予处罚或减轻处罚。《中华人民共和国行政处罚法》第二十七条、《国家税务总局关于发布〈税务行政处罚裁量权行使规则〉的公告》（国家税务总局公告2016年第78号）第十五条都对"主动消除或者减轻违法行为危害后果"的情形规定了从轻或减轻处罚措施。也就是说，纳税人白条入账后，只要及时采取补救措施，一般而言处罚都比较轻微。

对于入账的白条怎样补救扣除，《关于企业所得税若干问题的公告》第六条，以及《企业所得税税前扣除凭证管理办法》第十三条、第十五条、第十七条等对不同情况做了详尽的规定，如图4-1所示。

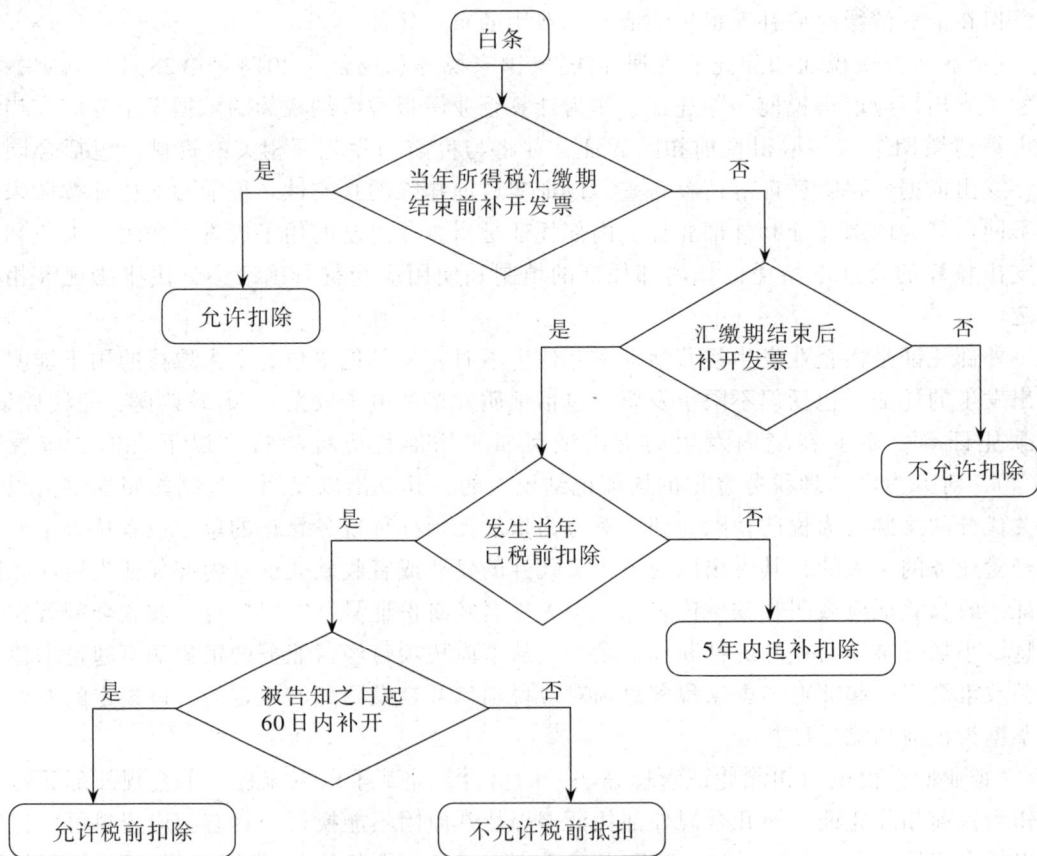

图4-1 白条税前扣除补救措施图①

---

① 此图不考虑对方注销、撤销、依法被吊销营业执照、被税务机关认定为非正常户等情形。

白条补救扣除的基本原则是：迟补不如早补，被动补不如主动补。当年企业所得税汇算清缴期结束后补开发票不如汇算清缴期结束前补开发票，被税务机关发现后被动补开不如主动自行补开，这也是对纳税人最有利的补救方法。

企业以前年度应当取得而未取得发票、其他外部凭证，且相应支出在该年度没有税前扣除，在以后年度取得符合规定的发票、其他外部凭证或者按照规定提供可以证实其支出真实性的相关资料的，相应支出可以追补至该支出发生年度税前扣除，但追补年限不得超过5年。对当期损益和财务状况影响很大的支出，应严格按照权责发生制追补至发生年度扣除；对当期损益影响轻微的支出，可直接在当年扣除。小额支出对当期损益和财务状况的影响很小，若追补至发生年度扣除，假如追溯调整后发生年度亏损，则需结转以后年度弥补，就可能导致办理退税、调整纳税申报表等大量烦琐的程序性工作，会影响征纳双方的效率。

此外，《企业所得税法实施条例》第九条规定，企业应纳税所得额的计算以权责发生制为原则，属于当期的收入和费用，不论款项是否收付，均作为当期的收入和费用；不属于当期的收入和费用，即使款项已经在当期收付，也不作为当期的收入和费用。可见，支出准予税前扣除应符合权责发生制的要求。

基于以上规定，一项支出能够税前扣除需满足支出实际发生、具有合法凭证、符合权责发生制原则等三个条件。

【例4-19】A企业2023年1月1日起租赁B企业厂房，租赁期为3年。试分析以下三种情形的税前扣除：情形一，A企业在2025年年末租赁期满一次性支付3年租金300万元，B企业分别在2023年年末、2024年年末、2025年年末开具发票；情形二，A企业在2025年年末租赁期满一次性支付3年的租金300万元，B企业在2025年年末收款时一次性开具发票；情形三，A企业在2023年1月1日一次性提前支付3年的租金300万元，B企业在2023年1月1日开具发票。

【解析】情形一，尽管A企业在2023年和2024年未实际付款，但满足支出实际发生、具有合法凭证、符合权责发生制原则等三个条件，可分别在2023年、2024年、2025年税前扣除100万元。

情形二，A企业2023年和2024年未取得发票（可能只有白条），因此尽管业务真实并符合权责发生制的要求，但仍然不允许税前扣除，年度汇算清缴时要做纳税调增处理；2025年年末取得发票时，再追溯调减2023年及2024年的应纳税所得额。

情形三，尽管A企业在2023年一次性支付了3年的租金300万元并取得发票，但根据权责发生制原则，2023年、2024年、2025年税前只允许分别扣除100万元。

第四节　企业所得税优惠政策的税收筹划

企业所得税优惠政策包括减免税、加计扣除、加速折旧、税额抵免、优惠税率、民族自治地方的减免税及其他专项优惠政策等。纳税人在利用优惠政策进行筹划时，要尽量挖掘信息源，充分掌握税收优惠信息，同时保持和税务机关的沟通，合理管控分歧。

一、减免税优惠的筹划

企业的下列所得，可以免征、减征企业所得税：（1）从事农、林、牧、渔业项目的所得；（2）从事国家重点扶持的公共基础设施项目投资经营的所得；（3）从事符合条件的环境保护、节能节水项目的所得；（4）符合条件的技术转让所得。

企业从事下列项目的所得，免征企业所得税：（1）蔬菜、谷物、薯类、油料、豆类、棉花、麻类、糖料、水果、坚果的种植；（2）农作物新品种的选育；（3）中药材的种植；（4）林木的培育和种植；（5）牲畜、家禽的饲养；（6）林产品的采集；（7）灌溉、农产品初加工、兽医、农技推广、农机作业和维修等农、林、牧、渔服务业项目；（8）远洋捕捞。

企业从事下列项目的所得，减半征收企业所得税：（1）花卉、茶以及其他饮料作物和香料作物的种植；（2）海水养殖、内陆养殖。

企业可以根据税法的规定，结合自身具体情况，选择国家鼓励发展的投资项目，在获得更多收益的同时，减轻自身税收负担，如可以选择免征、减征企业所得税的农、林、牧、渔业项目进行投资。

企业从事港口码头、机场、铁路、公路、电力、水利等项目，自项目取得第一笔生产经营收入所属纳税年度起，第一年至第三年免征企业所得税，第四年至第六年减半征收企业所得税。投资于符合条件的环境保护、节能节水，包括公共污水处理、公共垃圾处理、沼气综合开发利用、节能减排技术改造、海水淡化等，自项目取得第一笔生产经营收入所属纳税年度起，第一年至第三年免征企业所得税，第四年至第六年减半征收企业所得税。

对于三免三减半政策，一旦取得第一笔生产经营收入，不管企业盈亏，优惠的期限都得连续计算，不得更改。企业在初创阶段，投入比较大，亏损多、盈利少，几乎没有应税所得，如果较快地享受优惠政策，可能只有优惠之名，而无优惠之实。因此，什么时候取得第一笔收入，企业需要精心策划。一般而言，企业应将收入的取得尽量安排在享受定期减免税期间，如果预计初期利润较少，就要推迟取得第一笔收入；一旦取得了第一笔收入，就要尽早确认后续收入，以增加前期利润。

此外，居民企业技术转让所得不超过500万元的部分，免征企业所得税；超过500万元的部分，减半征收企业所得税。技术转让所得＝技术转让收入－技术转让成本－相关税费。例如，某企业本年度取得技术转让收入1 000万元，技术转让成本300万元，相关税费60万元，技术转让所得为640万元。其中，500万元为免税所得，免征企业所得税；140万元可减半征收企业所得税。享受技术转让所得减免企业所得税优惠的企业，应单独核算技术转让所得，并合理分摊期间费用；没有单独计算的，不得享受技术转让所得企业所得税优惠。企业签订的技术转让合同必须先经过科技部门的认定，然后才能到税务机关办理相关减免税手续。

税务部门在实地检查的过程中，将重点审核企业技术转让是否经省级以上科技部门或商务部门认定，是否属于财政部、国家税务总局规定的范围，是否单独核算技术转让所得，是否存在将销售或转让设备、仪器、零部件、原材料等非技术性收入以及不属于与技术转让项目密不可分的技术咨询、技术服务、技术培训等收入计入技术转让收入，以及将技术转让成本、相关税费计入其他应税项目或少分摊计算与技术转让相关的期间费用等行为。

同时，税务机关往往会开展享受技术转让所得减免税优惠企业关联交易调查，防范企业利用支付技术使用费等关联交易形式将利润转移到关联企业，由关联企业享受减免税优惠，从而规避纳税。为避免涉税风险，企业提供的技术转让合同（副本）、省级以上科技部门出具的技术合同登记证明、实际缴纳相关税费的凭证等资料要齐全，技术转让业务要真实，技术转让所得的归集、分摊、计算及其他相关资料与日常征管资料等要保存完整。

【例4-20】某居民企业转让技术，与受让方签订了为期3年的协议。经计算，3年技术转让所得共1 200万元（见表4-4）。选择哪个方案能减轻企业的所得税税负？

表4-4 　　　　　　　　　　　　转让技术的方案选择与税负　　　　　　　　　　　　单位：万元

方案	技术转让所得			应纳所得税额			3年纳税总额
	第一年	第二年	第三年	第一年	第二年	第三年	
一	400	400	400	0	0	0	0
二	700	300	200	25	0	0	25
三	100	200	900	0	0	50	50

【解析】方案一，技术转让所得无须缴税。

方案二应纳企业所得税税额=（700-500）×25%×50%=25（万元）

方案三应纳企业所得税税额=（900-500）×25%×50%=50（万元）

方案一为最优方案，但需要对3年的技术转让协议进行合理规划，尽可能在会计处理方面做好安排，平均分摊技术转让所得，最大限度减轻税负。

二、优惠税率的筹划

（一）基本税率25%

政策依据：《企业所得税法》第四条。

（二）适用20%的税率

小型微利企业适用20%的税率缴纳企业所得税。

（三）适用15%的税率

（1）国家需要重点扶持的高新技术企业。对国家需要重点扶持的高新技术企业，减按15%的税率征收企业所得税。

（2）技术先进型服务企业。对经认定的技术先进型服务企业，减按15%的税率征收企业所得税。

（3）横琴新区等地区现代服务业合作区的鼓励类产业企业。对设在横琴新区、平潭综合实验区和前海深港现代服务业合作区的鼓励类产业企业，减按15%的税率征收企业所得税。

（4）西部地区鼓励类产业企业。自2021年1月1日至2030年12月31日，对设在西部地区的鼓励类产业企业，减按15%的税率征收企业所得税。

（5）海南自由贸易港鼓励类产业企业。自2020年1月1日起至2027年12月31日，对注册在海南自由贸易港并实质性运营的鼓励类产业企业，减按15%的税率征收企业所得得税。

（四）适用 10% 的税率

（1）重点集成电路设计企业和软件企业的特定情形。2020年1月1日起，国家鼓励的重点集成电路设计企业和软件企业，自获利年度起，第一年至第五年免征企业所得税，接续年度减按 10% 的税率征收企业所得税。

（2）非居民企业未在中国设立机构、场所取得的所得，或虽设立机构、场所但取得的所得与该机构、场所没有联系，其来源于中国境内的所得，实际适用 10% 的企业所得税税率。

由于我国优惠税率适用范围的调整较为频繁，而且适用优惠税率的期限存在限制条件，一般而言，长期优惠税率的鼓励程度大于短期优惠税率，尤其是那些投资巨大但获利较迟的企业，可从长期优惠税率中得到较大好处。纳税人可以结合自身实际情况，结合优惠税率的期限，作出预判与评估，选择低税率区域或行业开展生产经营活动。

三、高新技术企业优惠的筹划

我国高新技术企业适用 15% 的优惠税率。认定为高新技术企业需同时满足以下条件：

（1）企业申请认定时须注册成立 1 年以上。

（2）企业通过自主研发、受让、受赠、并购等方式，对其主要产品（服务）的核心技术拥有自主知识产权的所有权。

（3）对企业主要产品（服务）发挥核心支持作用的技术属于"国家重点支持的高新技术领域目录"规定的范围。

（4）企业从事研发和相关技术创新活动的科技人员占企业当年职工总数的比例不低于 10%。

（5）企业近 3 个会计年度（实际经营期不满 3 年的按实际经营时间计算，下同）的研究开发费用总额占同期销售收入总额的比例符合如下要求：（1）最近 1 年销售收入小于 5 000 万元（含）的企业，比例不低于 5%；（2）最近 1 年销售收入在 5 000 万元至 2 亿元（含）之间的企业，比例不低于 4%；（3）最近 1 年销售收入在 2 亿元以上的企业，比例不低于 3%。其中，企业在中国境内发生的研究开发费用总额占全部研究开发费用总额的比例不低于 60%。

（6）近 1 年高新技术产品（服务）收入占企业同期总收入的比例不低于 60%。

（7）企业创新能力评价应达到相应要求。

（8）企业申请认定前 1 年内未发生重大安全、重大质量事故或严重环境违法行为。

一方面，企业需要完成前期资质认定工作，取得高新技术企业证书，完成知识产权的审批审定，对科研立项、科研成果转化等情况进行说明；另一方面，企业还需要完善会计核算，加强对研发费用的归集，以满足税法对研发费用占比和高新技术产品收入占比的要求。

四、小型微利企业优惠的筹划

对小型微利企业减按 25% 计算应纳税所得额，按 20% 的税率缴纳企业所得税政策，延续执行至 2027 年 12 月 31 日。上述小型微利企业，是指从事国家非限制和禁止行业，且同时符合年度应纳税所得额不超过 300 万元、从业人数不超过 300 人、资产总额不超过

5 000万元等3个条件的企业。无论查账征收方式，还是核定征收方式，均可享受税收优惠。

从业人数包括与企业建立劳动关系的职工人数和企业接受劳务派遣的用工人数。所称从业人数和资产总额指标，应按企业全年的季度平均值确定。具体计算公式如下：

季度平均值=（季初值+季末值）÷2

全年季度平均值=全年各季度平均值之和÷4

年度中间开业或者终止经营活动的，以其实际经营期作为一个纳税年度确定上述相关指标。

如果一个企业超过小型微利企业的标准，在条件许可的前提下，可以考虑将该企业分立，组成几个小型微利企业，每个小型微利企业经营某一方面的业务，既享受优惠税率，又可进行专业分工。企业需要权衡公司分立所花费的各种成本，如注册费用、后期运营费用等，并结合企业发展战略进行成本收益分析，慎重决策。

【例4-21】假定B企业为一家生产企业，2025年度职工人数为200人，资产总额为1 000万元，企业利润和应纳税所得额均为302万元（无其他纳税调整事项）。试比较以下方案，并基于企业所得税税负最小化作出选择：方案一，B企业超过小型微利企业的认定标准，适用25%的税率；方案二，B企业通过公益性社会组织捐赠2万元。

【解析】方案一：应纳企业所得税税额=302×25%=75.5（万元）

税后利润=302-75.5=226.5（万元）

方案二：公益性捐赠税前可扣除限额=300×12%=36（万元）＞2万元

进行公益性捐赠后，应纳税所得额为300万元，符合小型微利企业认定标准。

应纳企业所得税税额=300×25%×20%=15（万元）

税后利润=300-15=285（万元）

公益性捐赠后，企业所得税减少了60.5万元，税后利润增加了58.5万元（285-226.5），同时公益性捐赠可以使企业树立良好的社会形象，所以应选择方案二。

五、加计扣除优惠的筹划

加计扣除属于企业所得税的税基式优惠，一般是指按照税法的规定在实际发生数额的基础上再加成一定比例在税前扣除的一种税收优惠措施。我国企业所得税加计扣除优惠包括两项内容：研发费用与企业安置残疾人员所支付的工资。

（一）研发费用加计扣除的筹划

研发费用是指企业研究新技术、新工艺和新产品所支出的费用，内容包括研发人员人工费、直接投入费用、折旧费用、无形资产摊销、新产品设计费、新工艺规程制定费、新药研制的临床试验费、勘探开发技术的现场试验费以及其他相关费用。企业开展研发活动时实际发生的研发费用，未形成无形资产计入当期损益的，在按规定据实扣除的基础上，再按照实际发生额的100%在税前加计扣除；形成无形资产的，按照无形资产成本的200%在税前摊销。无形资产摊销年限不得低于10年。

作为投资或者受让的无形资产，有关法律规定或者合同约定了使用年限的，可以按照法律规定或者合同约定的使用年限分期摊销。集成电路企业和工业母机企业开展研发活动时实际发生的研发费用，未形成无形资产计入当期损益的，在按规定据实扣除的基础上，在2023年1月1日至2027年12月31日期间，再按照实际发生额的120%在税前扣除；形成无形资产的，在上述期间按照无形资产成本的220%在税前摊销。企业利用研发费用加计扣除进行税收筹划，可以有效减少应纳税所得额，获得节税效益。

1.资料的归集与整理

研发支出税收筹划的目的是加大研发投入，增加计算企业所得税的税前扣除金额。因此，需要从基础工作做起，规范核算研发支出，完善税前扣除的证据链条，保存税前扣除凭证，并且随着研发活动的开展，及时收集各项资料，做好研发支出加计扣除留存备查资料的保管工作。企业的新产品、新技术应在立项前对创新性进行评估，严格区别新产品的研发支出和产品的常规升级支出，规范立项书、合同等资料以备查，确保企业会计对研发费用的核算内容与税务认定的内容一致，降低涉税风险。在税收筹划中，应明确研发费用按项目归集，并建立研发费用辅助账，避免研发费用管理混乱造成不符合税务要求无法加计扣除的风险。

研发费用加计扣除需向税务机关备案，纳税人应妥善保管相关资料。企业不需要提前报送资料申请享受优惠政策，而是自行根据法律规定判断是否符合享受条件，在每年的汇算清缴工作之前，向税务部门报送"企业所得税优惠事项备案表"和研发项目文件完成备案。所需的证明材料均留存于企业备查，税务机关无须审核，企业便可享受加计扣除。

虽然企业不用提前准备大量证明资料，但这不代表企业可以在实际操作的时候随意享受优惠政策。税务机关每年都要对享受该优惠的企业至少按20%的比例开展入户核查，财务人员必须随时准备好研发项目的下列资料：①研发项目立项文件；②研发项目预算；③研发合同；④研发团队人员名单；⑤研发项目实用状况和结果报告；⑥研发人员工时以及研发仪器使用记录。

2.会计上的分类核算

企业进行会计核算时，按照税法规定可以加计扣除的研发费用，通过下设明细科目的方式明确研发费用的核算内容，完善研发费用管理，保证优惠政策落实到位。原始凭证应及时反馈给财务部门。业务人员要和财务人员协同工作，使加计扣除归集表中的内容与财务核算的项目相一致，并提高人员费用加计扣除的准确性。对于部分企业中存在的研发人员经常交叉参与不同研发项目的情况，需结合实际情况，为参与研发的人员设计人工工时分配表，对参与研发与不直接参与研发的员工费用分类核算，以便计算加计扣除金额。

当项目有预算外科研人员参与时，科研部门需及时提供人员变动的相关文件，加强科研人员的工时管理，以便在不同项目间进行合理分配。另外，企业应单独核算生产管理与科研兼用的仪器、设备和专门用于科研的仪器、设备在各个科研项目间的折旧折耗分配。企业应设计专门的台账，使科研部门或资产管理部门及时对仪器、设备的使用情况进行完整的记录，定期提供给财务部门使其进行折旧折耗摊销的分摊计算，增加折旧折耗摊销加计扣除的金额。

研发费用归集的范围包括自主研发、合作研发与集中研发等情形，如图4-2所示。

【例4-22】A企业在研发某新设备系统的过程中，出于技术力量、试制生产能力等原因，无法完成新设备系统中一个重要组件的开发工作。经市场征询，境内甲企业具有该组件的开发能力与条件。A企业与甲企业无任何关联关系。那么，A企业以何种形式取得甲企业完成的设备组件为最优？

研发费用归集

人员人工费用
- 直接从事研发活动人员的工资、薪金
- 直接从事研发活动人员的"五险一金"
- 外聘研发人员的劳务费用

直接投入费用
- 研发活动直接消耗的材料费用
- 研发活动直接消耗的燃料费用
- 研发活动直接消耗的动力费用
- 用于中间试验和产品试制的模具、工艺装备开发及制造费
- 用于不构成固定资产的样品、样机及一般测试手段购置费
- 用于试制产品的检验费
- 用于研发活动的仪器、设备的运行维护、调整、检验、维修等费用
- 通过经营租赁方式租入的用于研发活动的仪器、设备租赁费

折旧费用
- 用于研发活动的仪器的折旧费用
- 用于研发活动的设备的折旧费用

无形资产摊销
- 用于研发活动的软件的摊销费用
- 用于研发活动的专利权的摊销费用
- 用于研发活动的非专利技术(包括许可证、专有技术、设计和计算方法等)的摊销费用

新产品设计费等
- 新产品设计费
- 新工艺规程制定费
- 新药研制的临床试验费
- 勘探开发技术的现场试验费

其他相关费用
- 技术图书资料费、资料翻译费、专家咨询费、高新科技研发保险费
- 研发成果检索、分析、评议、论证、鉴定、评审、评估、验收费用
- 知识产权的申请费、注册费、代理费
- 职工福利费、补充养老保险费、补充医疗保险费
- 差旅费、会议费

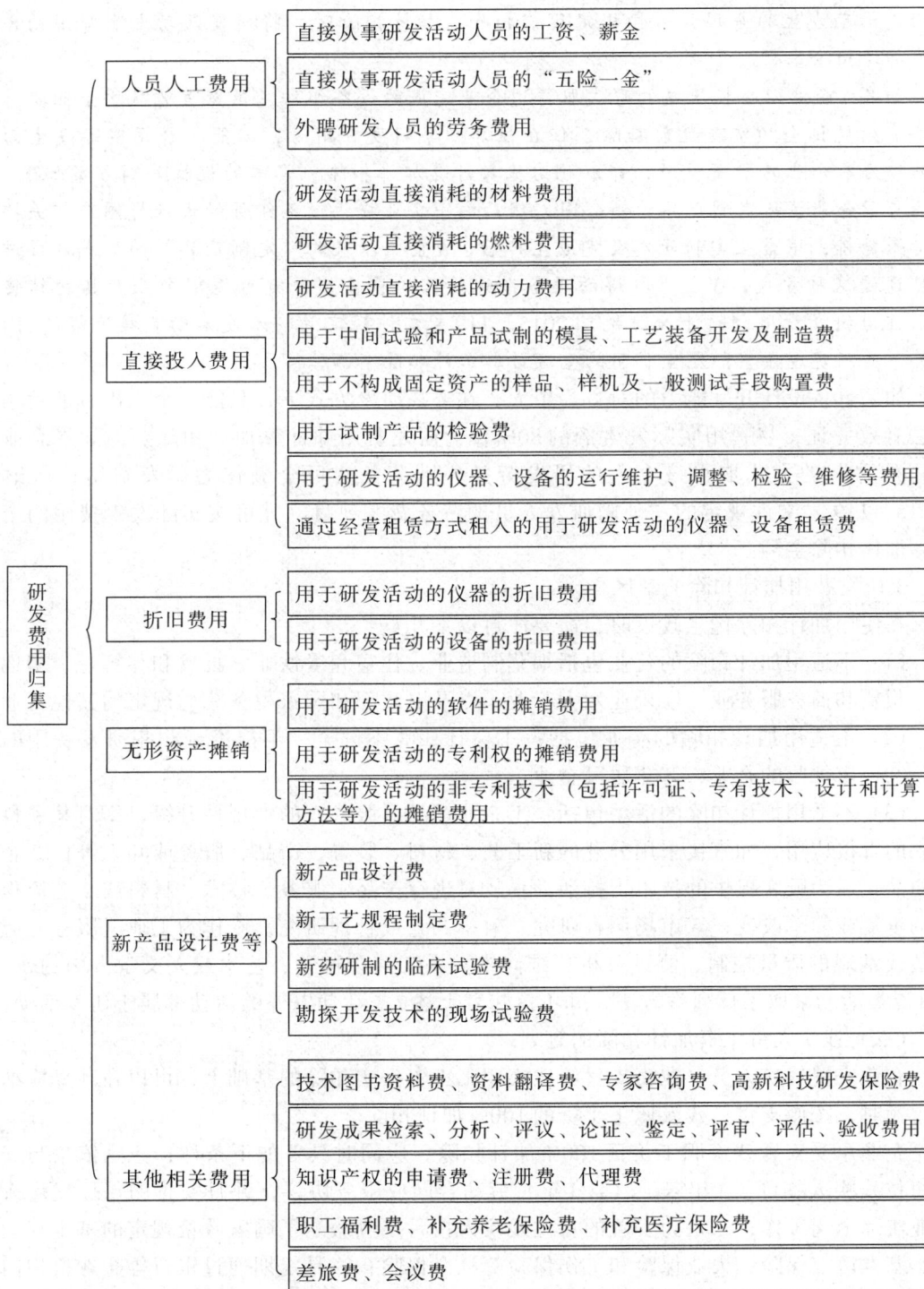

图4-2 研发费用归集范围

【解析】财税〔2015〕119号文件规定,企业委托外部机构或个人进行研发活动所发生的费用,按照费用实际发生额的80%计入委托方研发费用并计算加计扣除,受托方不得再进行加计扣除。国家税务总局公告2015年第97号规定,企业委托外部机构或个人开

展研发活动发生的费用，可按规定税前扣除；加计扣除时，将研发活动发生费用的80%作为加计扣除基数。

如果A企业以委托研发的形式取得甲企业完成的设备组件，虽然可凭从甲企业取得的合法有效凭证全额实现税前扣除，但在核算归集研发费用时，只能将费用实际发生额的80%作为本企业的研发费用，并以此为基数计算加计扣除。具体的税收筹划方案如下：A企业与甲企业签订定制产品购销合同，然后向甲企业提供设备组件的设计样图及相关技术指标等资料，甲企业定制开发及完成生产后，A企业以采购"定制产品"的形式取得该组件。通过这种方式，A企业取得的设备系统所需的重要组件就可凭甲企业开具的销售发票，作为研发费用全额计入财税〔2015〕119号文件规定的"研发活动直接消耗的材料"项目，并可实现按实际发生费用的全额计算加计扣除金额。

如果具备设计开发能力的对方为个人，在委托研发方式下，只能凭个人出具的发票等合法有效凭证，将费用实际发生额的80%作为研发费用并计算加计扣除。但如果企业通过"外聘"的方式取得该个人的研发劳务，则劳务费可全额作为研发费用计入财税〔2015〕119号文件规定的"外聘研发人员的劳务费"项目，并可按实际发生费用的全额计算加计扣除金额。

3.研发费用加计扣除的禁区

在使用加计扣除优惠政策时，需要注意以下几点：

（1）不适用加计扣除的行业包括烟草制造业、住宿和餐饮业、批发和零售业、房地产业、租赁和商务服务业、娱乐业六大行业，以及财政部和国家税务总局规定的其他行业。

（2）不适用加计扣除的企业包括：①会计核算不健全，不能准确归集研发费用的企业；②核定征收的企业；③非居民企业。

（3）不适用加计扣除的活动包括：①企业产品（服务）的常规性升级；②对某项科研成果的直接应用，如直接采用公开的新工艺、材料、装置、产品、服务或知识等；③企业在商品化后为顾客提供的技术支持活动；④对现存产品、服务、技术、材料或工艺流程进行的重复或简单改变；⑤市场调查研究、效率调查或管理研究；⑥作为工业（服务）流程环节或常规的质量控制、测试分析、维修维护；⑦社会科学、艺术或人文学方面的研究。以上7类活动采取了反列举方法，并不意味着上述7类活动以外的活动都属于研发活动。

（二）残疾人员工资加计扣除的筹划

企业安置残疾人员，在将支付给残疾职工工资据实扣除的基础上，可以在计算应纳税所得额时，按照支付给残疾职工工资的100%加计扣除。

企业享受安置残疾职工工资100%加计扣除，应同时具备如下条件：一是依法与安置的每位残疾人签订了1年以上（含1年）劳动合同或服务协议，并且安置的每位残疾人在企业实际上岗工作；二是为安置的每位残疾人按月足额缴纳了国家政策规定的基本养老保险、基本医疗保险、失业保险和工伤保险等社会保险；三是定期通过银行等金融机构向安置的每位残疾人实际支付了不低于企业所在区县适用的经省级人民政府批准的最低工资标准的工资；四是具备安置残疾人上岗工作的基本设施。

企业在制订用人计划的时候，可以考虑有一定专业技能、能胜任业务工作且持有残疾人证（无论残疾等级）的专业人才。企业安置残疾人既能享受国家给予的税收优惠从而减少税费，也能为残疾人解决就业问题，同时也可树立企业良好的社会形象，可谓一举多得。需要强调的是，企业在享受此项税收优惠政策时，至少需要提供以下资料：①残疾员工的残疾人证；②与残疾人员签订的劳动合同；③每月正常发放的工资；④为残疾员工按月足额缴纳的社会保险。企业相关部门应做好资料的归集留档工作。

【例4-23】2024年甲公司有员工100人，2025年计划新招用员工100人，预计2025年支付员工工资的总额为1 000万元。目前，甲公司尚未招用残疾员工，全体员工年平均工资为5万元。试比较以下方案，并作出选择：方案一，未招用残疾员工；方案二，招用残疾员工。

【解析】方案一：

2025年支付工资可抵减企业所得税税额=1 000×25%=250（万元）

假设甲公司所在地省、自治区、直辖市人民政府规定的安排残疾人的就业比例为1.5%，因为甲公司尚未招用残疾员工，故要按员工平均工资缴纳残疾人就业保障金（不考虑应缴费额比例的特殊政策规定），计算公式为：

$$保障金年缴纳额 = \left(\begin{array}{c} 上年用人 \\ 单位在职 \\ 职工人数 \end{array} \times \begin{array}{c} 所在地省、自治区、 \\ 直辖市人民政府规定的 \\ 安排残疾人就业比例 \end{array} - \begin{array}{c} 上年用人单位 \\ 实际安排的 \\ 残疾人就业人数 \end{array} \right) \times \begin{array}{c} 上年用人单位 \\ 在职职工 \\ 年平均工资 \end{array}$$

$$= （100×1.5\%-0）×5=7.5（万元）$$

方案二，甲公司在新招用的员工中，招录17名残疾员工。假设这17名残疾员工的工资总额为80万元（假设2025年支付的工资总额为1 000万元，其中包括残疾人员的工资80万元）。根据税法的规定，支付给残疾员工的工资可以享受加计扣除100%的税收优惠。

2025年度支付工资可抵减企业所得税税额=（1 000+80×100%）×25%=270（万元）

加计扣除减少的企业所得税税额=80×100%×25%=20（万元）

同时，甲公司还可以免交7.5万元的残疾人就业保障金。

通过计算选择方案二，甲公司2025年可节约税费27.5万元（20+7.5）。

六、税额抵免优惠的筹划

企业购置用于环境保护、节能节水、安全生产等专用设备的投资额，可以按一定比例实行税额抵免。税额抵免，是指企业购置并实际使用《环境保护专用设备企业所得税优惠目录》《节能节水专用设备企业所得税优惠目录》和《安全生产专用设备企业所得税优惠目录》规定的环境保护、节能节水、安全生产等专用设备的，该专用设备投资额的10%可以从企业当年的应纳税额中抵免；当年不足抵免的，可以在以后5个纳税年度结转抵免。

【例4-24】某公司为扩大生产规模，2023年决定购买设备生产节能新产品，投资额为1 400万元。该公司2023—2025年度应纳税所得额见表4-5。如何在购买设备上进行税收筹划？

表4-5 　　　　　　　　　　　　　某公司各年度应纳税所得额　　　　　　　　　　　　单位：万元

年度	2023	2024	2025
应纳税所得额	180	260	480

【解析】方案一，购买节能设备，允许抵免专用设备投资额1 400万元的10%，即140万元。

2023年应缴纳企业所得税税额=180×25%=45（万元）

2023年能抵免45万元，当年缴纳企业所得税为0。

2024年应缴纳企业所得税税额=260×25%=65（万元）

2024年能抵免65万元，当年缴纳企业所得税为0。

2025年应缴纳企业所得税税额=480×25%=120（万元）

2025年能抵免30万元（140-45-65），实际缴纳企业所得税90万元（120-30）。

方案二，购买普通设备。

2023—2025年应纳企业所得税合计=（180+260+480）×25%=230（万元）

可以看出，购置节能设备，3年少缴企业所得税140万元（230-90），应选择方案一。

七、软件生产企业优惠政策的筹划

税法规定，依法成立且符合条件的集成电路设计企业和软件企业，自获利年度起计算优惠期，第一年至第二年免征企业所得税，第三年至第五年按照25%的法定税率减半征收企业所得税，并享受至期满为止。

一般来说，企业刚投产经营时，规模较小，知名度低，对行业情况不够了解，常常处于亏损状态，或者只是稍有盈利。随着企业规模的扩大和知名度的提高，企业的经营业绩会不断提高。企业如果一味追求利润额，在开始经营后的一两年就确认第一个获利年度，过早地进入"两免三减半"优惠期，由于生产经营初期的利润很少，可以减免的税额有限，而在以后年度出现较大获利的时候，却由于减免期已过而要全额缴税，就会使企业的税负增加。要最大限度地利用"两免三减半"优惠政策，企业就必须妥善安排资金的投入，对企业的全部生产经营活动进行合理筹划，尽量推迟获利的初始年度。

如果企业在第一年将近结束时预测可能出现小额利润，或者企业在初期弥补了前期的亏损后发现本期将盈利，但盈利金额较低，企业应扩大费用支出，如加大广告宣传力度、增加研发费用等，从而推迟获利年度。这样不仅可以使企业充分享受以后年度大额获利的减免税优惠，而且前期的广告、研发费用支出对企业的发展可以起到积极的促进作用，更加有利于后期的获利，也有利于企业的长远发展。

【例4-25】表4-6与表4-7分别为甲、乙两软件生产企业的盈亏情况表，假设利润为应纳税所得额。甲、乙两企业在7年内的总利润相同。试比较甲、乙两企业不同盈亏策略下的税负，并作出选择。

表4-6　　　　　　　　　　　　　　甲软件生产企业年度盈亏情况表　　　　　　　　　　单位：万元

年度	2018	2019	2020	2021	2022	2023	2024
利润	-50	-40	-30	100	120	200	300

表4-7　　　　　　　　　　　　　　乙软件生产企业年度盈亏情况表　　　　　　　　　　单位：万元

年度	2018	2019	2020	2021	2022	2023	2024
利润	20	-10	30	-20	80	200	300

【解析】甲企业，2022年为获利年度，则2022年、2023年免税，2024年减半征收。

应纳税合计额=300×25%×50%=37.5（万元）

乙企业，2018年、2019年免征，2020—2022年减半征收，2023—2024年按25%的税

率征收。

应纳税合计额=（-10+30-20+80）×25%×50%+（200+300）×25%=135（万元）

甲、乙两企业在2018—2024年的7年内总利润相同，但由于甲企业推迟了获利年度，7年的总税负比乙企业少97.5万元（135-37.5），应选择甲企业的盈亏策略。

八、区域性优惠政策的筹划

区域性税收优惠是指国家法律法规确定特定地区相对于一般地区在税收上享有的优惠待遇。纳税人可利用税法规定的特定地区的税收优惠政策进行税收筹划。如财政部、国家税务总局、国家发展和改革委员会联合发布的《关于延续西部大开发企业所得税政策的公告》（财政部公告2020年第23号）规定，自2021年1月1日至2030年12月31日，对设在西部地区的鼓励类产业企业，减按15%的税率征收企业所得税。所称鼓励类产业企业，是指以《西部地区鼓励类产业目录》中规定的产业项目为主营业务，且其主营业务收入占企业收入总额60%以上的企业。

【例4-26】本年某投资者在西部地区投资创办一家新公司，兼营公路旅客运输业务（属于鼓励类产业）和其他业务（属于非鼓励类产业），预计全年公路旅客运输业务收入为470万元，其他业务收入为330万元，利润率均为25%（假定无纳税调整事项）。试比较以下方案，并作出税收筹划分析：方案一，投资创办一家公路旅客运输企业并兼营其他业务；方案二，分别投资两家企业，一家从事公路旅客运输业务，另一家从事其他业务；方案三，投资创办一家公路旅客运输企业并兼营其他业务，该企业扩大投资规模，扩展公路旅客运输业务，预计年公路旅客运输业务收入为670万元，其他条件不变。

【解析】方案一，因公路旅客运输业务收入占全部业务收入的比例为58.75%[470÷（470+330）×100%]，小于60%，不能享受减按15%的税率征收企业所得税的优惠政策。

应缴纳企业所得税税额=（470+330）×25%×25%=50（万元）

方案二，从事公路旅客运输业务的收入为企业的总收入，占比为100%，超过60%的比例，可享受减按15%的税率征收企业所得税的优惠政策。

应缴纳企业所得税税额=470×25%×15%+330×25%×25%=38.25（万元）

由于方案二中该公路旅客运输企业取得的收入可享受减按15%的税率征收企业所得税的优惠政策，比方案一少缴企业所得税11.75万元（50-38.25），方案二更优。

方案三，公路旅客运输业务占企业全部业务收入的比例为67%[670÷（670+330）×100%]，超过了60%，经申请，税务机关审核后认为该企业可享受西部大开发的税收优惠政策，取得的全部业务收入都可减按15%的税率征收企业所得税。

应缴纳企业所得税税额=（670+330）×25%×15%=37.5（万元）

方案三的收入大幅提高，但由于取得的全部业务收入都可享受减按15%的税率征收企业所得税的优惠政策，因此应缴纳的企业所得税较少，获得了更多的税后收益，与前两个方案相比更具优势。

【例4-27】芬来仪器总公司（企业所得税税率为25%）生产一种精密仪器，主要销往东南沿海地区，该公司在四川（西部地区）设立了一家全资子公司（企业所得税税率为15%），专门负责总公司产品的销售，总公司只专注于生产。总公司对该子公司每件产品的批发价格为52 000元，生产成本为30 000元。该子公司每件产品的市场售价为62 000

元，另负担6 000元的销售费用，不考虑其他费用。试对以上业务进行税收筹划。

【解析】税收筹划前的企业所得税测算如下：

总公司每件产品应纳企业所得税税额=（52 000-30 000）×25%=5500（元）

子公司每件产品应纳企业所得税税额=（62 000-52 000-6 000）×15%=600（元）

两家公司每件产品纳税合计额=5 500+600=6 100（元）

税收筹划方案：

芬来仪器总公司让利于子公司，将销售给子公司的产品售价降到46 000元/件。

总公司每件产品应纳企业所得税税额=（46 000-30 000）×25%=4 000（元）

子公司每件产品应纳企业所得税税额=（62 000-46 000-6 000）×15%=1 500（元）

两家公司每件产品纳税合计额=4 000+1 500=5 500（元）

税收筹划后每件产品可少缴企业所得税600元（6 100-5 500）。

第五节　企业融资方式的税收筹划

一、融资租赁的筹划

按照与租赁资产所有权相关的风险与报酬是否可以转移，可将租赁业务分为经营租赁和融资租赁两种形式。融资租赁发生的租赁费不能直接扣除，应通过计提折旧的方式分期摊销，并在税前扣除。经营租赁可以避免承租人因长期拥有设备而承担风险，支付的租金还可以直接冲减利润，减少应纳税所得额。当出租人和承租人同属一个利益集团时，租赁形式会使该利益集团实现利润的转移；如果存在税率差，则可以实现节税的目的。

【例4-28】A企业需要用5 000万元资金购建固定资产，该固定资产投入后预期每年可带来利润3 000万元（不含折旧），假设按照平均年限法计提折旧，折旧年限为5年，残值为零。试比较以下方案，并基于企业所得税税负最小化作出选择（假定会计利润为应纳税所得额）：方案一，从银行借款5 000万元，年利率为7%，期限为5年，每年年末付息。方案二，融资租赁该固定资产，最低租赁付款额为6 000万元，最低付款额现值为5 000万元，每年年末支付租金1 200万元。

【解析】方案一，税后利润见表4-8。

表4-8　　　　　　　　　　　　　　方案一税后利润的计算　　　　　　　　　　　单位：万元

方案一	第一年	第二年	第三年	第四年	第五年
未扣除折旧的利润	3 000	3 000	3 000	3 000	3 000
折旧	−1 000	−1 000	−1 000	−1 000	−1 000
利息费用	−350	−350	−350	−350	−350
会计利润	1 650	1 650	1 650	1 650	1 650
企业所得税	412.5	412.5	412.5	412.5	412.5
净利润	1 237.5	1 237.5	1 237.5	1 237.5	1 237.5

方案二，税后利润见表4-9。

表4-9 方案二税后利润的计算 单位：万元

方案二	第一年	第二年	第三年	第四年	第五年
未扣除折旧的利润	3 000	3 000	3 000	3 000	3000
折旧	−1 000	−1 000	−1 000	−1 000	−1 000
利息费用	−350	−290.5	−226.84	−158.71	−85.82
会计利润	1 650	1 709.5	1 773.16	1 841.29	1 914.18
企业所得税	412.5	427.38	443.29	460.32	478.55
净利润	1 237.5	1 282.12	1 329.87	1 380.97	1 435.63

第一年利息费用=5 000×7%=350（万元）

第二年利息费用=（5 000+350−1 200）×7%=290.5（万元）

第三年利息费用=（5 000+350−1 200+290.5−1 200）×7%=226.84（万元）

第四年利息费用=（5 000+350−1 200+290.5−1 200+226.84−1200）×7%=158.71（万元）

第五年利息费用=（5 000+350−1 200+290.5−1 200+226.84−1200+158.71−1 200）×7%=85.82（万元）

可以看出，方案一每年的税后利润都是1 237.5万元，方案二除了第一年的税后利润为1 237.5万元外，剩余几年的税后利润都比1 237.5万元高，所以应该选择方案二。

二、企业融资结构的筹划

企业融资渠道可以分为两类：债务性融资和权益性融资。前者包括银行贷款、发行债券和应付票据、应付账款等；后者主要指股票融资。债务性融资构成负债，企业要按期偿还约定的本息，债权人一般不参与企业的经营决策，对资金的运用也没有决策权。权益性融资主要通过增加企业的权益来达到资产增加的目的，一般操作是发行新股、增资扩股等，这些操作可能产生的主要费用包括发行费、中介费、支付给券商的费用等。

等额的资金采取不同的融资方式，会影响企业各年度的净利润和企业所得税。债务性融资所产生的利息支出，可以作为利润总额的税前扣除数，产生"税收挡板"作用，而向股东、投资者分派的股息则不能在税前中扣除。据此，有些融资方案提出，要适度提高债务性融资的比例，以充分享受利息支出抵税所带来的好处。

值得注意的是，负债按偿还期限不同，又分为短期负债和长期负债。短期负债和长期负债融资成本包括用资成本（利息）和融资成本（手续费等），它们都可以税前扣除，可以节税。当债务利息不变和企业利润率增加时，企业可获得更多的收益，说明企业充分发挥了财务杠杆的作用。但如果负债比例过高，会加大将来的融资成本和财务风险，因此，并不是负债比例越高越好。

【例4-29】某公司计划融资100万元开发一种新产品，为此制订了三个方案。假设三个方案的债务年利率均为10%，企业所得税税率为25%。该公司的资本结构与权益资本投资利润率见表4-10。试比较三个方案，并作出最佳选择。

【解析】由表4-10可以看出，在息税前利润和贷款利率不变的条件下，随着企业负债的增加，企业纳税呈递减趋势，从7.5万元减到7万元，再减到6万元，表明债务性融资具有节税功能。当投资利润率大于负债利率时，债务资本在投资中所占比例越高，对企业权益资本收益率越有利。

表4-10　　　　　　　　　　　　某公司资本结构备选方案　　　　　　　　　金额单位：万元

项目 ＼ 方案	A	B	C
债务资本∶权益资本	0∶100	20∶80	60∶40
息税前利润	30	30	30
年利率	10%	10%	10%
税前利润	30	28	24
应纳税额	7.5	7	6
税后利润	22.5	21	18
权益资本收益率	22.5%	26.25%	45%

以方案C为例，全部资金的息税前投资利润率为30%，债权人提供的资本为总资本的60%，债权人分到10%的利息，而剩下20%的利润都归属于权益资本，从而提高了权益资本的投资收益率。通过比较不同资本结构的权益资本收益率，可选择权益资本收益率最大化的融资组合。经过比较，在不考虑债务风险的前提下，应选择方案C。

【例4-30】某公司目前发行在外的普通股为100万股，每股1元，已发行10%年利率的债券400万元。该公司打算再投资一个新项目，需要融资500万元。新项目投产后，该公司每年的息税前利润将达到200万元。现有两个方案可供选择：方案一，按12%的利率发行债券；方案二，按每股20元的价格发行股票。该公司适用的企业所得税税率为25%。试比较两个方案的每股收益，并作出最佳选择。

【解析】方案一：每股收益=（200−400×10%−500×12%）×（1−25%）÷100=0.75（元/股）

方案二：每股收益=（200−400×10%）×（1−25%）÷（100+500÷20）=0.96（元/股）

方案二的税后利润或每股收益更大，应选方案二。

总体来看，举债虽然有利息支出，具有可以税前扣除的优势，却存在到期还本的问题，而且会加大公司财务风险；发行股票、吸收直接投资，虽然分派的股息、红利不能在税前扣除，却无还本之忧，而且吸收资金的速度与规模都是举债所无法比拟的。从这个角度来看，专注于"节税"的融资方案很可能导致企业不顾财务风险，大规模举债，最终作出错误的决策。

【例4-31】假设某股份制企业共有普通股400万股，每股10元，没有负债。由于产品市场前景看好，该企业准备扩大经营规模，董事会经过研究，商定了三种融资方案（不考虑资本弱化问题）：方案一，发行股票600万股（每股10元），共6000万元；方案二，发行股票300万股、债券3000万元（债券年利率为8%）；方案三，发行债券6000万元。该企业适用的企业所得税税率为25%，预计下一年度资金的盈利情况见表4-11。试比较三个方案，并作出税收筹划分析。

表4-11　　　　　　　　　　某企业下一年度资金盈利情况

盈利率	10%	14%	18%
概率	30%	40%	30%

【解析】该企业预期盈利率=10%×30%+14%×40%+18%×30%=14%

预期盈利=（400×10+600×10）×14%=1 400（万元）

方案一：应交企业所得税税额=1 400×25%=350（万元）

税后利润=1 400-350=1 050（万元）

每股净利=1 050÷1 000=1.05（元）

方案二：利息支出=3 000×8%=240（万元）

应交企业所得税税额=（1 400-240）×25%=290（万元）

税后利润=1 400-240-290=870（万元）

每股净利=870÷700=1.24（元）

方案三：利息支出=6 000×8%=480（万元）

应交企业所得税税额=（1 400-480）×25%=230（万元）

税后利润=1 400-480-230=690（万元）

每股净利=690÷400=1.725（元）

随着负债融资额的增加，企业每股净利也在增加，企业的财务风险也在增加，所以，企业在融资时，不能仅从税收上考虑，应对融资成本、财务风险和经营利润进行综合考虑，选择最佳结合点。

第六节　企业重组的税收筹划

一、企业重组的概念

企业重组是指企业在日常经营活动以外发生的法律结构或经济结构重大改变的交易。企业重组是促进企业产业结构升级和优化资本结构的重要手段，是化解产能过剩的重要途径。企业重组包括企业法律形式改变、债务重组、股权收购、资产收购、合并、分立等活动。

企业法律形式的改变是指企业注册名称、住所以及企业组织形式等的简单改变。

债务重组是指在债务人发生财务困难的情况下，债权人按照其与债务人达成的书面协议或者法院裁定书，就债务人的债务作出让步的事项。

股权收购是指一家企业（以下简称"收购企业"）购买另一家企业（以下简称"被收购企业"）的股权，以实现对被收购企业控制的交易。收购企业支付对价的形式包括股权支付、非股权支付或两者的组合。

资产收购是指一家企业（以下简称"受让企业"）购买另一家企业（以下简称"转让企业"）实质经营性资产的交易。受让企业支付对价的形式包括股权支付、非股权支付或两者的组合。

企业合并是指一家或多家企业（以下简称"被合并企业"）将其全部资产和负债转让

给另一家现存或新设企业（以下简称"合并企业"），被合并企业的股东换取合并企业的股权或非股权支付，实现两家或两家以上企业的依法合并。

企业分立是指一家企业（以下简称"被分立企业"）将部分或全部资产分离转让给现存或新设的企业（以下简称"分立企业"），被分立企业的股东换取分立企业的股权或非股权支付，实现企业的依法分立。

二、企业重组的一般性税务处理

企业重组的一般性税务处理是将重组事项视同正常的购销业务处理。

（一）企业法律形式的改变

企业由法人转变为个人独资企业、合伙企业等非法人组织，或将登记注册地转移至境外（包括港澳台地区），应视同企业进行清算、分配，股东投资成立新企业。

转变后的新企业的全部资产以及股东投资的计税基础均应以公允价值为基础确定。企业发生其他法律形式简单改变的，可直接变更税务登记，除另有规定外，有关企业所得税纳税事项（包括亏损结转、税收优惠等权益和义务）由变更后企业承继，但因住所发生变化而不符合税收优惠条件的除外。

（二）债务重组的相关处理

1.以非货币性资产清偿债务的，应当分解为转让相关非货币性资产、按非货币性资产公允价值清偿债务两项业务，确认相关资产的所得或损失。

2.发生债权转股权的，应当分解为债务清偿和股权投资两项业务，确认有关债务清偿所得或损失。

3.债务人应当按照支付的债务清偿额低于债务计税基础的差额，确认债务重组所得；债权人应当按照收到的债务清偿额低于债权计税基础的差额，确认债务重组损失。

4.债务人的相关所得税纳税事项原则上保持不变。

（三）企业股权收购和资产收购的相关处理

1.被收购方应确认股权、资产转让所得或损失。

2.收购方取得股权或资产的计税基础应以公允价值为基础确定。

3.被收购企业的相关所得税纳税事项原则上保持不变。

（四）企业合并的相关处理

1.合并企业应按公允价值确定接受被合并企业各项资产和负债的计税基础。

2.被合并企业及其股东应按清算进行所得税处理。

3.被合并企业的亏损不得在合并企业结转弥补。

（五）企业分立的相关处理

1.被分立企业对分立出去的资产应按公允价值确认资产转让所得或损失。

2.分立企业应按公允价值确认接受资产的计税基础。

3.被分立企业继续存在，其股东取得的对价应视同被分立企业分配利润进行处理。

4.被分立企业不再继续存在，被分立企业及其股东应按清算进行所得税处理。

5.与企业分立相关的企业亏损不得相互结转弥补。

三、企业重组的特殊性税务处理

（一）适用特殊性税务处理的条件

1.具有合理的商业目的，且不以减少、免除或者推迟缴纳税款为主要目的。

2.被收购、合并或分立部分的资产或股权比例符合规定。

3.企业重组后的连续 12 个月内，不改变重组资产原来的实质性经营活动。

4.重组交易对价中涉及的股权支付金额符合规定比例。

5.企业重组中取得股权支付的原主要股东，在重组后连续 12 个月内，不得转让所取得的股权。

（二）特殊性税务处理

企业重组符合上述条件的，交易各方对其交易中的股权支付部分，可以按相应规定进行特殊性税务处理。

1.债务重组

企业债务重组确认的应纳税所得额占该企业当年应纳税所得额的 50% 以上，可以在 5 个纳税年度的期间内均匀计入各年度的应纳税所得额。企业发生债权转股权业务的特殊税务处理，对债务清偿和股权投资两项业务暂不确认有关债务清偿所得或损失，股权投资的计税基础以原债权的计税基础确定。企业的其他相关所得税事项保持不变。

2.股权收购

收购企业购买的股权不低于被收购企业全部股权的 50%，且收购企业在该股权收购发生时的股权支付金额不低于其交易支付总额的 85%，可以选择按以下规定处理：被收购企业的股东取得收购企业股权的计税基础，以被收购股权的原有计税基础确定。收购企业取得被收购企业股权的计税基础，以被收购股权的原有计税基础确定。收购企业、被收购企业原有的各项资产和负债的计税基础和其他相关所得税事项保持不变。

3.资产收购

受让企业收购的资产不低于转让企业全部资产的 50%，且受让企业在该资产收购发生时的股权支付金额不低于其交易支付总额的 85%，可以选择按以下规定处理：转让企业取得受让企业股权的计税基础，以被转让资产的原有计税基础确定。受让企业取得转让企业资产的计税基础，以被转让资产的原有计税基础确定。

4.企业合并

企业股东在该企业合并发生时取得的股权支付金额不低于其交易支付总额的 85%，以及同一控制下且不需要支付对价的企业合并，可以选择按以下规定处理：合并企业接受被合并企业资产和负债的计税基础，以被合并企业的原有计税基础确定。被合并企业合并前的相关所得税事项由合并企业承继。被合并企业股东取得合并企业股权的计税基础，以其原持有的被合并企业股权的计税基础确定。

$$\text{可由合并企业弥补的} \atop \text{被合并企业亏损的限额} = \text{被合并企业} \atop \text{净资产公允价值} \times \text{截至合并业务发生当年年末} \atop \text{国家发行的最长期限的国债利率}$$

5.企业分立

被分立企业所有股东按原持股比例取得分立企业的股权，分立企业和被分立企业均不改变原来的实质经营活动，且被分立企业股东在该企业分立发生时取得的股权支付金额不低于其交易支付总额的85%，可以选择按以下规定处理：

分立企业接受被分立企业资产和负债的计税基础，以被分立企业的原有计税基础确定。

被分立企业已分立出去的资产相应的所得税事项由分立企业承继。

被分立企业未超过法定弥补期限的亏损额可按分立资产占全部资产的比例进行分配，由分立企业继续弥补。

被分立企业的股东取得分立企业的股权（以下简称"新股"），如需部分或全部放弃原持有的被分立企业的股权（以下简称"旧股"），"新股"的计税基础应以放弃"旧股"的计税基础确定。如无须放弃"旧股"，则其取得"新股"的计税基础可选择以下两种方法中的一种确定：一是直接将"新股"的计税基础确定为零；二是以被分立企业分立出去的净资产占被分立企业全部净资产的比例先调减原持有的"旧股"的计税基础，再将调减的计税基础平均分配到"新股"上。

重组交易各方按上述规定对交易中股权支付暂不确认有关资产的转让所得或损失的，其非股权支付仍应在交易当期确认相应的资产转让所得或损失，并调整相应资产的计税基础。

$$非股权支付对应的资产转让所得或损失 = \left(被转让资产的公允价值 - 被转让资产的计税基础\right) \times \left(非股权支付金额 \div 被转让资产的公允价值\right)$$

四、企业重组的税收筹划

企业重组的税务处理包括一般性税务处理和特殊性税务处理。在一般性税务处理下，资产（股权）收购应确认资产（股权）转让所得或损失，收购方取得资产（股权）的计税基础以公允价值为基础确定。在特殊性税务处理下，收购方和被收购方取得资产（股权）的计税基础以账面价值为基础确定。资产计税基础的变化会影响企业的折旧和摊销，从这个角度来看，一般性税务处理对并购企业更有利。财税〔2009〕59号文件中关于一般性税务处理的规定是：收购方取得股权或资产的计税基础应以公允价值为基础确定。

通常情况下，并购时资产都是会增值的，企业可以在以后年度计提更多的折旧和摊销，这会起到节税的效果。在特殊性税务处理下，资产（股权）转让所得或损失暂时无须确认，企业也暂时无须缴纳企业所得税，在日后转让时才纳税，这起到了延迟缴纳税款的作用。在进行资产（股权）转让交易时，企业可以通过满足特殊性税务处理条件，达到延迟缴纳税款的目的。

（一）股权收购的税收筹划

【例4-32】甲企业持有乙企业100%的股权，计税基础是3 000万元，公允价值为6 000万元。A企业欲收购甲企业所持有的乙企业的全部股权，价款为6 000万元。方案一，A企业收购的全部价款以非股权形式支付，A企业收购甲企业所持乙企业股权的计税基础为6 000万元；方案二，A企业分别以5 400万元的股权和600万元的现金作为对价支付给乙企业的股东甲企业。试比较以上方案，并基于企业所得税税负最小化作出选择。

【解析】方案一，这种股权收购适用一般性税务处理。

甲企业转让所持有的乙企业股权的资产转让所得=6 000-3 000=3 000（万元）

甲企业应缴纳企业所得税税额=3 000×25%=750（万元）

方案二，A企业收购乙企业的股权超过了乙企业全部股权的50%，且股权支付占全部价款的比例为90%（5 400÷6 000×100%），超过了85%。假设该项收购同时满足税法规定的其他特殊性税务处理条件，可以按照特殊性税务处理方式处理。根据规定，5 400万元的股权支付对应的股权转让不需要纳税，但600万元的非股权支付对应的增值额要缴纳企业所得税。

非股权支付对应的资产转让所得=（6 000-3 000）×（600÷6 000）=300（万元）

甲企业应缴纳企业所得税税额=300×25%=75（万元）

方案二比方案一可暂时少缴纳企业所得税675万元（750-75），在条件许可的情形下，应选择方案二。

【例4-33】甲企业全部资产的计税基础为1 000万元，公允价值为1 500万元。乙企业准备收购甲企业全部资产，价款为1 500万元。方案一，乙企业收购的全部价款以非股权形式支付；方案二，乙企业分别以1 350万元的股权和150万元的现金作为对价支付给甲企业。试比较以上方案，并基于企业所得税税负最小化作出选择。

【解析】方案一，采用一般性税务处理。

甲企业应缴纳企业所得税税额=（1 500-1 000）×25%=125（万元）

方案二，乙企业收购甲企业全部资产，收购资产比例超过50%，且股权支付比例为90%（1 350÷1 500×100%），大于85%。假设该交易符合特殊性税务处理的其他条件，那么可以采用特殊性税务处理。

甲企业这项交易的增值额=1 500-1 000=500（万元）

甲企业应缴纳企业所得税税额=500×150÷1 500×25%=12.5（万元）

通过税收筹划，可以减少纳税112.5万元（125-12.5），应选择方案二。

（二）并购重组的税收筹划

企业的并购重组体现了税收协同效应，并购活动具有提高管理层业绩以及其他形式的协同效应，有潜在的社会效益。合理利用税收优惠政策会使并购的效果达到最佳。并购完成时，在符合特殊性税务处理的前提下，并购方可以继承被合并方的相关权益。财税〔2009〕59号文件规定，在企业吸收合并中，合并后存续企业的性质及适用税收优惠的条件未发生改变的，可以继续享受合并前该企业剩余期限的税收优惠，其优惠金额按存续企业合并前一年的应纳税所得额（亏损计为零）计算；关于亏损弥补，可由合并企业弥补的被合并企业亏损的限额=被合并企业净资产公允价值×截至合并业务发生当年年末国家发行的最长期限国债的利率。

【例4-34】甲公司欲合并乙公司，乙公司在被合并时的净资产公允价值为7 500万元，尚未弥补的亏损为1 250万元，该亏损的税前弥补期限尚有3年。甲公司和乙公司双方股东达成协议，甲公司股东于2023年1月1日以价值6 000万元的股份和1 500万元的现金合并乙公司。假设合并后的甲公司2023年、2024年、2025年未弥补亏损前的应纳税所得额分别为1 000万元、1 500万元、1 500万元，假定2023年、2024年、2025年国家发行的最长期限国债的利率均为4%。试对以上业务进行税收筹划。

【解析】在企业合并过程中，应当尽量使合并企业股东在合并发生时的股权支付金额不低于其交易支付总额的85%，这样，在被合并企业存在尚未弥补完的亏损的情况下可进行特殊性税务处理，即可由合并企业弥补被合并企业未弥补的亏损，从而达到少缴或者晚缴企业所得税的目的。

方案一，甲公司以价值 6 000 万元的股份和 1 500 万元的现金合并乙公司。

股权支付比例=6 000÷（6 000+1 500）×100%=80%<85%

合并企业甲公司不能弥补被合并企业乙公司的亏损，因此：

甲公司 3 年应缴纳企业所得税合计额=（1 000+1 500+1 500）×25%=1 000（万元）

方案二，甲公司以价值 6 500 万元的股份和 1 000 万元的现金合并乙公司。

股权支付比例=6 500÷（6 500+1 000）×100%=86.67%>85%

合并企业甲公司可在税法规定的限额内弥补被合并企业乙公司的亏损。

甲公司 2023 年可弥补的亏损限额=7 500×4%=300（万元）

由于 300 万元<1 250 万元，因此：

甲公司应缴纳企业所得税税额=（1 000-300）×25%=175（万元）

甲公司 2024 年可弥补的亏损限额=7 500×4%=300（万元）

由于 300 万元<950 万元（1 250-300），因此：

甲公司应缴纳企业所得税税额=（1 500-300）×25%=300（万元）

甲公司 2025 年可弥补的亏损限额=7 500×4%=300（万元）

由于 300 万元<650 万元（950-300），因此：

甲公司应缴纳企业所得税税额=（1 500-300）×25%=300（万元）

甲公司 3 年应缴纳企业所得税合计额=175+300+300=775（万元）

方案二比方案一少缴纳企业所得税 225 万元（1 000-775），应选择方案二。

特殊性税务处理会产生递延纳税的好处，应当注意特殊性税务处理需要满足的条件为"具有合理的商业目的，且不以减少、免除或者推迟缴纳税款为主要目的"。

●●●● 思考与练习

一、即测即评

第四章单项选择题

第四章多项选择题

第四章判断题

二、计算分析题

1.甲公司 2024 年 7 月 15 日准备以 1 600 万元的价格转让某技术，技术转让成本和相关税费为 600 万元。试比较以下两个方案，并基于企业所得税税负最小化作出选择：方案一，2024 年 7 月 15 日签订直接收款的技术转让合同；方案二，签订分期收款的技术转让合同，2024 年 7 月 15 日收款 800 万元，2025 年 4 月 15 日收款 800 万元，相关税费均分。

2.甲公司为中国居民企业，现有闲置资金 5 000 万元，准备对外投资，有两个方案可供选择：方案一，甲公司与其他公司联营，共同投资创建一家新的高新技术企业乙公司（在中国境内注册成立），甲公司拥有乙公司 40%的股权，预计乙公司每年可实现盈利 800 万元，税后利润提取法定盈余公积后全部分配。方案二，甲公司用 5 000 万元购买国债，年利率为 6%。采用哪种投资方案可以获得更多的税后收益？

3.甲公司有职工 1 000 人，人均年税前工资、薪金收入为 50 000 元（均未超过 60 000

元的综合所得年免征额，且甲公司所有职工的综合所得中只有工资、薪金所得）。甲公司本年1月1日在生产经营中急需2 000万元资金。

由于各种原因，甲公司难以向银行借款，现有三种筹资方案可供选择：方案一，向社会上的个人借款，年利率为12%，借款期限为1年，本年年末一次性还本付息，且无须提供担保。方案二，向本公司职工集资，每人集资20 000元，年利率为12%，集资期限为1年，本年年末一次性还本付息，且无须提供担保。方案三，向本公司职工集资，每人集资20 000元，年利率为7%，另外按照每人1 000元（20 000×5%）的金额增加职工工资、薪金，增加后的人均年税前工资、薪金收入为51 000元（均未超过60 000元的综合所得年免征额）。

银行同期同类贷款利率为7%，预计本年度的利润总额为4 000万元（未扣除因集资2 000万元而发生的费用），且没有其他企业所得税纳税调整项目。试从个人所得税与企业所得税的角度比较三个方案的税负，并基于税负最小化作出选择。

三、案例分析题

1.A企业可享受研发费用加计扣除政策，为保证研发团队员工的稳定性并激发其工作积极性，本年度A公司决定在"五险一金"的基础上，为全体研发人员每人办理一份商业保险。A公司如何进行税收筹划可以减轻企业所得税税负？

2.A公司申报的某科研开发项目得到当地政府部门批准后立项，并取得财政性专项资金500万元。假设这500万元财政性专项资金完全符合财税〔2011〕70号文件规定的"不征税收入"的条件。A公司如何处理这500万元"不征税收入"最有利？

3.A公司是一家从事安防设备研发的企业，符合国家规划布局内重点软件企业的资质要求，当年享受10%的企业所得税优惠税率。当年10月22日，A公司拟以12亿元出售此前购买成本为80 000万元的B子公司100%的股权。B子公司是一家交通行业解决方案供应商，注册资本为8 000万元。截至当年第三季度，B子公司账上未分配利润为30 000万元，盈余公积为3 000万元，货币资金为6 000万元。A公司此时出售B子公司主要是为了获得较高的溢价以解决自身的经营现金流问题。请分析以下四个方案并基于税负最小化作出选择：

方案一，A公司将所持B子公司的股份直接转让。A公司所持股份的转让价为12亿元，原持有长期股权投资的计税基础为80 000万元，转让时除企业所得税、印花税外，不考虑其他费用。按照《企业所得税法》的规定，A公司计算应纳税所得额时，股权计税成本和交易相关的印花税等合理支出可税前扣除，而B子公司留存收益中的33 000万元〔（30 000+3 000）×100%〕不得税前扣除。

方案二，A公司要求B子公司先分红再转让。A公司要求B子公司于第三季度分红，由于B子公司的货币资金只有6 000万元，分红为4 000万元，全部归属于A公司。扣除红利后，转让合同金额为116 000万元，原持有的长期股权投资的计税基础为80 000万元。按照《企业所得税法》的规定，A公司分红所得4 000万元为免税收入，无须缴纳企业所得税。

方案三，A公司要求B子公司分红、转增后再转让。根据方案二，A公司分得红利4 000万元，扣除红利后，转让合同金额为116 000万元。B子公司盈余公积为3 000万元，转增时留存的该项公积金不得少于2 000万元（8 000×25%），因此可用1 000万元（3 000-

2 000）转增股本，转增后注册资本增加到9 000万元（8 000+1 000）。因B子公司用盈余公积转增资本相当于先分红再入股，分红免税，故A公司所持按投资比例增加的注册资本份额无须缴纳企业所得税。

方案四，A公司先减资，再转让。A公司先减少其在B子公司41%的投资，再将剩余股权全部转让。因未能取得B子公司存货和固定资产的公允价值，故选择以流动资产中的货币资金和短期债权支付对价；又考虑到B子公司维持正常运营的资金需求，在权衡B子公司以货币资金和短期债权支付对价的能力以及节税效果后，将减资比例确定为41%。A公司因减资收回49 200万元，包括货币资金4 800万元以及短期债权44 400万元。

第五章　个人所得税的税收筹划

【学习目标】

1.掌握纳税人身份选择的个人所得税筹划方法；

2.熟悉工资、薪金所得，劳务报酬所得等的个人所得税筹划方法；

3.了解个人捐赠的个人所得税筹划方法；

4.了解规避应税所得的个人所得税筹划方法；

5.了解股权激励的个人所得税筹划方法。

●●●思政园地

习近平总书记曾指出，人民对美好生活的向往，就是我们的奋斗目标。收入分配是民生之源，是改善民生、实现发展成果由人民共享最重要、最直接的方式，要通过深化收入分配制度改革等措施使收入分配更合理、更有序。当前的重点是规范收入分配秩序，完善收入分配调控体制机制和政策体系，增加低收入者收入，扩大中等收入者比重，努力缩小城乡、区域、行业收入分配差距，逐步形成橄榄型分配格局。党的二十大提出，完善个人所得税制度，规范收入分配秩序，规范财富积累机制，保护合法收入，调节过高收入，取缔非法收入。

党的二十届三中全会强调，要健全直接税体系，完善综合和分类相结合的个人所得税制度，规范经营所得、资本所得、财产所得税收政策，实行劳动性所得统一征税。从税制设计来看，我国的个人所得税担负收入分配的重任，新一轮个税改革也是基于为中低收入阶层减税的目的。从我国个税收入来源结构看，大多数领取工资、薪金的中低收入人群是个税的主要纳税主体，因此聚焦中低收入人群的减税政策发挥了很大的作用。个税改革主要是增加基本减除费用、增加专项附加扣除、扩大低收入的税基级距，这些制度设计均对准了中低收入人群，以实现精准施策。个税改革的红利正加速释放，中低收入群体，尤其是上有老下有小还有房贷负担的工薪阶层，减负感受最为明显。

●●●案例导入

居民个人王某 2023 年、2024 年、2025 年这 3 年取得的综合所得应纳税所得额（每一纳税年度的收入额减除费用 60 000 元以及专项扣除、专项附加扣除和依法确定的其他扣除后的余额）合计 450 000 元。根据王某的工作性质，现有两种取得所得方案可供选择：方案一，2023年的应纳税所得额为50 000元，2024年的应纳税所得额为150 000元，2025年的应纳税所得额为250 000元。方案二，2023年、2024年、2025年的应纳税所得额均为150 000元。如何作出选择可以实现少缴个人所得税？

方案一：

2023年综合所得应纳个人所得税税额=50 000×10%-2 520=2 480（元）

2024年综合所得应纳个人所得税税额=150 000×20%-16 920=13 080（元）

2025年综合所得应纳个人所得税税额=250 000×20%-16 920=33 080（元）

3年应纳个人所得税合计额=2 480+13 080+33 080=48 640（元）

方案二：

2023年综合所得应纳个人所得税税额=150 000×20%-16 920=13 080（元）

2024年综合所得应纳个人所得税税额=150 000×20%-16 920=13 080（元）

2025年综合所得应纳个人所得税税额=150 000×20%-16 920=13 080（元）

3年应纳个人所得税合计额=13 080+13 080+13 080=39 240（元）

方案二比方案一少缴纳个人所得税9 400元（48 640-39 240），应选择方案二。

第一节 纳税人身份选择的税收筹划

一、纳税人身份判定的税收筹划

按照国际通行的做法，依照住所和居住时间两个标准，个人所得税的纳税人分为居民个人和非居民个人，分别承担不同的纳税义务，见表5-1。

表5-1   个人所得税纳税人类别及判定标准

纳税人类别	承担的纳税义务	判定标准
居民个人	负有无限纳税义务，其所取得的应纳税所得，无论来源于中国境内，还是来源于中国境外的任何地方，都要在中国缴纳个人所得税	住所标准和居住时间标准只要具备其中一个，就是居民个人：住所标准，即"在中国境内有住所"，是指因户籍、家庭、经济利益关系而在中国境内习惯性居住；居住时间标准，即"无住所而一个纳税年度内在中国境内居住累计满183天"，是指在一个纳税年度（公历1月1日起至12月31日止）内，在中国境内居住累计满183天
非居民个人	负有有限纳税义务，只就其来源于中国境内的所得，向中国缴纳个人所得税	非居民个人的判定标准是以下两条必须同时具备：在中国境内无住所；在中国境内不居住或者一个纳税年度内在中国境内居住累计不满183天

几乎所有国家都有对非居民纳税人在境内短暂停留不征税的规定。我国法律规定，非居民个人一个纳税年度在中国境内连续或累计居住不超过90天的，由中国境外雇主支付并不由该雇主在中国境内机构、场所负担的部分，免予缴纳个人所得税。

无住所个人一个纳税年度在中国境内累计居住满183天的，如果此前6年在中国境内每年累计居住天数都满183天而且没有任何一年单次离境超过30天，则该纳税年度来源于中国境内、境外所得应当缴纳个人所得税；如果此前6年的任何一年在中国境内累计居住天数不满183天或者单次离境超过30天，则该纳税年度来源于中国境外且由境外单位或者个人支付的所得，免予缴纳个人所得税。

无住所个人一个纳税年度在中国境内累计居住天数，按照个人在中国境内累计停留的天数计算。在中国境内停留的当天满24小时的，计入中国境内居住天数；在中国境内停留的当天不足24小时的，不计入中国境内居住天数。例如，李先生为中国香港居民，在深圳工作，每周一早上来深圳上班，周五晚上回香港。周一和周五当天停留都不足24小时，因此不计入境内居住天数，周六、周日2天也不计入，这样，每周可计入的天数仅为3天，按全年52周计算，李先生全年在境内居住的天数为156天，未超过183天，其不构成居民个人，李先生取得的全部境外所得可免缴个人所得税。

在中国境内无住所的个人，在中国境内居住累计满183天的年度连续不满6年的，经向主管税务机关备案，其来源于中国境外且由境外单位或者个人支付的所得，免予缴纳个人所得税，只就中国境内的所得缴纳个人所得税；在中国境内居住累计满183天的任一年度有一次离境超过30天的，其在中国境内居住累计满183天的年度的连续年限重新起算。无住所个人通过居住时间的合理操作，可以避免就从中国境内和境外取得的全部所得在中国缴纳个人所得税。

例如，张先生为中国香港居民，2019年1月1日来深圳工作，2026年8月30日回香港工作。在此期间，除2025年2月1日至3月15日临时回香港处理公务外，其余时间一直停留在深圳。张先生在境内居住累计满183天的年度，自2019年开始计算。2019年至2024年期间，张先生在境内居住累计满183天的年度连续不满6年，其取得的境外支付的境外所得就可免缴个人所得税。2025年，张先生在境内居住满183天，从2019年开始计算，他在境内居住累计满183天的年度已经连续满6年，且没有单次离境超过30天的情形，2025年张先生应就在境内和境外取得的所得缴纳个人所得税。但对于2026年而言，由于张先生2025年有单次离境超过30天的情形（2025年2月1日至3月15日），其在内地居住累计满183天的连续年限清零，重新起算，2026年当年张先生取得的境外支付的境外所得可以免缴个人所得税。

外籍个人可充分利用中国税法对居民个人和非居民个人的规定，避免就从中国境内和境外取得的全部所得缴纳个人所得税，而仅就从中国境内取得的所得缴纳个人所得税，从而减轻税负。

【例5-1】英国工程师汤姆受雇于一家位于英国的高科技公司，他受英国公司指派，于2024—2025年到中国某企业担任为期9个月的技术顾问。汤姆应如何选择工作时间来减轻个人所得税税负？

【解析】第一，汤姆可以采取跨年度停留的方式。如2024年8月1日入境，2025年4月30日离境，则该外籍个人2024年度在中国境内居住152天，为非居民个人；2025年度在中国境内居住119天，亦为非居民个人。2024年度和2025年度，汤姆只需就来源于中国境内的所得在中国缴纳个人所得税。第二，汤姆可以向主管税务机关申请备案，在2024年1月1日入境，2024年9月30日离境，其2024年度在中国境内居住的时间超过183天，其来源于中国境外且由境外单位或者个人支付的所得，免予缴纳个人所得税，只需就来源于中国境内的所得在中国缴纳个人所得税。

二、选择不同组织形式的税收筹划

税法规定，具有法人资格的企业（股份有限公司、有限责任公司）需要缴纳25%的企业所得税，个人股东从股份有限公司和有限责任公司分配的税后利润需要按照"利息、股息、红利所得"缴纳20%的个人所得税。不具有法人资格的企业（个体工商户、个人独资企业、合伙企业）不需要缴纳企业所得税。

由于公司制企业及其个人股东需要缴纳两次所得税，而且公司设立成本以及经营管理成本比个人独资企业和合伙企业高，所以设立个体工商户、个人独资企业、合伙企业的整体税费负担较轻。但是《企业所得税法》规定了较多的税收优惠政策，这些政策仅针对公司，个人独资企业和合伙企业无法享受。因此，投资者选择不同的组织形式，将面对不同的税种和税率，税收负担也存在差异。

个人通过在中国境内注册登记的个体工商户、个人独资企业、合伙企业从事生产经营活动取得的所得按照"经营所得"缴纳个人所得税。取得经营所得的个人，没有综合所得的，计算其每一纳税年度的应纳税所得额时，应当减除费用6万元、专项扣除、专项附加扣除以及依法确定的其他扣除。专项附加扣除在办理汇算清缴时减除。经营所得适用5%~35%的五级超额累进税率（见表5-2）。

表5-2 经营所得个人所得税税率表

级数	全年应纳税所得额	税率（%）	速算扣除数
1	不超过30 000元的	5	0
2	超过30 000元至90 000元的部分	10	1 500
3	超过90 000元至300 000元的部分	20	10 500
4	超过300 000元至500 000元的部分	30	40 500
5	超过500 000元的部分	35	65 500

【例5-2】居民个人张某欲成立一家食品公司，预计资产总额为5 000万元。张某估计开始生产以后，每年的销售收入可达3 000万元，假定销售利润率为13%，企业所得税税率为25%。现在有三个方案：方案一，成立个人独资企业，由张某出资5 000万元，假定销售利润为应纳税所得额。方案二，成立合伙企业，由张某和另一个合伙人王某各出资2 500万元，合同约定每年取得的销售利润均分（假设两位合伙人每人分得的利润恰好等于各自的应纳税所得额）。方案三，成立公司制企业，由张某和王某入股，各出资2 500万元，假定利润总额无纳税调整事项，两位股东约定将税后利润提取盈余公积后全部平均分配。

本年张某、王某每人除了获取上述所得之外，没有获取综合所得（工资、薪金所得，劳务报酬所得，稿酬所得，特许权使用费所得）。试分析以上方案的所得税税负，并基于税负最小化作出选择（为简化计算，不考虑减除费用60 000元、专项扣除与专项附加扣除等因素）。

【解析】方案一，成立个人独资企业。

销售利润=3 000×13%=390（万元）

张某应纳个人所得税税额=390×35%-6.55=129.95（万元）

方案二，成立合伙企业。

销售利润=3 000×13%=390（万元）

每位合伙人应纳税所得额=390÷2=195（万元）

每位合伙人应纳个人所得税税额=195×35%-6.55=61.70（万元）

两位合伙人应纳个人所得税总额=61.70×2=123.40（万元）

方案三，成立公司制企业。

企业税前利润=3 000×13%=390（万元）

应缴纳企业所得税=390×25%=97.50（万元）

税后利润=390-97.50=292.50（万元）

企业提取法定盈余公积=292.50×10%=29.25（万元）

企业向股东分配的利润合计额=292.50-29.25=263.25（万元）

两位股东"利息、股息、红利所得"应纳个人所得税税额=263.25÷2×20%×2=52.65（万元）

应纳税额合计=97.50+52.65=150.15（万元）

经过以上分析可以看出，合伙企业整体税负最低，其次是个人独资企业，公司制企业税负最高。从税负角度而言，应该采用方案二。

【例5-3】本年1月1日起，周某承包一家公司制企业，合同规定周某平时不领取工资，从企业净利润中上缴承包费110 000元，其余经营成果归周某所有。本年该企业实现利润总额250 000元。方案一，周某仍使用公司制企业的营业执照；方案二，周某将公司制企业改为个体工商户。试比较以上方案，并基于个人所得税税负最小化作出选择（暂不考虑小微企业与个体工商户的税收优惠，也不考虑专项扣除、专项附加扣除等因素，且周某没有其他综合所得）。

【解析】方案一，周某仍使用公司制企业的营业执照，按照《企业所得税法》的规定，该企业应当缴纳企业所得税，税后所得要按照"经营所得"缴纳个人所得税。

应缴纳企业所得税税额=250 000×25%=62 500（元）

周某经营所得应纳税所得额=250 000-62 500-110 000-5 000×12=17 500（元）

周某应纳个人所得税税额=17 500×5%=875（元）

周某应当缴纳的税收总额=875+62 500=63 375（元）

方案二，周某将公司制企业改为个体工商户，只需按照"经营所得"缴纳个人所得税。

周某经营所得应纳税所得额=250 000-110 000-5 000×12=80 000（元）

周某应纳个人所得税税额=80 000×10%-1 500=6 500（元）

方案二的税收负担比方案一减少了56 875元（63 375-6 500），应选择方案二。其主要原因在于公司制企业同时面临企业所得税和个人所得税双重税收负担，相当于对周某的收入重复课税，而个体工商户、个人独资企业、合伙企业只需要缴纳个人所得税。

在进行税收筹划时，纳税人的组织形式主要是在公司制企业和个体工商户、个人独资企业、合伙企业等类型中进行选择。纳税人选择不同的组织形式，其税收负担有很大的不同，纳税人在投资之前应慎重考虑。当然，纳税人在组织形式的选择上，不能仅考虑各种组织形式税负的高低，还应考虑不同组织形式的非税因素的影响。投资者在决定具体的投资方式、组织形式时，还有其他因素需要考虑，比如经营行业、经营期限、经营目标等。

第二节　个人应税所得与个人捐赠的税收筹划

一、个人应税所得的税收筹划

（一）工资、薪金所得的税收筹划

工资、薪金所得属于综合所得，适用最低边际税率为3%、最高边际税率为45%的七级超额累进税率，随着工资、薪金收入的提高，所适用的税率也随之提高。为降低适用税率且不影响生活水准，常见的筹划方法有工资、薪金福利化以及各项扣除的灵活运用。

1.工资、薪金福利化

工资、薪金作为综合所得的一部分，适用超额累进税率（见表5-3）。当累进到一定程度后，新增工资、薪金由于适用更高的边际税率，会加重纳税人税负，纳税人在用税后收入进行日常消费时，可支配收入将减少。如果将纳税人的一小部分工资、薪金转为福利，而这种福利也可以满足其日常消费，以此降低个人所得税的税基，使其适用相对较低的边际税率，减少个人所得税应纳税额，则其剩余的可支配收入会相应增加。

如果纳税人产生通信费、交通费、工作餐等相关费用，获取正规渠道的发票，向单位实报实销，相当于单位对这些日常消费进行补贴，就可以抵消悉数发放工资、薪金的个人所得税适用较高税率的冲击。因此，在有福利制度相配套的条件下，单位职工在日常消费过程中要及时索要发票，按规定报销。

表5-3　　　　　　　　　个人所得税税率表（综合所得适用）

级数	全年应纳税所得额	税率（%）	速算扣除数
1	不超过36 000元	3	0
2	超过36 000元至144 000元的部分	10	2 520
3	超过144 000元至300 000元的部分	20	16 920
4	超过300 000元至420 000元的部分	25	31 920
5	超过420 000元至660 000元的部分	30	52 920
6	超过660 000元至960 000元的部分	35	85 920
7	超过960 000元的部分	45	181 920

此外，企业可以采用非货币支付办法，提高职工集体福利支出，间接增加职工收入。例如，免费为职工提供宿舍（公寓）、用餐及交通便利等相关集体福利。企业配备车辆接送员工上下班，这部分支出可以从员工的工资中扣除，从而降低名义收入，减少个人所得税应纳税额，也可以选择给员工发放交通补贴，符合标准的无须扣缴个人所得税。税法规定，个人因公务用车和通信制度改革而取得的公务用车、通信补贴收入，扣除一定标准的公务费用后，按照"工资、薪金所得"项目计算和代扣代缴个人所得税。

之所以要扣除一定标准，是因为包括公务用车补贴在内的公务交通补贴中包含一定比例的公务费用，这部分公务费用应由公司承担，不构成员工的个人所得，也不征收个人所得税。例如，天津市规定，以现金形式发放给个人的办公通信补贴，或以报销方式支付给个人的办公通信费用，费用扣除标准为每月不超过500元（含500元）。其中，机关、事业单位发放给个人的办公通信补贴，费用扣除标准为天津市财政、人力社保部门规定的发放标准，但每月最高不得超过500元（含500元）。

比如，某企业职工的月平均工资为9 000元，其中用于上下班的交通费支出为500元。若企业能为该职工提供免费交通班车，同时将该职工的工资降低500元，也就是该职工的名义工资为8 500元，其实际收入保持不变。该职工名义工资下降使得综合所得的应纳税所得额降低，从而减少应纳税额，减轻了税收负担，并使个人税后净收益增加。同时，企业替员工个人支付的费用从会计核算角度可以计入成本或期间费用，进而减少企业所得税应纳税所得额，同样可减轻企业所得税税负。

【例5-4】本年某会计师事务所员工周某想参加高端税务咨询培训班，学费为4 000元/月，为期1年。周某每月的工资为11 000元。周某应如何与就职的会计师事务所进行沟通来进行个人所得税筹划？

【解析】方案一，周某每月从会计师事务所领取11 000元工资，同时自行承担学费，不考虑专项扣除、专项附加扣除等。

周某本年度须缴纳个人所得税税额=（11 000×12-60 000）×10%-2 520=4 680（元）

方案二，周某与会计师事务所协商，由其承担学费，同时周某每月的工资降至7 000元。

对会计师事务所而言，每月4 000元的支出可以作为职工教育经费在企业所得税税前扣除；对周某而言，会计师事务所代其支付学费后，其税后可支配收入增加了。

周某本年度须缴纳个人所得税税额=（7 000×12-60 000）×3%=720（元）

方案二比方案一少缴纳个人所得税3 960元（4 680-720），应选择方案二。

2.扣除项目的筹划

（1）利用"三险一金"进行筹划

税法规定，企事业单位按照国家或省（自治区、直辖市）人民政府规定的缴费比例或办法实际缴付的基本养老保险费、基本医疗保险费和失业保险费，免征个人所得税；个人按照国家或省（自治区、直辖市）人民政府规定的缴费比例或办法实际缴付的基本养老保险费、基本医疗保险费和失业保险费，允许在个人应纳税所得额中扣除。单位和个人分别在不超过职工本人上一年度月平均工资12%的幅度内，实际缴存的住房公积金，允许在个人应纳税所得额中扣除。

单位和职工个人缴存住房公积金的月平均工资不得超过职工工作地所在设区城市上一年度职工月平均工资的3倍，具体标准按照各地有关规定执行。特别是缴纳的住房公积金，当员工个人购房、修缮房屋或者退休时，已经缴纳的住房公积金要退还本人，退还之前存放在住房公积金管理中心的公积金有存款利息。由于员工实际缴存的住房公积金可在个人应纳税所得额中扣除，所以，实际上是将个人的一部分应税收入转化为可以免税的个人住房公积金存款。

【例5-5】居民个人王某每月从单位取得工资10 000元，减除个人负担的社会保险费500元后，每月实际取得工资9 500元。该单位未为王某缴纳住房公积金，王某也未自行缴纳。王某上一年度的月平均工资为 8 000 元，其工作所在地城市上一年度职工月平均工资为 5 000 元（假定本例中社会保险费 500 元在规定扣除的标准和范围内，只考虑基本费用与"三险一金"扣除，不考虑专项附加扣除等项目）。试设计筹划方案，并基于个人所得税税负最小化作出选择。

【解析】方案一，该单位未为王某缴纳住房公积金，王某也未自行缴纳。

王某全年应纳个人所得税税额=（9 500-5 000）×12×10%-2 520=2 880（元）

方案二，该单位将原来发给王某的工资中占上一年度月平均工资12%的部分以住房公积金形式缴入王某的住房公积金账户，王某个人也以相同的金额缴入。

企业为王某缴纳的住房公积金=8 000×12%=960（元）

个人缴纳的住房公积金也为 960 元。

王某每月工资、薪金所得=10 000-500-960=8 540（元）

王某全年应纳个人所得税税额=（10 000-500-960-5 000）×12×10%-2 520=1 728（元）

方案二比方案一少缴个人所得税 1 152 元（2 880-1 728），应选择方案二。

（2）购买商业健康保险的筹划

财税〔2017〕39 号规定，自 2017 年 7 月 1 日起，在全国范围内对个人购买的符合规定的商业健康保险产品的支出，允许在当年（月）计算应纳税所得额时予以税前扣除，扣除限额为 2 400 元/年（200 元/月）。适用商业健康保险税收优惠政策的纳税人，是指取得工资、薪金所得，连续性劳务报酬所得的个人，以及取得个体工商户的生产经营所得、对企事业单位的承包承租经营所得的个体工商户业主、个人独资企业投资者、合伙企业个人合伙人和承包承租经营者。取得的连续性劳务报酬所得，是指个人连续 3 个月以上（含 3 个月）为同一单位提供劳务而取得的所得。

（3）专项附加扣除的筹划

《个人所得税专项附加扣除操作办法（试行）》规定，纳税人享受子女教育、继续教育、大病医疗、住房贷款利息或者住房租金、赡养老人、3 岁以下婴幼儿照护专项附加扣除。以上几项限定为对纳税人的综合所得进行扣除，但在扣除方法上给了纳税人一定的选择空间，纳税人应该充分利用现有政策，采取合适的方式让家庭享受最大限度的减税。在实务中，家庭成员的收入可能存在一定的差异，倘若差异较大，可以考虑调整专项附加扣除的金额来防止税率爬升而多缴税。

例如，对于一个家庭的夫妻双方来说，若一方全年综合所得较高，适用的税率较高，而另一方综合所得较低，适用的税率也较低，此时适用低税率的一方若增加专项附加扣除，虽然也有减税效果，但是不如由适用高税率的一方增加专项附加扣除。在这种情况下，可以在个人所得税 APP 上填报专项附加扣除信息前，进行税负预测和筹划安排，从而实现家庭整体税负的降低。

【例 5-6】周某和杨某为夫妻，周某每月的工资为 9 000 元，杨某每月的工资为 4 000 元，两人的工资、薪金为唯一收入，且工资收入均已减除了专项扣除。此外，周某、杨某在婚后首次购买住宅一套且享受首套房贷款利率，贷款期限为 20 年。那么，周某、杨某如何选择房贷利息的扣除，可以减轻家庭总的个人所得税税负？为简化计算，不考虑专项扣除与其他专项附加扣除等项目。

【解析】按照规定，首套住房贷款的利息，在实际发生贷款利息的年度，按照每月

1 000元的标准定额扣除。经夫妻双方约定，可以选择由其中一方扣除，具体扣除方式在一个纳税年度内不能变更。

方案一，每月1 000元的专项附加扣除由周某申报。

周某每月应纳个人所得税税额=（9 000-5 000-1 000）×3%=90（元）

杨某无须扣税，两人缴纳个人所得税合计90元。

方案二，每月1 000元的专项附加扣除由杨某申报。

周某每月应纳个人所得税税额=（9 000-5 000）×10%-210=190（元）

杨某仍无须扣税，两人缴纳个人所得税合计190元。

显然，住房贷款利息扣除应由周某申报。当夫妻双方中一方的工资低于5 000元，另一方的工资高于5 000元时，或者当双方工资均高于5 000元时，在减除5 000元基本费用后，若一人适用的税率高，另一人适用的税率低，则住房贷款利息扣除应由工资收入高的一方申报，这样能够最大限度地减轻家庭的个人所得税负担。

【例5-7】居民个人张某和王某是一对夫妻，其独生子在上小学，张某任职于甲公司，本年从甲公司获取的税前工资、薪金收入共计120 000元，本年专项扣除和依法确定的其他扣除合计22 000元，专项附加扣除只有子女教育这一项符合税法扣除的规定。王某任职于乙公司，本年从乙公司获取的税前工资、薪金收入共计300 000元，本年专项扣除和依法确定的其他扣除合计55 000元，专项附加扣除只有子女教育这一项符合税法扣除的规定。张某和王某本年无其他收入。

比较以下三种方案并作出税收筹划选择。方案一：对于子女教育专项附加扣除，选择由张某一方按扣除标准的100%扣除；方案二：对于子女教育专项附加扣除，选择由张某和王某双方分别按标准扣除的50%扣除；方案三：对于子女教育专项附加扣除，选择由王某一方按扣除标准的100%扣除。

【解析】方案一，对于子女教育专项附加扣除,选择由张某一方按扣除标准的100%扣除。

张某本年综合所得的应纳税所得额=120 000−60 000−22 000−2 000×12=14 000(元)

张某本年综合所得的应纳个人所得税=14 000×3%=420(元)

王某本年综合所得的应纳税所得额=300 000−60 000−55 000=185 000(元)

王某本年综合所得的应纳个人所得税=185 000×20%-16 920=20080(元)

张某和王某本年综合所得的应纳个人所得税合计=420+20 080=20 500(元)

方案二，对于子女教育专项附加扣除,选择由张某和王某双方分别按扣除标准的50%扣除。

张某本年综合所得的应纳税所得额=120 000−60 000−22 000−2 000×12×50%=26 000(元)

张某本年综合所得的应纳个人所得税=26 000×3%=780(元)

王某本年综合所得的应纳税所得额=300 000−60 000−55 000−2 000×12×50%=173 000(元)

王某本年综合所得的应纳个人所得税=173 000×20%-16 920=17 680(元)

张某和王某本年综合所得的应纳个人所得税合计=780+17 680=18 460(元)

方案三，对于子女教育专项附加扣除,选择由王某一方按扣除标准的100%扣除。

张某本年综合所得的应纳税所得额=120 000−60 000−22 000=38000(元)

张某本年综合所得的应纳个人所得税=38 000×10%-2520=1280(元)

王某本年综合所得的应纳税所得额=300 000−60 000−55 000−2 000×12=161 000(元)

王某本年综合所得的应纳个人所得税=161 000×20%-16 920=15 280(元)

张某和王某本年综合所得的应纳个人所得税合计=1 280+15 280=16 560(元)

方案三比方案一张某和王某合计少缴纳个人所得税3 940元(20 500-16 560),比方案二张某和王某合计少缴纳个人所得税1 900元(18 460-16 560),若以实现税负最小化为纳税筹划目标,应当优先选择方案三。

根据《个人所得税专项附加扣除操作办法(试行)》,除了上述住房贷款利息、子女教育专项附加扣除有选择空间以外,对于一个家庭而言,3岁以下婴幼儿照护、赡养老人、住房租金等专项附加扣除也可以自行选择扣除方式来达到节税效果。在筹划中需要注意,纳税人及其配偶在一个纳税年度内不能同时分别享受住房贷款利息和住房租金专项附加扣除。住房贷款利息和住房租金只能二选一。如果对于住房贷款利息进行了扣除,就不能再对住房租金进行扣除;反之,亦然。在一个家庭中,一般选择收入较高的个体按扣除标准的100%来扣除,因为其收入较高,适用的税率较高,所以在进行专项附加扣除后,降低了应纳税所得额或适用税率,节税效果更好。

3.非居民个人工资、薪金所得的筹划

非居民个人的工资、薪金所得,以每月收入额减除费用5 000元后的余额为应纳税所得额;劳务报酬所得、稿酬所得、特许权使用费所得,以每次收入额为应纳税所得额,适用按月换算后的非居民个人月度税率表(见表5-4)计算应纳税额。其中,劳务报酬所得、稿酬所得、特许权使用费所得以收入减除20%的费用后的余额为收入额。稿酬所得的收入额减按70%计算。计算公式为:

$$\begin{matrix}\text{非居民个人工资、薪金所得,劳务报酬所得,} \\ \text{稿酬所得,特许权使用费所得应纳税额}\end{matrix} = \begin{matrix}\text{应纳税} \\ \text{所得额}\end{matrix} × \text{税率} - \begin{matrix}\text{速算} \\ \text{扣除数}\end{matrix}$$

表5-4　　　　　非居民个人工资、薪金所得,劳务报酬所得,稿酬所得,

特许权使用费所得个人所得税税率表(按月)

级数	应纳税所得额	税率(%)	速算扣除数
1	不超过3 000元的部分	3	0
2	超过3 000元至12 000元的部分	10	210
3	超过12 000元至25 000元的部分	20	1 410
4	超过25 000元至35 000元的部分	25	2 660
5	超过35 000元至55 000元的部分	30	4 410
6	超过55 000元至80 000元的部分	35	7 160
7	超过80 000元的部分	45	15 160

非居民个人的工资、薪金所得不按年综合计征,而是按月适用七级超额累进税率计征个人所得税。如果非居民个人每月的工资、薪金收入存在波动,则工资、薪金收入高的月份适用的税率可能较高,而工资、薪金收入低的月份适用的税率可能较低,甚至有可能因工资、薪金收入不超过免征额5 000元而不缴税。因此,将非居民个人的工资、薪金按月均衡发放,有可能降低个人所得税税负。

【例5-8】非居民个人杰克(美国国籍)本年前3月在中国境内甲公司工作,之后返回美国。方案一,杰克以每月绩效与薪酬挂钩的方式取得工资、薪金收入,取得的税前工

资、薪金收入分别为20 000元、10 000元、6 000元。方案二，杰克均衡取得税前工资、薪金收入。试比较两个方案，并基于个人所得税税负最小化作出选择。

【解析】方案一：

应纳个人所得税合计额＝［（20 000-5 000）×20%-1 410］+［（10 000-5 000）×10%-210］+

（6 000-5 000）×3%

=1 910（元）

方案二：

每月取得税前工资、薪金收入=（20 000+10 000+6 000）÷3=12 000（元）

应纳个人所得税合计额＝［（12 000-5 000）×10%-210］×3=1 470（元）

方案二比方案一少缴纳个人所得税440元（1 910-1 470），应当选择方案二。

在非居民个人每月工资、薪金变化较大的情况下，可以采用平均取得工资、薪金的方式，一般情况下都能降低个人所得税税负。具体操作时，企业可预估非居民个人各月工资、薪金总额，然后前几个月按月平均发放，最后一个月多退少补。

（二）劳务报酬所得的税收筹划

取得劳务报酬的个人可以考虑由对方承担部分费用，以降低应纳税所得额。比如，由对方提供餐饮、报销交通费、提供住宿、提供办公用品、安排实验设备等日常支出。这些支出如果由个人负担，就不能在应纳税所得额中扣除；如果这些支出由对方承担，就能相应地降低自己的劳务报酬总额，使得该项劳务报酬所得适用较低的税率。对于非居民纳税人，由于其较为特殊的个人所得税计算方式，增加劳务报酬的取得次数可能节税。

1.居民个人费用转移的税收筹划

居民个人为他人提供劳务以取得报酬，可以考虑由对方提供一定的福利，将本应由自己承担的费用改由对方提供，达到规避个人所得税的目的。下列方式可以考虑：由对方提供餐饮服务、报销交通费、提供住宿等，以上操作等于增加了费用开支，相应地降低了自己的劳务报酬总额，进而降低了应纳税所得额。

【例5-9】王某到甲公司开办讲座，双方签订了合同并约定3万元报酬。在办讲座期间，王某发生的交通、住宿、用餐等费用共计5 000元。假设王某每月有10 000元工资收入，试比较以下方案，并基于个人所得税税负最小化作出选择（只考虑每年60 000元的基本费用扣除，不考虑专项扣除与专项附加扣除等）：方案一，王某自己负担交通、住宿、用餐等费用；方案二，王某与甲公司协商在合同中约定报酬为25 000元，交通、住宿、用餐等费用5 000元由甲公司承担。

【解析】方案一：应纳个人所得税税额＝［10 000×12+30 000×（1-20%）-60 000］×10%-2 520=5 880（元）

方案二：应纳个人所得税税额＝［10 000×12+25 000×（1-20%）-60 000］×10%-2 520=5 480（元）

方案二比方案一少缴纳税款400元（5 880-5 480），应选择方案二。

2.非居民个人费用转移的税收筹划

非居民个人在提供劳务时，接受劳务的单位按相关规定支付劳务报酬，非居民个人的相关费用由自己承担。从税收筹划的角度考虑，非居民个人可以和接受劳务的单位协商，在合法、合理的前提下，使相关费用由接受劳务的单位承担，并通过适当降低劳务报酬的方法对接受劳务的单位进行补偿。这样操作，接受劳务的单位没有损失，非居民个人的实际收入也没有减少，但由于劳务报酬（名义收入）降低了，可以降低个人所得税税负。

【例5-10】非居民个人杰克住在武汉，本年7月受邀去深圳甲公司讲课，为期5天。有两个方案可供选择：方案一，杰克从甲公司获取税前劳务报酬100 000元，交通费、食宿费等由杰克自理，共支出20 000元。方案二，杰克从甲公司获取税前劳务报酬80 000元，交通费、食宿费20 000元由甲公司承担。试比较以上方案，并基于个人所得税税负最小化作出选择（假设不考虑增值税因素）。

【解析】方案一：杰克应纳税所得额=100 000×（1-20%）=80 000（元）

应纳个人所得税税额=80 000×35%-7160=20 840（元）

税后收益=100 000-20 000-20 840=59 160（元）

方案二：杰克应纳税所得额=80 000×（1-20%）=64 000（元）

应纳个人所得税税额=64 000×35%-7 160=15 240（元）

税后收益=80 000-15 240=64 760（元）

方案二比方案一少缴纳个人所得税5 600元（20 840-15 240），多获取税后收益5 600元（64 760-59 160），应当选择方案二。

对于非居民个人而言，通过将费用合法、合理地转移给接受劳务的单位，同时减少个人的名义报酬，就可以减少个人所得税的计税依据，进而降低个人所得税税负。

3.增加劳务报酬取得次数的筹划

非居民个人取得的劳务报酬所得、稿酬所得、特许权使用费所得，属于一次性收入的，以取得该项收入为一次；属于同一项目连续性收入的，以一个月内取得的收入为一次。非居民个人取得工资、薪金所得，劳务报酬所得，稿酬所得，以及特许权使用费所得，有扣缴义务人的，由扣缴义务人按月或者按次代扣代缴税款，不办理汇算清缴。

【例5-11】非居民个人杰克为知名经济学家，本年应邀到我国进行为期2周的宏观经济学授课，现有两个方案可供选择：方案一，为我国甲公司授课2周，取得税前劳务报酬50 000元。方案二，先为我国乙公司授课1周，取得税前劳务报酬25 000元；然后为我国丙公司授课1周，取得税前劳务报酬25 000元。试比较以上方案，并基于个人所得税税负最小化作出选择（假设不考虑增值税因素）。

【解析】非居民个人的劳务报酬所得适用七级超额累进税率，在总收入一定的情况下，通过增加取得劳务报酬的次数来合理地降低每次收入额，有可能降低个人所得税税率，进而降低个人所得税税负。

方案一：

从甲公司取得劳务报酬的应纳税所得额=50 000×（1-20%）=40 000（元）

应纳个人所得税税额=40 000×30%-4 410=7 590（元）

方案二：

从乙公司取得劳务报酬的应纳税所得额=25 000×（1-20%）=20 000（元）

应纳个人所得税税额=20 000×20%-1 410=2 590（元）

从丙公司取得劳务报酬的应纳税所得额=25 000×（1-20%）=20 000（元）

应纳个人所得税税额=20 000×20%-1 410=2 590（元）

方案二应纳个人所得税合计额=2 590+2 590=5 180（元）

方案二比方案一少缴纳个人所得税2 410元（7 590-5 180），应当选择方案二。

非居民个人取得的劳务报酬所得分次计算缴纳个人所得税，不按年合并计算纳税，在总收入一定的情况下，增加取得劳务报酬所得的次数，有可能降低个人所得税的适用税率，从而降低个人所得税税负。另外，非居民个人如果每月能够均衡取得劳务报酬所得、稿酬所得、特许权使用费所得，也可以节税。非居民个人的这类所得按月换算后计算应纳税额，而居民个人取得综合所得（包括劳务报酬所得）需要按年合并计算个人所得税，因此这个方法不适用于居民个人。①

（三）财产转让所得的税收筹划

财产转让所得是指个人转让有价证券、股权、建筑物、土地使用权、机器设备、车船以及其他财产取得的所得，筹划方法主要基于财产转让所得的特殊规定与税收优惠。

1.拍卖财产的税收筹划

根据国家税务总局《关于加强和规范个人取得拍卖收入征收个人所得税有关问题的通知》的规定，个人拍卖除文字作品原稿及复印件外的其他财产，应以其转让收入额减除财产原值和合理费用后的余额为应纳税所得额，按照"财产转让所得"项目缴纳个人所得税。纳税人如不能提供合法、完整、准确的财产原值凭证，不能正确计算财产原值，按转让收入额的3%计算缴纳个人所得税；拍卖品经文物部门认定是境外回流文物的，按转让收入额的2%计算缴纳个人所得税。

【例5-12】周某拍卖一幅字画，拍卖价为20万元，可减除的财产原值与合理税费为12万元，如何进行税收筹划？

【解析】方案一，周某提供了该字画原值、相关税费凭证。

周某应纳个人所得税税额=（20 0000-120 000）×20%=16 000（元）

方案二，周某不能提供该字画原值、相关税费凭证，应按转让收入额的3%计算缴纳个人所得税。

周某应纳个人所得税税额=200 000×3%=6 000（元）

根据以上计算结果，应采用方案二，周某可节税10 000元（16 000-6 000）。在这种情况下，不提供合法、完整、准确的财产原值及税费凭证反而可以减轻税负。

2.转让限售股的税收筹划

自2010年1月1日起，对个人转让限售股取得的所得，按照"财产转让所得"项目适用20%的比例税率征收个人所得税。对转让限售股征税，不仅可以完善资本市场税收政策，发挥税收对高收入者的调节作用，还可以完善收入分配制度，促进收入分配公平，维护社会稳定，进而维护资本市场的公平和稳定，促进资本市场健康发展。个人转让限售股，以每次限售股转让收入减除股票原值和合理税费后的余额为应纳税所得额，计算公式为：

应纳税所得额=限售股转让收入-（限售股原值+合理税费）

其中，限售股转让收入是指转让限售股股票实际取得的收入；限售股原值是指限售股买入时的买入价及按照规定缴纳的有关费用；合理税费是指转让限售股过程中发生的印花税、佣金、过户费等与交易相关的税费。纳税人未能提供完整、真实的限售股原值凭证，不能准确计算限售股原值的，主管税务机关一律按限售股转让收入的15%核定限售股原值及合理税费。如果纳税人能提供完整、真实的限售股原值凭证，那么上述规定就为纳税人提供了税收筹划机会。纳税人可以通过比较限售股原值和转让限售股过程中发生的合理

---

① 梁文涛，苏杉，彭新媛.纳税筹划［M］.5版.北京：中国人民大学出版社，2020：186.

税费之和是否大于限售股转让收入的15%，来决定是否提供限售股原值凭证。[1]

【例5-13】李先生持有某股票120万股的限售股，取得的原始成本为147万元。本年6月4日，李先生持有的限售股全部解禁可上市流通，他在本年6月24日将已经解禁的限售股全部出售，取得转让收入共计1 400万元，并支付印花税、佣金、过户费等税费3万元。李先生能提供完整、真实的限售股原值凭证。他应如何进行筹划？

【解析】个人转让限售股取得的所得，按照"财产转让所得"项目适用20%的比例税率征收个人所得税。李先生持有120万股限售股的实际原值和转让限售股发生的合理税费共计150万元（147+3）。

方案一，李先生凭限售股原值凭证进行扣除。

应纳个人所得税税额=（1 400-150）×20%=250（万元）

方案二，李先生未能提供完整、真实的限售股原值凭证，主管税务机关按限售股转让收入的15%核定限售股原值及合理税费。

核定的限售股原值及合理税费=1 400×15%=210（万元）

应纳个人所得税税额=（1 400-210）×20%=238（万元）

方案二比方案一少缴纳12万元（250-238）个人所得税，应选择方案二。

（四）不同应税项目转换的税收筹划

劳务报酬所得、稿酬所得、特许权使用费所得以收入减除费用后的余额为收入额。其中，稿酬所得的收入额减按70%计算。减除费用的规定是：劳务报酬所得、稿酬所得、特许权使用费所得每次收入不超过4 000元的，减除费用按800元计算；每次收入4 000元以上的，减除费用按20%计算。应纳税所得额的规定是：劳务报酬所得、稿酬所得、特许权使用费所得，以每次收入额为预扣预缴应纳税所得额。劳务报酬所得适用20%~40%的超额累进预扣率，稿酬所得、特许权使用费所得适用20%的比例预扣率。由于不同应税项目收入额的计算存在差异，合理进行应税项目的转换，可相应减少应纳税所得额。

1.工资、薪金与劳务报酬之间的转换

（1）居民个人工资、薪金与劳务报酬之间的转换

如果纳税人每月从两处或多处（兼职）取得工资、薪金，建议选定一处的收入作为工资、薪金项目，其余各处的收入作为劳务报酬（金额尽量在增值税免征额以下）项目，因为劳务报酬所得以减除20%的费用后的余额为收入额，相当于劳务报酬所得在计算应纳税所得额时可打8折。

【例5-14】小张本年每月均从三处分别取得收入10 000元，共计30 000元。假设专项扣除、专项附加扣除和其他扣除共计120 000元。有以下两个方案：方案一，三处收入均作为工资、薪金项目；方案二，选择一处收入作为工资、薪金项目，其他两处收入作为劳务报酬项目。比较两个方案的个人所得税税负，并作出选择（假定不考虑增值税等其他税费）。

【解析】方案一：

应纳税所得额=10 000×12×3-60 000-120 000=180 000（元）

应纳税额=180 000×20%-16 920=19 080（元）

---

① 梁俊娇，王怡璞，王文静.税收筹划［M］.7版.北京：中国人民大学出版社，2019：250.

方案二：

应纳税所得额=10 000×12+10 000×12×2×80%−60 000−120 000=132 000（元）

应纳税额=132 000×10%−2 520=10 680（元）

方案二比方案一节税8 400元（19 080−10 680），应选择方案二。

（2）非居民个人工资、薪金与劳务报酬之间的转换

【例5-15】非居民个人托马斯（美国籍）是一名软件工程师，本年前4月在中国境内工作，其他时间在美国。本年前4月有两个方案可供选择：方案一，与中国甲公司签订劳务合同，本年前4月每月可取得税前劳务报酬20 000元。方案二，与中国甲公司签订劳动合同，本年前4月每月可取得税前工资、薪金20 000元。假设用工关系对企业和个人的其他方面都不产生影响。比较两个方案的个人所得税税负，并作出选择（假定不考虑增值税等其他税费）。

【解析】非居民个人的工资、薪金所得，以每月收入额减除费用5 000元后的余额为应纳税所得额；劳务报酬所得、稿酬所得、特许权使用费所得，以每次收入额为应纳税所得额，以收入减除20%的费用后的余额为收入额。

方案一：

每月劳务报酬所得应纳税所得额=20 000×（1−20%）=16 000（元）

每月劳务报酬所得应纳个人所得税税额=16 000×20%−1 410=1 790（元）

本年前4月劳务报酬所得的应纳个人所得税合计额=1 790×4=7 160（元）

方案二：

每月工资、薪金所得应纳税所得额=20 000−5 000=15 000（元）

每月工资、薪金所得应纳个人所得税税额=15 000×20%−1 410=1590（元）

本年前4月工资、薪金所得的应纳个人所得税合计额=1 590×4=6 360（元）

方案二比方案一少缴纳个人所得税800元（7 160−6 360），应当选择方案二。

为获得一般性税收筹划方法，我们假设非居民个人工资、薪金所得和劳务报酬所得的应纳税所得额相等时的收入为A。令A×（1−20%）=A−5 000，得出A=25 000（元）。换言之，当非居民个人的税前收入为25 000元时，按工资、薪金所得或按劳务报酬所得纳税，其应纳税所得额是一样的，个人所得税税负也是一样的，此时既可以选择按工资、薪金所得纳税，也可以选择按劳务报酬所得纳税；当非居民个人的税前收入大于25 000元时，按劳务报酬所得纳税的应纳税所得额小于按工资、薪金所得纳税的应纳税所得额，此时应当选择按劳务报酬所得纳税；当非居民个人的税前收入小于25 000元时，按工资、薪金所得纳税的应纳税所得额小于按劳务报酬所得纳税的应纳税所得额，此时应当选择按工资、薪金所得纳税。

需要注意的是，工资、薪金收入与劳务报酬收入都是劳动所得，两者最大的区别在于提供劳动的个人与接受其劳动的单位或个人签订了存在雇佣关系的劳动合同，还是存在非雇佣关系的劳务合同。值得一提的是，属于增值税征收范围的劳务报酬所得和特许权使用费所得若达到起征点，还需要缴纳增值税、城建税、教育费附加等，因此，在实务中，纳税人应当考虑所有纳税因素，综合测算，合理评估最终税负。

2.居民个人工资、薪金，劳务报酬与稿酬之间的转换

【例5-16】居民个人李某与某杂志社签订雇用合同，约定李某每月在该杂志上发表10

篇文章，主要涉及新闻或者财经评论方面的内容，每篇文章的报酬是800元，且每月末结算当月收入。李某应如何进行个人所得税的税收筹划（假定李某无其他收入，不考虑专项扣除与专项附加扣除等）？

【解析】方案一，李某与该杂志社签订雇佣合同，取得的文章报酬属于工资、薪金收入。

全年应纳个人所得税总额=（800×10×12−60 000）×3%=1 080（元）

方案二，李某不与该杂志社签订雇用合同，取得的文章报酬属于稿酬所得。

全年应纳税所得额=800×（1−20%）×（1−30%）×10×12=53 760（元）

由于应纳税所得额小于每年60 000元的法定基本费用减除额，因此李某无须纳税。

方案二比方案一少缴税1 080元，应选择方案二。

【例5-17】居民个人张某是甲公司的一名技术人员，本年有两种获取综合所得的方案可供选择：方案一，从甲公司获取的税前工资、薪金收入合计300 000元（含为甲公司设计效果图获得的加班收入50 000元），业余时间兼职取得税前劳务报酬100 000元（含审稿取得的收入30 000元），业余时间出版专业书籍取得税前稿酬收入80 000元。方案二，从甲公司取得的税前工资、薪金收入合计250 000元（300 000−50 000），业余时间兼职取得税前劳务报酬120 000元（100 000+50 000−30 000），业余时间出版专业书籍取得税前稿酬收入110 000元（80 000+30 000）。张某本年专项扣除、专项附加扣除和依法确定的其他扣除合计120 000元。比较两个方案的个人所得税税负，并作出选择（假定不考虑增值税等其他税费）。

【解析】方案一：

应纳税所得额=300 000+100 000×（1−20%）+80 000×（1−20%）×70%−60 000−120 000=244 800（元）

应纳个人所得税税额=244 800×20%−16 920=32 040（元）

方案二：

应纳税所得额=250 000+120 000×（1−20%）+110 000×（1−20%）×70%−60 000−120 000=227 600（元）

应纳个人所得税税额=227 600×20%−16 920=28 600（元）

方案二比方案一少缴纳个人所得税3 440元（32 040−28 600）应当选择方案二。

综合所得中的劳务报酬所得、稿酬所得、特许权使用费所得以收入减除20%的费用后的余额为收入额，稿酬所得的收入额减按70%计算，而工资、薪金所得将实际金额作为收入额，因此，在等额收入下，个人应当尽量优先获取稿酬所得，其次是劳务报酬所得、特许权使用费所得，最后是工资、薪金所得。同样需要注意的是，属于增值税征收范围的劳务报酬所得和特许权使用费所得若达到起征点，还需要缴纳增值税、城建税、教育费附加等，故纳税人应当综合测算，合理评估最终税负。

3.居民个人综合所得与经营所得的转换

【例5-18】居民个人李某是一名税务专家，主要从事财税咨询工作，本年有两种工作方案可供选择：方案一，李某在甲税务师事务所兼职提供咨询服务，本年度取得税前劳务报酬800 000元，且与甲税务师事务所约定，李某自己承担因提供咨询活动产生的成本、费用和损失，当年的成本、费用和损失为300 000元。方案二，李某注册成为个体工商户，通过甲税务师事务所对外提供咨询服务，且与甲税务师事务所约定，该个体工商户自己承担因提供咨询活动产生的成本、费用和损失，本年度该个体工商户取得税前经营收入800 000元，当年的成本、费用和损失为300 000元。当年李某的专项扣除、专项附加扣除和依法确定的其他扣除合计 120 000 元，没有其他收入。比较两个方案的个人所得税税负，并作出选择（假定不考虑增值税等其他税费）。

【解析】方案一，劳务报酬所得以收入减除 20% 的费用后的余额为收入额，成本、费用和损失 300 000 元不能据实扣除，只能按照收入的 20% 定率扣除。

本年综合所得应纳税所得额=800 000×（1-20%）-60 000-120 000=460 000（元）

本年综合所得应纳个人所得税税额=460 000×30%-52 920=85 080（元）

方案二：

本年经营所得应纳税所得额=800 000-300 000-60 000-120 000=320 000（元）

本年经营所得应纳个人所得税税额=320 000×30%-40 500=55 500（元）

方案二比方案一少缴纳个人所得税 29 580 元（85 080-55 500），应当选择方案二。

一般情况下，个人同等金额的劳动收入在综合所得或经营所得等不同应税项目下，应纳税所得额与适用税率不同。在个人劳动收入金额相同且能够相互转换的情况下，可以通过分别测算综合所得和经营所得的个人所得税税负，来选择税负低的应税所得项目。尤其是对高收入者来说，其综合所得的最高边际税率高达 45%，而经营所得的最高边际税率仅为 35%，因此高收入者最好通过注册成为个体工商户来取得收入。同时需要注意的是，并非所有的劳动收入均可在综合所得与经营所得之间转换，对于可以转换应税项目的劳动收入，还需要考虑转换成本，故纳税人需要权衡利弊、综合考虑，选择最优方案。

二、个人捐赠的税收筹划

（一）基本规定与筹划思路

为了鼓励高收入者为公益、教育事业做贡献，个人所得税法规定，个人将其所得通过中国境内的社会团体、国家机关向教育和其他社会公益事业以及遭受严重自然灾害地区、贫困地区的捐赠，捐赠额未超过其申报的应纳税所得额 30% 的部分，可以从其应纳税所得额中扣除。

个人捐赠的税收筹划思路如下：首先，可以分次捐赠。对于不能全额扣除的捐赠，法律规定在应纳税所得额的 30% 以内扣除。纳税人在捐赠额一定的情况下，分次进行捐赠，可以扩大扣除额，减少应纳税额，增加税后可支配收入。其次，可以分项捐赠（见表 5-5）。如果纳税人本期取得的收入属于不同的应税项目，如综合所得、偶然所得、财产租赁所得等，那么，允许扣除的多少取决于如何对捐赠额进行划分。

表 5-5　　　　　　　　**居民个人公益性捐赠扣除依据与次序**

所得项目	类别	公益捐赠扣除限额	扣除顺序
工资、薪金所得	综合所得	当年应纳税所得额×30%	（1）取得多项所得的，公益性捐赠扣除先后顺序自行决定；（2）既有限额扣除，又有全额扣除的，扣除顺序自行决定
劳务报酬所得			
稿酬所得			
特许权使用费所得			
经营所得	经营所得		
财产租赁所得	分类所得	当月应纳税所得额×30%	
财产转让所得			
利息、股息、红利所得			
偶然所得			

我国个人所得税目前实行分类综合所得税制，在进行捐赠扣除时，属于哪项所得捐赠，就应从该项应纳税所得额中扣除捐赠款项，然后按适用税率计算缴纳个人所得税。因此，在计算捐赠扣除额时，纳税人应当对捐赠额进行适当划分，将捐赠额分散在各个应税所得项目之中，其目的是最大限度地享受税前扣除。

【例5-19】本年周某将一套原值为100万元、市场价为300万元的商业房产通过某地民政局捐赠用于扶贫济困，假设当年周某捐赠前取得综合所得应纳税所得额500万元，周某选择捐赠额优先在综合所得中扣除。现有两种捐赠方案（不考虑其他税费）：方案一，通过民政局捐赠房屋。方案二，先销售，后通过民政局捐赠（除了个人所得税外，暂不考虑增值税等其他税费）。请从个人所得税筹划的角度作出选择。

【解析】方案一，捐赠房产，捐赠额按原值确定为100万元。

综合所得项目捐赠扣除限额=500×30%=150（万元）

周某捐赠支出100万元，可以据实扣除。

应纳个人所得税税额=（500-100）×45%-18.192=161.808（万元）

方案二，先销售，后通过民政局捐赠，捐赠额以市场价300万元计算。

财产转让所得=300-100=200（万元）

综合所得项目捐赠扣除限额=500×30%=150（万元）

财产转让所得捐赠扣除限额=200×30%=60（万元）

实际捐赠支出为300万元，捐赠限额为210万元（150+60），小于实际捐赠支出300万元，应按限额扣除。

综合所得应纳个人所得税税额=（500-150）×45%-18.192=139.308（万元）

财产转让所得应纳个人所得税税额=（300-100-60）×20%=28（万元）

合计应纳个人所得税税额=139.308+28=167.308（万元）

方案一的应纳税额比方案二少5.5万元（167.308-161.808），应选择方案一。

（二）公益性捐赠税前扣除环节和捐赠对象

个人捐赠时，只要其捐赠方式、捐赠款投向、捐赠额度符合法律的规定，就可以使捐赠款在限额内免缴个人所得税。该政策的立法宗旨是引导纳税人的捐赠方向，将其引向公益、救济等领域，从而为社会和国家减轻负担。对于个人来说，可以通过公益性捐赠减少应纳税所得额，且公益性捐赠税前扣除环节可选择（见表5-6），从而达到减轻税负的目的。

表5-6　　　　　　　　　　　居民纳税人公益性捐赠税前扣除环节

所得项目	预扣预缴环节	汇算清缴环节
工资、薪金所得	可选择；扣除限额=当月累计应纳税所得额×30%	可选择
劳务报酬所得	不得扣除	统一在汇算清缴时扣除
稿酬所得		
特许权使用费所得		
全年一次性奖金、股权激励等所得	参照分类所得处理	
经营所得	可选择	可选择
	注意：在核定征收方式下，不得扣除公益性捐赠支出	

【例5-20】居民个人赵某为某公司职员，本年每月应发工资11 000元，每月公司按规定标准为其代扣代缴"三险一金"1 500元，从1月份起享受子女教育支出专项附加扣除2 000元，没有减免收入及减免税额等情况。3月份，赵某从其工资中拿出3 000元用于捐赠，该捐赠属于公益性捐赠。方案一，在预扣预缴环节税前扣除；方案二，在汇算清缴环节税前扣除；方案三，3月份，赵某从其他单位获得咨询费10 000元，并拿出3 000元用于捐赠，该捐赠属于公益性捐赠。试比较哪种捐赠方式更优。

【解析】方案一：

1月份预扣预缴应纳税所得额=11 000-5 000-1 500-2 000=2 500（元）

1月份预扣预缴应纳税额=2 500×3%=75（元）

2月份预扣预缴应纳税所得额=11 000×2-5 000×2-1 500×2-2 000×2=5 000（元）

2月份预扣预缴应纳税额=5 000×3%-75=75（元）

3月份预扣预缴应纳税所得额=11 000×3-5 000×3-1 500×3-2 000×3=7 500（元）

公益捐赠扣除限额=7 500×30%=2 250（元）

实际捐赠金额大于限额，因此允许扣除的捐赠支出为2 250元。

3月份预扣预缴应纳税额=（7 500-2 250）×3%-75-75=7.5（元）

方案二：

全年应纳税所得额=11 000×12-5 000×12-1 500×12-2 000×12=30 000（元）

每月预扣预缴个人所得税=75元

公益捐赠扣除限额=30 000×30%=9 000（元）

实际捐赠金额小于限额，因此允许扣除的捐赠支出为3 000元。

当年综合所得应补（退）税额=（30 000-3 000）×3%-75×12=-90（元）

方案三，居民个人取得劳务报酬所得、稿酬所得、特许权使用费所得的，预扣预缴时不扣除公益捐赠支出，统一在汇算清缴时扣除。

全年应纳税所得额=11 000×12+10 000×80%-5 000×12-1 500×12-2 000×12=38 000（元）

咨询费预扣预缴个人所得税=10 000×（1-20%）×20%=1 600（元）

公益捐赠扣除限额=38 000×30%=11 400（元）

实际捐赠金额小于限额，因此允许扣除的捐赠支出为3 000元。

当年综合所得应补（退）税额=（38 000-3 000）×3%-75×12-1 600=-1 450（元）

方案二与方案三的捐赠支出可全额扣除，是可行的选择。

【例5-21】居民个人王某于本年1月转让私有住房一套，取得转让收入2 000 000元，将其中的800 000元向受灾地区进行捐赠。该套住房购进时的原价为500 000元，转让时支付有关税费70 000元。方案一，直接捐赠800 000元；方案二，通过中国境内的社会团体、国家机关捐赠800 000元；方案三，通过非营利性社会团体和国家机关向中华慈善总会捐赠800 000元。试比较以上方案，并基于个人所得税税负最小化作出选择。

【解析】方案一，直接捐赠时，捐赠额不能扣除。

应纳个人所得税税额=（2 000 000-500 000-70 000）×20%=286 000（元）

方案二，通过中国境内的社会团体、国家机关捐赠时，捐赠额可限额扣除。

捐赠限额=（2 000 000-500 000-70 000）×30%=429 000（元）

实际捐赠额800 000元大于捐赠限额429 000元，只能将捐赠限额作为允许扣除的捐赠额来计算应纳个人所得税。

应纳个人所得税税额=（2 000 000-500 000-70 000-429 000）×20%=200 200（元）

方案三，个人将其所得通过非营利性社会团体和国家机关向中华慈善总会等部门进行捐赠，捐赠额在缴纳个人所得税前准予全额扣除。

应纳个人所得税税额=（2 000 000-500 000-70 000-800 000）×20%=126 000（元）

通过计算比较，方案三应纳个人所得税最低，其次是方案二，最后是方案一。基于税负最小化考虑，应选择方案三。

个人在选择捐赠对象时，应优先选择通过非营利性社会团体和国家机关向中华慈善总会等进行捐赠，其次选择通过非营利性社会团体和国家机关进行公益性捐赠，最后选择直接向受灾对象捐赠。需要注意的是，公益性捐赠有时会出现捐赠对象错位、捐赠不及时，甚至捐赠资金被挪用等情况，可能会影响捐赠效果，此时直接捐赠的综合效果更好。

第三节 规避应税所得及股权激励的税收筹划

一、规避应税所得的税收筹划

（一）规避财产转让所得的个人所得税筹划

税法规定，对个人转让自用5年以上，并且是家庭唯一生活用房取得的所得，免征个人所得税。纳税人可以在购买房产后5年再行转让，此前对不居住的住房可以采取出租的方式进行处理。

【例5-22】2025年2月，周某打算将其2021年1月购买并拥有产权的一套102平方米普通住房（家庭唯一生活用房）出售，该住房购买时的房产原值为90万元，预计销售价格为210万元，发生的合理税费为9万元。只考虑个人所得税，不考虑其他税费。针对上述情况，应如何进行税收筹划？

【解析】方案一，周某在2025年完成房产销售，售价为210万元。

应纳个人所得税税额=（2 100 000-900 000-90 000）×20%=222 000（元）

方案二，周某将此房在2026年2月（满5年后）销售，则无须缴纳个人所得税。

方案二比方案一节税222 000元，应选择方案二。

（二）规避股息、红利的个人所得税筹划

一般而言，企业的年度利润经纳税调整后按规定缴纳25%的企业所得税后形成的税后利润可以根据规定分配给企业的股东。个人股东获得分红时，需要缴纳20%的个人所得税，最后股东实际到手的钱经历两次所得税缴纳后大幅缩水。在实务中，如果操作得当，可规避股息、红利的个人所得税。比如，个人持有上市公司股票期限超过1年，其股息、红利所得暂免征收个人所得税。另外，企业购买车辆并将车辆所有权办到股东个人名下，其实质是对股东进行了红利性质的实物分配，应按照"利息、股息、红利所得"项目征收个人所得税；如果企业将车辆所有权办到公司名下，车辆仍由该股东使用，则股东个人无须缴纳个人所得税。

1.股票投资的税收筹划

个人从公开发行和转让市场取得上市公司股票，持股期限在1个月以内（含1个月）

的，其股息、红利所得全额计入应纳税所得额；持股期限在1个月以上至1年（含1年）的，暂减按50%计入应纳税所得额；持股期限超过1年的，股息、红利所得暂免征收个人所得税。上述所得统一适用20%的税率计征个人所得税。持股期限是指个人从公开发行和转让市场取得上市公司股票之日至转让交割该股票之日前一日的持有时间。

上市公司在派发股息、红利时，截至股权登记日个人已持股超过1年的，其股息、红利所得免征个人所得税。截至股权登记日个人持股1年以内（含1年）且尚未转让的，税款分两步代扣代缴：第一步，上市公司在派发股息、红利时，暂不扣缴个人所得税。第二步，个人在转让股票时，证券登记结算公司根据其持股期限计算应纳税额，由证券公司等股份托管机构从个人资金账户中扣收并划付证券登记结算公司，证券登记结算公司应于次月5个工作日内划付上市公司，上市公司在收到税款当月的法定申报期内向主管税务机关申报缴纳，并应办理全员全额扣缴申报。

【例5-23】居民个人张某自2024年6月9日起持有某上市公司股票300万股。该上市公司于2025年3月25日公布了2024年度利润分配方案，规定本次利润分配采取派发现金红利的方式，每10股派发现金红利2元；股权登记日为2025年3月30日，现金红利发放日为2025年4月9日。试比较以下方案，并基于个人所得税税负最小化作出选择：方案一，分得现金红利后，张某立即转让该上市公司股票；方案二，张某等到2025年6月9日以后再转让该上市公司的股票。

【解析】方案一，张某由于股票持有期限在1个月以上且在1年以内，根据税法的规定，股息、红利所得暂减按50%计入应纳税所得额。

转让股票时应补缴个人所得税税额=300÷10×2×50%×20%=6（万元）

方案二，张某由于股票持有期限在1年以上，根据税法的规定，股息、红利所得暂免征收个人所得税。张某通过延长股票的持有时间节约了税款6万元。

方案二规避了股息、红利个人所得税6万元，应选择方案二。

一般来说，如果股价相对稳健，个人适当延长持股期限可获得节税收益。

2.实物性质红利分配的税收筹划

个人独资企业、合伙企业的个人投资者以企业资金为本人、家庭成员及相关人员支付与企业生产经营无关的消费性支出及购买汽车、住房等财产性支出，视为企业对个人投资者的利润分配，并入投资者个人的生产经营所得，依照"经营所得"项目计征个人所得税。除个人独资企业、合伙企业以外的其他企业的个人投资者，以企业资金为本人、家庭成员及相关人员支付与企业生产经营无关的消费性支出，以及购买汽车、住房等财产性支出，视为企业对个人投资者的红利分配，依照"利息、股息、红利所得"项目计征个人所得税。企业的上述支出不允许在所得税税前扣除。

如果企业购买车辆并将车辆所有权办到股东个人名下，则股东个人需要缴纳个人所得税。如果企业购买车辆并将车辆所有权办到企业名下，仅将车辆使用权交给股东个人，则股东个人无须缴纳个人所得税；同时，企业可以抵扣购车及用车的进项税额，还可以计提该车的折旧，获得更多的节税收益。

【例5-24】本年1月，甲公司（非上市公司）购买了一辆价值1 130 000元（含增值税）的小汽车（取得了增值税专用发票），作为红利送给本公司高级管理人员张某（居民个人，属于甲公司股东）。张某每年工资、薪金总额为720 000元，每年支付该小汽车的保险等固定费用30 000元（取得了增值税普通发票；若将该小汽车的车辆所有权办到甲公司名下，也只能取得增值税普通发票）、油耗及修理费含税共计33 900元（取得了增值税专用发票；若将该小汽车的车辆所有权办到甲公司名下，也可取得增值税专用发票）。

该小汽车预计使用年限为4年，预计净残值为0。张某本年专项扣除、专项附加扣除和依法确定的其他扣除合计60 000元。张某各年度均没有其他收入。试比较以下方案，并基于个人所得税税负最小化作出选择：方案一，甲公司将车辆所有权办到张某名下，作为红利送给本公司股东张某。方案二，甲公司将车辆所有权办到公司名下，仅将车辆使用权交给张某，由甲公司支付该小汽车的固定费用、油耗及修理费，且该小汽车采用直线法计提折旧；同时张某的每年工资、薪金降低63 900元（相当于方案一每年支付的固定费用、油耗及修理费）。

【解析】方案一：

甲公司购入该小汽车可抵扣进项税额=1 130 000÷（1+13%）×13%=130 000（元）

甲公司将该小汽车作为红利分配给张某视同销售，应计提增值税销项税额：

增值税销项税额=1 130 000÷（1+13%）×13%=130 000（元）

应纳增值税税额=130 000-130 000=0

红利所得应纳个人所得税税额=1130 000×20%=226 000（元）

张某每年支付固定费用、油耗及修理费=30 000+33 900=63 900（元）

张某每年工资、薪金所得应纳税所得额=720 000-60 000-60 000=600 000（元）

张某每年综合所得应纳个人所得税税额=600 000×30%-52 920=127 080（元）

方案二：

甲公司购入该小汽车可抵扣进项税额=1 130 000÷（1+13%）×13%=130 000（元）

每年该小汽车折旧抵减企业所得税税额=1 130 000÷（1+13%）÷4×25%=62 500（元）

每年小汽车固定费用、油耗及修理费抵减企业所得税税额=［30 000+33 900÷（1+13%）］×25%

＝15 000（元）

每年小汽车油耗及修理费抵扣进项税额=33 900÷（1+13%）×13%=3 900（元）

张某每年工资、薪金所得应纳税所得额=（720 000-63 900）-60 000-60 000=536 100（元）

张某每年综合所得应纳个人所得税税额=536 100×30%-52 920=107 910（元）

通过计算比较，与方案一相比，方案二下，张某每年少缴纳个人所得税245 170元（226 000+127 080-107 910），甲公司每年少缴纳企业所得税77 500元（62 500+15 000），购入当年少缴纳（多抵扣）增值税133 900元（130 000+3 900），应当选择方案二。

（三）规避偶然所得的个人所得税筹划

偶然所得是指个人得奖、中奖、中彩以及其他偶然性质的所得。偶然所得以每次收入额为应纳税所得额，适用比例税率，税率为20%。个人购买福利彩票、赈灾彩票、体育彩票，一次中奖收入在1万元以下的（含1万元），暂免征收个人所得税；超过1万元的，全额征收个人所得税。

发行体育彩票和社会福利有奖募捐奖券的单位在设立奖项时，应当考虑税收政策的规定，尽量避免单项中奖额刚超过1万元的情况出现，而应将单项中奖额控制在1万元以下（含1万元），使纳税人享受免税待遇。

【例5-25】发行体育彩票和社会福利有奖募捐奖券的单位在设立奖项时，设置的中奖总额为100 000元，有两个方案可供选择：方案一，设置5个奖项，每个奖项的中奖额为

20 000元。方案二，设置3个一等奖，每个一等奖的中奖额为10 000元；设置5个二等奖，每个二等奖的中奖额为6 000元；设置10个三等奖，每个三等奖的中奖额为4 000元。试从个人所得税筹划角度比较两个方案的优劣，并作出选择。

【解析】方案一：应纳个人所得税税额=20 000×20%×5=20 000（元）

方案一税后收益=20 000×5-20 000=80 000（元）

方案二税后收益=10 000×3+6 000×5+4 000×10=100 000（元）

方案二比方案一少缴纳个人所得税20 000元（20 000-0），应选择方案二。

当奖金超出10 000元且达到一定数额时，可以通过方程式求有效区间。

设奖金为X，则有：

（1-20%）X≥10 000

解得：

X≥12 500元

换言之，区间（10 000，12 500）是非有效区。如果奖金设在这个区间，税后收益反而会低于10 000元。因此，发行体育彩票和社会福利有奖慕捐奖券的单位在设立奖项时，奖金要么小于或等于10 000元，要么超过12 500元。[①]

二、股权激励的税收筹划

股权激励起源于美国，其最初目的并不是提升公司的业绩，而是避税。1952年，美国菲泽尔公司为了避免该公司高管缴纳较高的个人所得税，首次推出了股权激励计划。当时，美国资本所得税远远低于工资所得税，通过发放股权的方式给予员工部分工资，短期内可减免员工税收，长期来看则将员工和公司的利益绑定，实现了双赢。这一举措被视为现代股权激励的开端。

我国的股权激励起步较晚，随着2005年股权分置改革帷幕的拉开，以及股权激励相关法律法规的出台，我国股权激励的发展有了良好的市场及制度环境。2006年年初，《上市公司股权激励管理办法（试行）》的实施，标志着我国股权激励正式进入规范发展阶段。

（一）股权激励的个人所得税计算

在股票期权实施的有效期内，有授予日、可行权日、行权日和出售日四个关键时点。根据股票期权计划可以购买股票的价格称为行权价，一般为股票期权授予日的市场价格或该价格的折扣价格，也可以是按照事先设定的计算方法约定的价格。授予日也称授权日，是指公司授予员工上述权利的日期。行权也称执行，是指员工根据股票期权计划选择购买股票的过程；员工行使上述权利的当日为行权日，行权日一般在可行权日之后。有的股票期权是一次性行权的，有的则是分批行权的。

员工接受实施股票期权计划企业授予的股票期权时，除另有规定外，一般不将其作为应税所得征税。因特殊情况，员工在行权日之前将股票期权转让的，以股票期权的转让净收入作为工资、薪金所得征收个人所得税。员工行权时，其从企业取得股票的实际购买价（行权价）低于购买日公平市场价（指该股票当日的收盘价，下同）的差额，是因员工在企业的表现和业绩情况而取得的与任职、受雇有关的所得，应按"工资、薪金所得"适用

---

① 梁文涛，苏杉，彭新媛．纳税筹划［M］．5版．北京：中国人民大学出版社，2020：198．

的规定计算缴纳个人所得税。

员工因拥有股权而参与企业税后利润分配取得的所得，应按照"利息、股息、红利所得"适用的规定计算缴纳个人所得税。员工将行权后的股票再转让时获得的高于购买日公平市场价的差额，是因个人在证券二级市场上转让股票等有价证券而获得的所得，应按照"财产转让所得"适用的征免规定计算缴纳个人所得税。

基于以上规定，行权日的价差收益虽属于"工资、薪金所得"范畴，但并不并入当年综合所得，全额单独适用综合所得税率表，计算纳税。其计算公式为：

应纳税所得额=（行权股票的每股市场价-员工取得该股票期权支付的每股行权价）×股票数量

应纳税额=应纳税所得额×适用税率-速算扣除数

居民个人一个纳税年度取得两次以上（含两次）股权激励的，按规定合并计算纳税。

【例5-26】小李2024年1月取得某上市公司授予的股票期权10 000股，授予日股票价格为10元，授予期权价格为8元，规定可在2025年2月行权。假定小李于2025年2月28日前行权，且行权当天的股票市价为16元，试计算小李行权时的应纳个人所得税税额。

【解析】行权时取得工资、薪金应纳税所得额=（16-8）×10 000=80 000（元）

应纳个人所得税税额=80 000×10%-2 520=5 480（元）

假定小李2025年10月31日再次行使股票期权，又取得该公司股票5 000股，每股行权价为8元，当日该公司股票收盘价为23元。小李第二次行使股票期权是2025年10月31日，与2月28日第一次行权在同一个纳税年度内，因此第二次行权所得应当与第一次合并计税。

第二次行权取得工资、薪金应纳税所得额=（23-8）×5 000=75 000（元）

合并两次行权应纳税所得额=80 000+75 000=155 000（元）

第二次行权应申报纳税额=155 000×20%-16 920-5 480=8 600（元）

假定小李2026年1月7日第三次行使股票期权，再次获得该公司股票5 000股，每股行权价为8元，当日该公司股票收盘价为21元。小李第三次行使股票期权是2026年1月7日，与前两次行权不在同一纳税年度，不需要与前两次行权所得合并计税，全额单独适用综合所得税率表计税。

第三次行权时取得工资、薪金应纳税所得额=（21-8）×5 000=65 000（元）

应纳税额=65 000×10%-2 520=3 980（元）

（二）股权激励的个人所得税筹划

【例5-27】境内某公司于2024年实行企业员工股票期权计划，王先生于5月10日在该计划中获得20 000股股票期权，授予日的股票价格为5元/股，王先生可以在1年后以5元/股的价格购买该公司20 000股股票。2025年5月10日，该股票的市价为10元/股。2025年8月10日，该股票的市价为12元/股。王先生有以下两种行权方案：方案一，王先生于2025年8月10日行权，购买20 000股股票。方案二，王先生于2025年5月10日行权，购买20 000股股票，并于2025年8月10日将该股票转让。基于个人所得税税负，哪个方案的节税效果较好？

【解析】方案一：

王先生获得股票期权时不需要纳税。当王先生2025年8月10日行权时，应按照工资、薪金所得缴纳个人所得税。

应纳税所得额=（12-5）×2 0000=140 000（元）

应缴纳个人所得税税额=140 000×10%-2 520=11 480（元）

方案二：

应纳税所得额=（10-5）×20 000=100 000（元）

应缴纳个人所得税税额=100 000×10%-2 520=7 480（元）

财产转让所得=（12-10）×20 000=40 000（元）

税法规定，个人将行权后的境内上市公司股票再行转让而取得的所得，暂不征收个人所得税，因此40 000元财产转让所得无须缴纳个人所得税。

通过两个方案的比较可以看出，在股价较低时行权、在股价较高时卖出更为节税。方案二比方案一节税4 000元（11 480-7 480），应选择方案二。

由于股票期权将行权日作为纳税义务日，个人将行权后的境内上市公司股票再行转让而取得的所得无须缴纳个人所得税，这就为个人所得税筹划留下了空间。筹划策略如下：

1.合理选择行权日进行筹划

股票市价在行权有效期内是波动的，被激励对象可以在行权有效期内合理选择行权日，尽可能选择在股票市价接近行权价的日期行权，从而降低应纳税所得额，达到节税目的。

2.合理运用会计政策进行筹划

股票市价越接近行权价，行权时的应纳税所得额就越小。一般而言，公司业绩对公司股价有较大影响，因此，运用合适的会计政策，使公司预期账面利润下降，从而降低行权期内的股票市价，就可以达到减少应纳税所得额的目的。被激励对象可以在行权后股价上涨时出让股票，以规避个人所得税。

无论是合理选择行权日，还是合理运用会计政策，税收筹划的目标均是降低行权价与行权日股票市价之间的差额。

第四节　年终奖的税收筹划

居民个人取得的全年一次性奖金，在2027年12月31日前，不并入当年综合所得，以全年一次性奖金收入除以12个月得到的数额，按照按月换算后的综合所得税率表（见表5-4），确定适用税率和速算扣除数，单独计算纳税。

计算公式为：

应纳税额=全年一次性奖金收入×适用税率-速算扣除数

居民个人取得的全年一次性奖金，也可以选择并入当年综合所得计算纳税。

【例5-28】公司职工王某每月平均发放工资8 000元，每月允许扣除社保等专项扣除费用1 500元、专项附加扣除2 000元；王某2026年取得2025年度全年一次性奖金25 000元。方案一：将全年一次性奖金并入当年度综合所得计算缴纳个税；方案二：将全年一次性奖金不并入当年度综合所得，单独计算缴纳个税。基于个人所得税税负，哪种方案的节税效果较好？

【解析】方案一，选择将全年一次性奖金并入当年度综合所得计算缴纳个税：

综合所得的应纳税所得额=（8 000×12＋25 000）－5 000×12－1 500×12－2 000×12=19 000（元）

其综合所得应缴纳个人所得税税额=19 000×3%=570（元）

方案二，选择将全年一次性奖金不并入当年度综合所得，单独计算缴纳个税。

综合所得的应纳税所得额=8 000×12－5 000×12－1 500×12－2 000×12=－6 000（元）

综合所得不缴纳个税。

25 000÷12=2 083.33，对应全年一次性奖金的个税税率3%。

全年一次性奖金应缴纳个税=25 000×3%=750（元）

通过两种方案的比较可以看出，与方案二相比，方案一选择将全年一次性奖金并入当年度综合所得计算缴纳个税可节税180元（750－570）。

【例5-29】公司职工张某每月平均发放工资25 000元，每月允许扣除社保等专项扣除费用3 000元、专项附加扣除5 500元；2026年张某取得2025年度全年一次性奖金200 000元。方案一：将全年一次性奖金并入当年度综合所得计算缴纳个税；方案二：不将全年一次性奖金并入当年度综合所得，单独计算缴纳个税。基于个人所得税税负，哪种方案的节税效果较好？

【解析】方案一，选择将全年一次性奖金并入当年度综合所得计算缴纳个税。

综合所得的应纳税所得额=25 000×12＋200 000－5 000×12－3 000×12－5 500×12=338 000（元）

其综合所得应缴纳个税=338 000×25%－31 920=52 580（元）

方案二，选择将全年一次性奖金不并入当年度综合所得，单独计算缴纳个税。

综合所得的应纳税所得额=25 000×12－5 000×12－3 000×12－5 500×12=138 000（元）

综合所得应缴纳个税=138 000×10%－2520=11280（元）

200000÷12=16666.66元，对应全年一次性奖金的个税税率20%。

全年一次性奖金应缴纳个税=200 000×20%－1410=38 590（元）

总共缴纳个税=11280＋38590=49 870（元）

通过两种方案的比较可以看出，与方案一相比，方案二选择将全年一次性奖金不并入当年度综合所得单独计算缴纳个税可节税2 710元（52 580－49 870）。

全年一次性奖金是否单独计算个税，要结合实际情况来判断。一般情况下，如果全年工资处于中等偏低的水平，选择合并工资薪金计算会更节税；反之，如果全年工资处于中等偏高的水平，年终奖选择单独计算会更节税。

选择年终奖单独计税时，需要特别注意"临界点"问题。例如，如果发放36 000元年终奖，个税需要缴纳36 000×3%＝1 080元，税后收入为34 920元。但如果多发1元，即36 001元，个税需要缴纳36 001×10%－210＝3 390.1元，税后收入为32 610.9元。相比之下，多发1元反而会导致税后收入减少2 309.1元。年终奖对应的税率有6档，对应的临界点分别为36 000元、144 000元、30万元、42万元、66万元和96万元，在这些临界点都会出现多发1元导致税负激增的情况。

●●●● 思考与练习

一、即测即评

二、案例分析题

1. 某个体工商户年收入总额为1 000万元，成本、费用及损失共计400万元，按"经营所得"缴纳个人所得税。试计算查账征收与核定征收分别应缴纳的个人所得税，并计算核定征收下的节税比例（核定应税所得率为10%，不考虑其他扣除项目）。

2. 纳税人小周每月从3家企业分别取得收入6 000元，基于应纳税所得额，应当如何筹划可使其个人所得税税负降到最低（仅考虑基本费用60 000元扣除，不考虑其他扣除项目）？

3. 居民个人张某和王某是一对夫妻，其独生子在上小学。张某任职于甲公司，本年从甲公司获取的税前工资、薪金收入共计100 000元，本年专项扣除和依法确定的其他扣除合计18 500元，专项附加扣除只有子女教育这一项符合税法扣除规定。王某任职于乙公司，本年从乙公司获取的税前工资、薪金收入共计300 000元，本年专项扣除和依法确定的其他扣除合计55 500元，专项附加扣除只有子女教育这一项符合税法扣除规定。张某和王某本年无其他收入。对于子女教育专项附加扣除，比较以下三个方案并基于个人所得税税负最小化作出选择：方案一，由张某按扣除标准的100%扣除；方案二，由张某和王某双方分别按扣除标准的50%扣除；方案三，由王某按扣除标准的100%扣除。

4. 张先生一家住在某市中心，首套住房有公积金贷款。张先生已结婚并育有两个孩子，其分别就读于两所全日制本科大学。张先生还有一个姐姐，姐弟两人均在工作岗位上。张先生父母均健在，均已经年满70周岁，在老家安享晚年。

张先生为一家公司的财务经理，年薪为30万元，扣除基本费用、专项扣除、专项附加扣除等项目后（相关扣除项目均与妻子或姐姐平均分摊），应纳税所得额为16万元。张先生妻子的月薪为4 000元。张先生业余时间爱画山水画，经常在空闲时间为他人定制精品画作赚取劳务报酬。

本年张先生因为工作表现突出，获得公司给予的年终奖4万元；当年他通过出售定制的精品山水画取得劳务报酬总计4万元。张先生一家除上述收入外，无其他收入来源。张先生一家怎样进行税收筹划才能使个人所得税总税负最低（无须计算，只需阐述筹划方法即可，可以从工资、薪金，年终奖，专项附加扣除等角度进行分析）？

第六章　其他税种的税收筹划

【学习目标】

1. 熟悉土地增值税、房产税的税收筹划方法；
2. 掌握印花税、车辆购置税、契税的税收筹划方法；
3. 了解资源税、城镇土地使用税、车船税、关税的一般筹划方法。

●●● 思政园地

习近平总书记强调，推进经济结构性改革，要针对突出问题抓住关键点。关键点之一就是要降低成本，帮助企业保持竞争优势。减税降费政策措施要落地生根，让企业轻装上阵。为深入贯彻党中央、国务院关于减税降费工作的决策部署，财政部、国家税务总局先后制定了一系列优惠政策和配套性文件。为了进一步方便纳税人和税务人员正确理解减税降费相关政策，有效解决工作中遇到的问题，国家税务总局实施减税降费工作领导小组办公室将各地政策执行过程中反映的问题进行了梳理，供纳税人参考学习。

依据《财政部 税务总局关于进一步支持小微企业和个体工商户发展有关税费政策的公告》（财政部 税务总局公告2023年第12号）的规定，自2023年1月1日至2027年12月31日，对增值税小规模纳税人、小型微利企业和个体工商户，减半征收资源税（不含水资源税）、城建税、房产税、城镇土地使用税、印花税（不含证券交易印花税）、耕地占用税和教育费附加、地方教育附加。

●●● 案例导入

甲公司本年7月1日至本年12月31日将其自有的房屋用于投资联营，该房产原账面价值是800万元，现有两个对外投资方案可供选择。方案一，取得固定收入，不承担联营风险，本年7月1日至本年12月31日取得固定收入合计54.5万元（含增值税）。方案二，投资者参与投资利润分红，共担风险。当地计算房产计税余值的扣除比例为30%。如何选择方案可以少缴房产税？

案例分析：税法规定，对投资联营的房产，在计征房产税时应区别对待。对于以房产投资联营，投资者参与投资利润分红并共担风险的，按房产余值作为计税依据计征房产税；对于以房产投资，投资者收取固定收入且不承担联营风险的，实际上是以联营名义取得房产的租金，应由出租方按租金收入计缴房产税。由于从价计征与从租计征涉及的房产税计税依据和适用税率不同，通过比较两种计税方式下房产税税负的大小，可以选择税负较轻的方案。

方案一，取得固定收入，不承担联营风险。

上半年应纳房产税税额=800×（1−30%）×1.2%×（6÷12）=3.36（万元）

下半年应纳房产税税额=54.5÷（1+9%）×12%=6（万元）

本年全年应纳房产税=3.36+6=9.36（万元）

方案二，投资者参与投资利润分红，共担风险。

全年应纳房产税税额=800×（1−30%）×1.2%=6.72（万元）

方案二比方案一少缴纳房产税2.64万元（9.36−6.72），应当选择方案二。当然，不同的房产投资方式，其投资风险和收益是不同的，投资者不应仅考虑税负因素，还需考虑潜在风险，统筹决策。

第一节　土地增值税的筹划

土地增值税是对有偿转让国有土地使用权以及地上建筑物及其附着物并取得增值性收入的单位和个人所征收的一种税。

一、土地增值税的基本规定

（一）纳税人

土地增值税的纳税人是转让国有土地使用权、地上建筑物及其附着物并取得收入的单位和个人。其中，单位是指各类企业单位、事业单位、国家机关和社会团体及其他组织；个人包括个体经营者和其他个人。

（二）征税范围

土地增值税的基本征税范围包括：转让国有土地使用权；地上建筑物及其附着物连同国有土地使用权一并转让；存量房地产交易。

土地增值税的征税范围具有"国有""转让"两个关键特征。其判断标准如下：

（1）转让土地使用权的土地是否为国有土地。转让国有土地使用权，征收土地增值税；转让集体所有制土地使用权，应先在有关部门办理（或补办）土地征用或出让手续，使之变为国家所有，然后才可转让，并纳入土地增值税的征税范围。集体所有制土地使用权自行转让是一种违法行为。

（2）土地使用权、地上建筑物及其附着物是否发生产权转让。国有土地使用权的转让征收土地增值税，而国有土地使用权的出让不征收土地增值税；未转让土地使用权、房产产权的（如房地产出租），不征收土地增值税。这里的"土地使用权出让"是指土地使用者在政府垄断的土地一级市场，通过支付土地出让金而获得一定年限的土地使用权的行为。"土地使用权转让"是指土地使用者通过出让等形式取得土地使用权后，在土地二级市场上将土地使用权再转让的行为。

（三）土地增值税税率

土地增值税采用四级超率累进税率（见表6-1）。与超额累进税率相比，超率累进率的累进依据为相对数，而超额累进税率的累进依据为绝对数。土地增值税的累进依据为增值额与扣除项目金额的比率。土地增值税是我国唯一采用超率累进税率的税种。

表6-1 土地增值税税率表

级数	计税依据	适用税率	速算扣除率
1	增值额未超过扣除项目金额50%的部分	30%	0
2	增值额超过扣除项目金额50%、未超过扣除项目金额100%的部分	40%	5%
3	增值额超过扣除项目金额100%、未超过扣除项目金额200%的部分	50%	15%
4	增值额超过扣除项目金额200%的部分	60%	35%

（四）应税收入

纳税人转让房地产取得的收入，包括转让房地产取得的全部价款及有关的经济利益，从形式上看，包括货币收入、实物收入和其他收入。

（五）可扣除项目

（1）取得土地使用权所支付的金额，是指纳税人为取得土地使用权所支付的地价款和按国家统一规定缴纳的有关费用。

（2）房地产开发成本，是指纳税人开发房地产项目实际发生的成本，包括土地征用及拆迁补偿费、前期工程费、建筑安装工程费、基础设施费、公共配套设施费、开发间接费用等。

（3）房地产开发费用，是指与房地产开发项目有关的销售费用、管理费用、财务费用。

财务费用中的利息支出扣除主要涉及两个方面：其一，纳税人能按转让房地产项目分摊利息支出并能提供金融机构贷款证明的，最多允许扣除的房地产开发费用=利息（不包括罚息、加息）+（取得土地使用权所支付的金额+房地产开发成本）×5%以内（利息最高不能超过按商业银行同类同期贷款利率计算的金额）；其二，纳税人不能按转让房地产项目分摊利息支出或不能提供金融机构贷款证明的（包含全部使用自有资金，没有利息支出的情况），最多允许扣除的房地产开发费用=（取得土地使用权所支付的金额+房地产开发成本）×10%以内（适用新建房转让）。房地产开发企业既向金融机构借款，又有其他机构借款的，其房地产开发费用计算扣除时不能同时适用上述两种办法。

（4）与转让房地产有关的税金，是指在转让房地产时缴纳的印花税、城建税，教育费附加也可视同税金扣除。计算土地增值税时，增值额的扣除项目中"与转让房地产有关的税金"不包括增值税。

（5）财政部确定的其他扣除项目。从事房地产开发的纳税人，允许按取得土地使用权时所支付的金额和房地产开发成本之和，加计扣除20%。

$$从事房地产开发的纳税人可加计扣除金额=（取得土地使用权所支付的金额+房地产开发成本）×20\%$$

（六）土地增值税的计算

1.增值额的确定

确定增值额是计算土地增值税的基础。计算增值额时，需要准确的房地产转让收入和扣除项目金额。

增值额=转让房地产取得的收入-扣除项目金额

2.应纳税额的计算

土地增值税以纳税人转让房地产取得的增值额为计税依据，按照规定的超率累进税率计算征收。应纳土地增值税税额可按增值额乘以适用的税率减去扣除项目金额乘以速算扣除系数的简便方法计算。

应纳土地增值税税额=增值额×适用税率-扣除项目金额×速算扣除系数

上式中，适用税率与速算扣除系数的确定取决于增值额与扣除项目金额的比率。

（七）税收优惠

（1）建造普通标准住宅出售，增值额未超过扣除项目金额20%的，免征土地增值税。

（2）对企事业单位、社会团体以及其他组织转让旧房作为公租房房源，且增值额未超过扣除项目金额20%的，免征土地增值税。

（3）因国家建设需要依法征用、收回的房地产，免征土地增值税。

（4）自2008年11月1日起，对个人销售住房暂免征收土地增值税。

二、土地增值税的筹划方法

土地增值税的筹划方法较多，从征收范围的判定标准到增值额的最终确定都存在较大操作空间。产品分类、收入拆分、临界点的利用以及成本分摊与期间费用转移往往是税收筹划的切入点。

（一）判定标准的税收筹划

征收土地增值税必须满足三个判定标准：仅对转让国有土地使用权以及地上建筑物及其附着物的行为征税；仅对产权发生转让的行为征税；仅对转让房地产并取得收入的行为征税。房地产所有人可以通过避免符合以上三个判定标准来避免成为土地增值税的征税对象。比如，房地产所有人通过境内非营利社会团体、国家机关将房屋产权、土地使用权赠与教育、民政和其他社会福利、公益事业；将房产、土地使用权租赁给承租人使用，承租人向出租人支付租金；将房地产作价入股进行投资或作为联营条件，将房地产转让到所投资、联营的企业中时，可暂免征收土地增值税（不适用于房地产开发企业）。

此外，可利用合作建房或代建房进行筹划。按照税法的规定，对于一方出地，一方出资金，双方合作建房，建成后按比例分房自用的，暂免征收土地增值税。房地产开发企业可充分利用该政策，选择以合作建房方式进行项目开发。代建房是指房地产开发企业代客户进行房地产开发，开发完成后向客户收取代建收入的行为。房地产开发企业如果有代建房业务，其收入性质属于劳务收入，不属于土地增值税的征税范围。房地产开发企业可利用代建房方式，但前提是在开发之初就能确定最终用户，实行定向开发。

（二）收入拆分的税收筹划

收入拆分筹划法是指通过分解或降低销售收入来降低增值额，以达到减轻税负的目的。在扣除项目金额一定的情况下，转让收入越少，土地增值额就越少，适用税率就越低，应纳税额就越少。如何分散转让房地产收入，就是一个筹划的切入点。常见的方法是分次单独签订合同，具体操作可分为两个方面：其一，将可以分开、单独处理的部分从整个房地产项目中分离（比如房屋里面的各种设施），从而使转让收入减少，降低增值额；其二，在增值额与扣除项目金额的比率临界点附近，通过降低收入来降低增值额，以避免因税率级次爬升而适用较高档次的税率。

基于税务合规的考虑，需要注意以下两点：其一，《国家税务总局关于房地产开发企业土地增值税清算管理有关问题的通知》（国税发〔2006〕187号）第四条第四款规定，开发企业销售已装修的房屋，其装修费用可以计入房地产开发成本。该文件明确了装修费用可计入房地产开发成本，房地产开发成本也是开发费用比例扣除和财政部规定的其他扣除项目计算的依据。部分省级税务机关规范性文件也明确，房地产企业在销售开发产品的过程中，随同房价向购房人收取的装修费、设备费等价外费用，应并入房地产转让收入，作为房屋销售计税价格的组成部分。

其二，《国家税务总局关于印发<土地增值税清算管理规程>的通知》（国税发〔2009〕91号）第十八条规定，审核收入情况时，应结合销售发票、销售合同（含房管部门网上备案登记资料）、商品房销售（预售）许可证、房产销售分户明细表及其他有关资料，重点审核销售明细表、房地产销售面积与项目可售面积的数据关联性，以核实计税收入；对销售合同所载商品房面积与有关部门实际测量面积不一致，而发生补、退房款的收入调整情况进行审核；对销售价格进行评估，审核有无价格明显偏低情况。

（三）利用临界点的税收筹划

土地增值税的增值额是转让收入减除税法规定的扣除项目金额后的余额。土地增值税筹划的方法之一就是控制、降低增值额。基于此，可采用临界点筹划法。

1.利用税收优惠的临界点筹划

税法规定，纳税人建造普通标准住宅出售，增值额未超过扣除项目金额20%的，免征土地增值税；增值额超过扣除项目金额20%的，应就其全部增值额按规定计税。这里的"20%"就是临界点。如果能把普通标准住宅的增值额控制在扣除项目金额的20%以内，则可以免缴土地增值税。具体操作是选择适当的开发方案，避免因增值额与扣除项目金额的比率稍高于20%而造成税负增加。

【例6-1】某房地产开发公司建成一栋住宅楼（普通标准住宅），扣除项目金额为8 000万元，当地同类住宅的市场售价约10 000万元（不含增值税）。试比较以下定价方案，并基于税负最小化作出选择（假定不考虑其他税费因素）：方案一，定价为10 000万元；方案二，降价400万元，定价为9 600万元。

【解析】方案一：增值额=10 000-8 000=2 000（万元）

增值额与扣除项目金额的比率=2 000÷8 000×100%=25%

适用土地增值税税率为30%。

应纳土地增值税税额=2 000×30%=600（万元）

方案二：增值额=9 600-8 000=1 600（万元）

增值额与扣除项目金额的比率=1 600÷8 000×100%=20%

方案二增值额未超过扣除项目金额的20%，免征土地增值税。房地产公司虽然降价400万元，但由于充分利用土地增值税优惠政策，土地增值税节约了600万元，应选择方案二。

2.利用税率临界点的筹划

土地增值税适用四级超率累进税率，当增值额超过扣除项目金额的50%、100%、200%等临界点时，就会分别适用更高一级的税率。在这些临界点附近，通过税负测算以及税后收益比较，合理安排销售收入或核算方法，可以避免超越临界点而适用更高一级税率。

考虑到临界点的税负效应，首先要测算增值额与扣除项目金额的比率，然后设法通过定价与扣除项目金额调整这一比率。调整的方法有两种：一是合理定价，在临界点附近，通过适当降低销售价格可以减少增值额，降低土地增值税的适用税率，从而减轻税负。二是增加扣除项目金额。一般而言，增加扣除项目金额的途径很多，比如增加房地产开发成本、房地产开发费用等。房地产开发成本中包括土地征用及拆迁补偿费、前期工程费、建筑安装费、基础设施费、公共配套设施费、开发间接费用等。纳税人可以通过改善小区周边环境、提高房屋质量来增加扣除项目。总体而言，适当降低房价减少销售收入或通过提高房屋质量、改善房屋配套设施以增加扣除项目均可以实现节税。另外，纳税人降价促销与提升房屋品质，还可以在激烈的房地产销售战中占有优势。

（四）扣除项目的税收筹划

扣除项目筹划法是通过最大限度地扩大成本与费用的列支比例来降低增值额，进而降低增值额与扣除项目金额的比率，以达到土地增值税筹划的目的。

1.巧用装修费用

对房屋进行装修后再销售，装修费用可以作为成本与费用的一部分据实扣除，而且可以作为加计扣除的基数，从而达到节税的目的。房地产开发企业销售已装修的房屋，其装修费用可以计入房地产开发成本，作为土地增值税的扣除项目。对于精装修部分，如果属于与房屋不可分离，分离将会导致房屋结构、功能损坏的部分，其装修费用应当允许加计扣除。但是，对于电视机、壁挂式空调等可以分离的部分，不得作为房地产开发成本，且不得加计扣除。

【例6-2】甲房地产开发公司开发的金山小区已于10月完工，房屋总面积3万平方米，尚未对房屋进行装修，可扣除项目的总金额为6 200万元（包括加计扣除的20%）。该公司不能按转让房地产项目计算分摊利息支出，也不能提供金融机构证明。当地政府规定的房地产开发费用的扣除比例为10%。试比较以下方案，并基于税负最小化作出选择：方案一，直接销售未装修的房屋，每平方米售价为3 200元，销售收入总额为9 600万元（金额均不含增值税）；方案二，对房屋进行装修后再销售，预计装修费用为1 200万元，装修后每平方米售价为3 600元，销售收入总额为10 800万元，其他条件不变。

【解析】方案一：增值额=9 600-6 200=3 400（万元）

增值额与扣除项目金额的比率=3 400÷6 200×100%=54.84%

应缴土地增值税税额=3 400×40%-6 200×5%=1 050（万元）

根据《国家税务总局关于房地产开发企业土地增值税清算管理有关问题的通知》（国税发〔2006〕187号）的规定，房地产开发企业销售已装修的房屋，其装修费用可以计入房地产开发成本，房地产开发费用为取得土地使用权支付的金额和房地产开发成本金额总和的10%。从事房地产开发的纳税人，允许按取得土地使用权时所支付的金额和房地产开发成本之和，加计扣除20%。

方案二：增值额=10 800-6 200-1 200×（1+10%+20%）=3 040 （万元）

增值额与扣除项目金额的比率=3 040÷7 760×100%=39.18%

应缴土地增值税税额=3 040×30%-0=912 （万元）

与方案一相比，方案二可以少缴土地增值税138万元（1 050-912），应选择方案二。

2.合理规划期间费用与开发间接费用

房地产开发企业发生的期间费用除利息支出（不超过同类同期银行贷款利率）外都不按实际发生额扣除，而是以土地价款和开发成本合计金额作为基础按比例计算扣除，即土地增值税扣除项目中除财务费用之外的其他费用是按土地价款和开发成本合计金额的5%之内计算扣除的。管理人员工资、福利费、办公费、差旅费等原则上不能作为扣除项目，其实际发生数对土地增值税的计算没有直接影响。

若采取一定的组织管理办法，如在岗位具体化的条件下，将成本会计、项目主管会计、项目前期投资等管理岗位纳入项目管理范围，发生的相关费用列支于开发成本中的开发间接费中，则可增加扣除项目金额并可加计20%扣除。该方法应有充分的证明资料，以备项目清算使用，可通过制定项目人员组织管理制度、设计项目部工作人员清单等方式实现。

会计制度对房地产企业的管理费用、销售费用和工程项目的开发间接费用并没有严格的界定。在实务中，开发项目的行政管理、技术支持、后勤保障等也无法与公司总部的业务截然分开，有些费用的列支介于期间费用与开发间接费用之间。企业在组织机构设置上可以向开发项目倾斜，合理划分期间费用与开发间接费用，依法合规将部分期间费用列支的费用计入开发间接费用，则会加大建造总成本，会带来1.3倍（1+20%+10%）的扣除效果，从而降低增值额或适用税率。

需要注意的是，根据《中华人民共和国土地增值税暂行条例实施细则》第七条第二款第六项规定，开发间接费用，是指直接组织、管理开发项目发生的费用，包括工资、职工福利费、折旧费、修理费、办公费、水电费、劳动保护费、周转房摊销等。根据《国家税务总局关于印发〈土地增值税清算管理规程〉的通知》（国税发〔2009〕91号）第二十六条的规定，审核开发间接费用时应当重点关注：是否存在将企业行政管理部门（总部）为组织和管理生产经营活动而发生的管理费用记入开发间接费用的情形；开发间接费用是否真实发生，有无预提开发间接费用的情况，取得的凭证是否合法有效。

3.利用代收费用

很多房地产开发企业在销售产品时，会代替相关单位或部门收取一些价外费用，比如管道煤气初装费、有线电视初装费、物业管理费以及部分政府基金等。这些费用一般先由房地产企业收取，后由房地产企业按规定转交给委托单位，有的房地产企业还会因此而有结余。代收费用有两种处理方法：第一种是将代收费用计入房价中向购买方一并收取；第二种是在房价之外单独收取。是否将代收费用计入房价对于计算土地增值税的增值额不会产生影响，但是可能影响房地产开发的总成本，进而影响增值额、适用税率与应纳税额。

《财政部、国家税务总局关于土地增值税一些具体问题规定的通知》（财税〔1995〕48号）第六款规定，对于按县级及县级以上人民政府要求房地产开发企业在售房时代收各项费用，如果代收费用是计入房价中向购买方一并收取的，可作为转让房地产所取得的收入计税，在计算扣除项目金额时可予以扣除，但不允许作加计20%扣除的基数；如果代收费用未计入房价中，而是在房价之外单独收取的，可以不作为转让房地产的收入，在计算增值额时也不允许扣除代收费用。按照上述规定，可以利用代收费用进行筹划。

【例6-3】某房地产开发企业出售一幢商品房，获得收入总额为3 000万元，并按当地市政府的要求，在售房时代收了200万元的各项费用。该房地产开发企业开发该商品房的支出如下：支付土地出让金200万元，房地产开发成本600万元，其他允许税前扣除的项目（未考虑加计扣除）合计200万元。试比较以下方案，并基于税负最小化作出选择：方案一，该房地产开发企业未将代收费用并入房价，而是单独向购房者收取；方案二，该房地产开发企业将代收费用并入房价向购买方一并收取。

【解析】方案一：

允许扣除的金额=200+600+200+（200+600）×20%=1 160（万元）

增值额=3 000-1 160=1 840（万元）

增值额与扣除项目金额的比率=1 840÷1 160×100%=158.62%

应纳土地增值税额税额=1 840×50%-1 160×15% =746（万元）

方案二：

允许扣除的金额=200+600+200+（200+600）×20% +200=1 360（万元）

增值额=3 000+200-1 360=1 840（万元）

增值额与扣除项目金额的比率=1 840÷1 360×100%=135.29%

应纳土地增值税额税额=1 840×50%-1 360×15%=716（万元）

无论该房地产开发企业采用哪种方式收取代收费用，其销售该商品房的增值额均为1 840万元，但是采用方案二，即将代收费用并入房价，会使可扣除项目增加200万元，从而少纳税款30万元（746-716），故应选择方案二。

由于土地增值税=增值额×适用税率-可扣除项目×适用的速算扣除系数，无论代收方式如何，增值额都是不变的。假设将代收费用A并入房价，可扣除项目金额增加A，会使应缴纳的土地增值税减少"A×适用的速算扣除系数"；如果代收费用较多，可扣除项目增加，能使整体的增值额下降，给纳税人带来更大的节税效益。需要注意的是，在增值额与扣除项目金额的比率未超过50%的情况下，由于适用的速算扣除系数为0，无论代收方式如何，纳税人的税负都是一样的，筹划则没有意义。

4.选择利息支出的扣除方法

房地产开发属于高负债行业，企业一般会有大量的借款，利息支出不可避免。利息支出的不同扣除方法会对企业的应纳税额产生影响。根据税法规定，财务费用中的利息支出，凡能够按转让房地产项目计算分摊并提供金融机构证明的，允许据实扣除，但最高不能超过按商业银行同类同期贷款利率计算的金额。其他房地产开发费用按取得土地使用权所支付的金额、房地产开发成本之和的5%以内计算扣除。凡不能按转让房地产项目计算分摊利息支出或不能提供金融机构贷款证明的，房地产开发费用按取得土地使用权所支付的金额、房地产开发成本之和的10%以内计算扣除。

这两种扣除方法给纳税人提供了选择余地。如果房地产开发企业在开发过程中主要依靠借款筹资，利息费用较高，应尽可能提供金融机构贷款证明，并按转让房地产项目计算分摊利息支出，实现利息支出据实扣除；反之，如果开发过程中借款不多，利息费用较低，则可不计算应分摊的利息支出或不提供金融机构贷款证明，这样就可多扣除房地产开发费用，减轻土地增值税税负。一般来说，企业进行房地产开发的借款数额会较大，其实际数会大于"（取得土地使用权所支付的金额+房地产开发成本）×5%"，按照第一种方式，即按转让房地产项目计算分摊并提供金融机构贷款证明有利于企业节税。

【例6-4】武汉某房地产开发企业开发一批民用住宅，共支付地价款2 000万元，开发成本为4 000万元，财务费用中的利息支出为400万元（假设不超过按商业银行同类同期贷款利率计算的金额）。该房地产开发企业应如何进行税收筹划？

【解析】方案一，按转让房地产项目计算分摊并提供金融机构证明。

可扣除的房地产开发费用=400+（2 000+4 000）×5%=700（万元）

方案二，不能按转让房地产项目计算分摊利息支出或不能提供金融机构证明。

可扣除的房地产开发费用=（2 000+4 000）×10%=600（万元）

方案一比方案二多扣除100万元（700-600），应选择方案一。

（五）清算环节的税收筹划

在满足一定条件的情况下，土地增值税要进行清算，房地产开发企业可以进行合理的成本费用分摊、选择有利的清算方式或增加房地产跨行业的利润转化来寻求企业价值最大化。

1.清算环节的成本费用分摊

不同的成本费用分摊方法在土地增值税清算中会对房地产开发企业产生重要影响。无论企业选择哪一种成本分摊方法，都要经过税务机关的确认，因此，与税务机关进行良好沟通是筹划成功的条件之一。

在房地产开发企业进行土地增值税清算时，对于共同的成本费用如何分摊到各房地产项目中，或者同一期开发项目中的不同业态产品发生的共同成本费用如何分摊到各业态产品中，一般有占地面积法、建筑面积法、直接成本法、预算造价法、层高系数面积法等。不同成本分摊方法计算出的土地增值税税负差异较大。

（1）共同成本分摊的会计处理依据。《关于印发〈企业产品成本核算制度〉的通知》（财会〔2013〕17号）规定，企业所发生的费用，能确定由某一成本核算对象负担的，应当按照所对应的产品成本项目类别，直接计入产品成本核算对象的生产成本；由几个成本核算对象共同负担的，应当选择合理的分配标准分配计入。基于此规定，房地产开发企业的住宅、商铺、写字楼共同负担的土地成本、建筑费用和期间费用必须采用合理的成本费用分摊方法进行分配。

（2）共同成本费用分摊的税法依据。《国家税务总局关于房地产开发企业土地增值税清算管理有关问题的通知》（国税发〔2006〕187号）规定，属于多个房地产项目共同的成本费用，应按清算项目可售建筑面积占多个项目可售总建筑面积的比例或其他合理的方法，计算确定清算项目的扣除金额。《中华人民共和国土地增值税暂行条例实施细则》（财法字〔1995〕6号）规定，纳税人成片受让土地使用权后，分期分批开发、转让房地产的，其扣除项目金额的确定，可按转让土地使用权的面积占总面积的比例计算分摊，或按建筑面积计算分摊，也可按税务机关确认的其他方式计算分摊。

【例6-5】某房地产开发公司在一块20 000平方米的土地上进行房地产开发，其取得土地使用权所支付的金额为2 000万元。该房地产开发公司在这块土地上建了两幢楼：一幢为非普通住宅，占地面积（包括周围的道路及绿地等）为 12 000 平方米，建筑面积为 20 000 平方米，已出售完毕；一幢为写字楼，占地面积（包括周围道路及绿地等）为 8 000 平方米，建筑面积为 30 000 平方米，尚未转让。非普通住宅的土地成本应如何分摊可以少缴土地增值税？

【解析】方案一，按照非普通住宅占地面积占总占地面积的比例分摊（占地面积法）。

非普通住宅应分摊的土地使用权金额=12 000÷20 000×2 000=1 200（万元）

方案二，按非普通住宅可售建筑面积占总可售建筑面积的比例分摊（建筑面积法）。

非普通住宅应分摊的土地使用权金额=20 000÷（20 000+30 000）×2 000=800（万元）

方案一比方案二可多分摊 400 万元，应选择方案一。

由于土地成本是房地产企业开发费用和加计扣除计提基数的重要组成部分，不同的分摊方法将放大差异。本例中，假定在利息费用不能据实扣除的情况下，最终整个扣除项目差异高达 520 万元〔（400×（1+10% 开发费用+20% 加计扣除）〕。本例中的房地产开发公司选择方案一可以少缴土地增值税。

具体在实务中，《国家税务总局关于房地产开发企业土地增值税清算管理有关问题的通知》（国税发〔2006〕187 号）第四条第（五）款规定，属于多个房地产项目共同的成本费用，应按清算项目可售建筑面积占多个项目可售总建筑面积的比例或其他合理的方法，计算确定清算项目的扣除金额。第八条规定，各省税务机关可依据本通知的规定并结合当地实际情况制定具体清算管理办法。部分省级税务机关规范性文件也明确了属于多个房地产项目共同成本费用分摊方法以及同一清算单位不同类型房地产共同成本费用的分摊方法。

2. "合并清算"与"分开清算"的选择

一般而言，在无法享受增值额与扣除项目金额的比率未超过 20% 免征土地增值税的税收优惠政策前提下，"分开清算"与"合并清算"有时在税负上存在差异。根据《财政部 国家税务总局关于土地增值税若干问题的通知》（财税〔2006〕21 号）第一条规定，纳税人既建造普通住宅，又建造其他商品房的，应分别核算土地增值额。

《国家税务总局关于印发<土地增值税清算管理规程>的通知》（国税发〔2009〕91 号）第十七条规定："清算审核时，应审核房地产开发项目是否以国家有关部门审批、备案的项目为单位进行清算；对于分期开发的项目，是否以分期项目为单位清算；对不同类型房地产是否分别计算增值额、增值率、缴纳土地增值税。"因此，不同类型房地产不能随意合并计算缴纳土地增值税。但各地现有土地增值税的规定及执法口径差异较大，所以选择"合并清算"与"分开清算"的关键是对各地税收政策的理解和执法口径的把握。

【例 6-6】某房地产开发企业开发项目全部竣工，完成销售。商品房销售收入总额为 15 000 万元，其中普通住宅销售额为 10 000 万元、豪华住宅销售额为 5 000 万元。税法规定的可扣除项目金额之和为 11 000 万元，其中普通住宅可扣除项目金额为 8 000 万元、豪华住宅可扣除项目金额为 3 000 万元。试比较以下方案，并基于税负最小化作出选择：方案一，"合并清算"；方案二，"分开清算"。

【解析】方案一：

增值额与扣除项目金额的比率=（15 000-11 000）÷11 000×100%= 6%

应纳土地增值税税额=（15 000-11 000）×30%=1 200（万元）

方案二：

普通住宅增值额与扣除项目金额的比率=（10 000-8 000）÷8 000×100%=25%

普通住宅应纳土地增值税税额=（10 000-8 000）×30%＝600（万元）

豪华住宅增值额与扣除项目金额的比率=（5 000-3 000）÷3 000×100%=67%

豪华住宅应纳土地增值税税额=（5 000-3 000）×40%-3 000×5%=650（万元）

应纳税合计额=600+650=1 250（万元）

方案二比方案一多缴纳土地增值税50万元（1 250-1 200），应选择方案一。

在实务中，房地产开发企业可能同时进行多项房地产开发业务，不同项目的开发成本不同，扣除项目金额的计算也存在差异。如果不能合理地控制增值额与扣除项目金额的比率，可能会加重企业的税收负担。企业可对一段时间内发生的各项开发成本进行合理分摊，避免个别开发项目增值额过高，如果能使增值额与扣除项目金额的比率刚好低于某一临界点，则节税效果更明显。

3.增加房地产跨行业的利润转化

对于以房地产开发为主的集团企业来说，土地增值税清算的总体思路就是延伸价值链，增加房地产行业或房地产开发环节的扣除项目，将利润向上下游延伸。比如，将房地产行业利润转化为非房地产行业利润，如建筑、装修、园林绿化、服务、贸易等其他关联行业利润。一方面，行业利润转化能起到降低增值额及适用税率的效果，达到降低税负的目的；另一方面，由于房地产行业通常不能核定征收企业所得税，而其他行业则没有强制查账征收的要求，这些行业可以利用核定征收以及财政返还或财政奖励政策，进而降低集团公司的整体税负。

第二节　房产税的筹划

房产税是以房产为征税对象，以房屋的计税余值或租金收入为计税依据，向房屋产权所有人征收的一种财产税。

一、房产税的主要法律规定

（一）征税对象、纳税人与税率

房产税的征税对象是房产。征收房产税的房产是以房屋形态表现的财产。房屋是指有屋面和围护结构（有墙或两边有柱），能够遮风避雨，可供人们在其中生产、工作、学习、娱乐、居住或储藏物资的场所。至于那些独立于房屋之外的建筑物，如围墙、烟囱、水塔、变电塔、油池、油柜、酒窖、菜窖、酒精池、糖蜜池、室外游泳池、玻璃暖房、砖瓦石灰窑以及各种油气罐等，则不属于房产。

房产税在城市、县城、建制镇和工矿区征收。房产税的纳税人是房屋的产权所有人或经营管理单位、承典人、房产代管人或者使用人。房产税采用比例税率，其计税依据分为两种：其一，依据房产计税余值计税的，税率为1.2%。计税余值是指依照税法的规定，按房产原值一次减除10%~30%的损耗价值以后的余额。其二，依据房产租金收入计税的，税率为12%。对个人出租住房，不区分实际用途，均按4%的税率征收房产税。

（二）税收优惠

国家机关、人民团体、军队自用的房产，免征房产税。

由国家财政部门拨付事业经费的单位自用的房产，免征房产税。

宗教寺庙、公园、名胜古迹自用的房产，免征房产税。

个人所有非营业用的房产，免征房产税。

经财政部批准免税的其他房产，如房产大修停用半年以上的，经纳税人申请，税务机关审核，在大修期间可免征房产税。

二、房产税的筹划方法

（一）合理界定房产原值进行税收筹划

房产原值指房屋的造价，包括与房屋不可分割的各种附属设备或一般不单独计算价值的配套设施。房产原值的大小直接决定房产税的多少，合理地减少房产原值可以减轻房产税税负。

房产税征收范围中的房产指的是有屋面和维护机构，可供人们在其中学习、工作、娱乐、居住或储藏物资的场所，但独立于房屋之外的建筑物，如围墙、烟囱、室外游泳池等，则不属于房产。值得注意的是：房产原值应包括与房屋不可分割的各种附属设备或一般不单独计价的配套设施。如果房屋在购入时已经包括土地使用权，那么土地使用权价值应计入房产原值。如果房屋在购入时未包括土地使用权，那么土地使用权价值不应计入房产原值。

【例6-7】甲企业账面上土地使用权价值1500万元(土地2011年1月1日前购入)，剩余摊销年限为30年，开发时的房产成本为7 500万元，尚可使用年限为30年，假定房产余值=房产原值×(1-30%)，请比较以下方案，并基于税负最小化作出选择。

【解析】

方案一，按《无形资产准则》规定将土地使用权转入房产价值，30年共计征房产税（1 500+7 500）×（1-30%）×1.2%×30=2 268（万元）。

方案二，不将土地使用权转入房产价值，30年共计征房产税7 500×（1-30%）×1.2%×30=1 890（万元）。

通过比较发现，方案二比方案一少征房产税378万元（2 268-1 890），应选择方案二。

土地使用权价值是否计入房产原值在房地产领域是较为常见且重要的问题。一般情况下，取得土地使用权后进行房产开发建设的，土地使用权价值应计入房产原值。这是因为土地是房产的重要组成部分，其价值与房产紧密相关。从会计核算的角度来看，将土地使用权价值计入房产原值，能更准确地反映房产的实际价值，符合会计信息的真实性和可靠性原则。

从税务的角度而言，计入房产原值后，在计算房产税等相关税费时，计税依据的基数会变大，从而可能导致税费的增加。然而，也存在一些特殊情况，比如以划拨方式取得的土地使用权，在某些特定条件下，可能不计入房产原值。土地使用权价值是否计入房产原值，需要根据具体的法律规定、会计制度以及实际情况来综合判断，以确保相关财务处理的合法性和合理性。

土地使用权价值是否计入房产原值，需要根据具体情况来确定。一般需关注以下几点：

（1）对于自行建造的自用房屋，土地使用权价值应计入房产原值。因为房屋的建造是基于土地之上，土地是房屋的基础，两者紧密相连，土地使用权的价值应作为房屋成本的一部分。

（2）对于外购的房屋，若土地使用权与房屋不可分割，即无法单独核算土地使用权价值，那么土地使用权价值应计入房产原值。例如，房屋和土地使用权一同转让、受让，或者在房产证上注明了土地使用权的价值等情况。

（3）若土地使用权与房屋能够单独核算，且土地使用权的价值相对较小，在会计核算上通常不将其计入房产原值。这种情况下，土地使用权作为无形资产单独核算，房屋作为固定资产核算。

总之，要根据土地使用权与房屋的实际关系以及会计核算的要求来确定是否将土地使用权价值计入房产原值。

（二）利用减免租金或免租期进行税收筹划

1. 减免名义租金降低房产税

由于房产税的税率不能改变，因此，只能从租金数额上寻找税收筹划空间。如果出租人和承租人有可以互相交换的物品、劳务，出租人可以一方面降低租金，另一方面通过获得承租人的物品或者劳务来获得一定的补偿，这样，出租人获得的实际利益是相同的，但是降低了租金，减轻了房产税负担。

【例6-8】上海的张先生有一套房屋出租，每月不含增值税租金为7 000元。承租人是一对夫妇。这对夫妇分别是上海某中学的数学和英语老师。张先生同时还为自己的孩子聘请数学和英语家教，每月家教费为7 000元。请针对以上情况，提出房产税的税收筹划方案（不考虑个人所得税等税费）。

【解析】方案一，签订租房合同，这对夫妇正常支付租金，张先生每月需要缴纳房产税=7 000×4%=280（元）。

方案二，张先生可以考虑由该夫妇作为其孩子的数学和英语家教，每月不需要收取房租，也不需负担家教费，则张先生每月不需要缴纳房产税，减轻房产税负担280元。由此，对张先生和这对夫妇而言都有利。

2. 利用免租期进行税收筹划

租赁双方签订的租赁合同约定了免收租金期限的，在免收租金期间，产权所有人按照房产计税余值缴纳房产税。此时可适当修改合同，去除免租期，将部分租金均匀分摊到免租期中，可实现节税。

【例6-9】A公司将价值1 000万元的房产出租给B公司，合同约定前3个月为免租期，以后每月按照10万元收取租金（不含增值税）。假定计算房产计税余值的扣除比例为20%。该公司应如何对房产税进行筹划？

【解析】方案一，设定3个月的免租期。A公司需要缴纳的房产税将分为免租期按照房产计税余值计税和3个月后按照房产租金收入计税两部分分别计算。

A公司第一年应缴纳房产税税额=1 000×（1-20%）×1.2%×3÷12+10×9×12%=13.2（万元）

方案二，去除免租期，将合同的免租条款修改为第一年租金为90万元，以后每年租金按照120万元收取。

A公司第一年应缴纳房产税税额=90×12%=10.8（万元）。

方案二与方案一相比，第一年房产税可以少交2.4万元（13.2-10.8），应选择方案二。

【例6-10】甲企业将其名下一商铺出租给某培训机构，双方约定月租金40万元（不含增值税），由于该培训机构需要重新装修，前3个月无法正常营业，该培训机构要求给予3个月免租期。假设房产原值为1 000万元，当地政府规定房产计税余值的扣除比例为30%。请比较以下方案，并基于税负最小化作出选择：方案一，双方约定租赁期自本年1月1日至本年12月31日，月租金为40万元，前3个月免租金。方案二，租赁期自本年1月1日至本年12月31日，月租金为30万元，全年租金和方案一全年租金360万元相等，房产税全部按照房产租金收入计征。

【解析】方案一，前3个月按房产计税余值计税。

前3个月应纳房产税税额=1 000×（1-30%）×1.2%×3÷12=2.1（万元）

后9个月租金合计额=40×9=360（万元）

后9个月应纳房产税税额=360×12%=43.2（万元）

房产税合计额=2.1+43.2=45.3（万元）

方案二：应纳房产税税额=360×12%=43.2（万元）

方案二比方案一节省房产税2.1万元（45.3-43.2），应选择方案二。

（三）利用业务转换进行税收筹划

1.改变业务模式

【例6-11】甲企业有一闲置库房，房产原值为500万元，甲企业拟出租该库房或将其改为仓库。当地计算房产计税余值的扣除比例为30%。请比较以下方案，并基于税负最小化作出选择（不考虑其他税费）：方案一，甲企业将该库房出租，收取租赁费，年租金为100万元（不含增值税）；方案二，甲企业将库房改为仓库并配备保管人员，为客户提供仓储服务，收取仓储费，年仓储收入为100万元（不含增值税）。

【解析】方案一：应纳房产税税额=100×12%=12（万元）

方案二：应纳房产税税额=500×（1-30%）×1.2%=4.2（万元）

方案二比方案一节省房产税7.8万元（12-4.2），应选择方案二。

如果采用方案二，企业需增加保管人员工资等经营成本，所以应综合权衡，作出最优决策。

2.拆分房租金额

【例6-12】甲企业将其拥有的一幢写字楼对外出租，合同中年租金为6 000万元（含增值税）。其中含物业管理费600万元（含增值税），水电费300万元（含增值税）。请比较以下方案，并基于税负最小化作出选择（不考虑其他税费）。

【解析】方案一，直接签订租赁合同，合同中年租金共计6 000万元（含增值税）。

甲企业应纳房产税=6 000÷（1+9%）×12%=660.55（万元）

方案二，签订租赁合同，年租金降为5 100万元。物业管理费600万元（含增值税），水电费300万元（含增值税），由承租方直接缴纳给物业公司或有关单位。

甲企业应纳房产税=5 100÷（1+9%）×12%=561.47（万元）

方案二比方案一节省房产税99.08万元（660.55-561.47），应选择方案二。

实务中，可以将房屋总租金拆分成房租与物业管理费（服务费）等，分别开具发票，可以达到降低房产税税基的目的。如果企业是一般纳税人，将租金拆分也可以起到降低增值税的目的。比如，某一般纳税人企业因经营不善等原因，仓库被闲置，为增加收入，该企业对外出租仓库，当年取得租金收入 1 200 万元（不含增值税），依据税法需缴纳房产税 144 万元（1 200×12%）。同样是这份合同，按照当地物业管理标准，可以将年租金 1 200 万元变为租赁费 700 万元和物业管理费 500 万元。租金收入按 9% 的税率计提销项税额，同时涉及房产税；物业管理费只按 6% 的税率计提销项税额，不涉及房产税。在这种情况下，租赁收入的房产税为 84 万元（700×12%），企业少缴 60 万元（144-84）房产税。

（四）利用税收优惠进行税收筹划

房产税作为地方税种，税法规定了许多减免优惠政策。房产税以城镇中的房产为课税对象，可以考虑将一些不影响企业正常生产经营的建筑物建在城郊附近的农村。对已经损坏、不堪使用的房屋和危险房屋，经有关部门鉴定，在停止使用后，可免征房产税；纳税人因房屋大修导致连续停用半年以上的，在房屋大修理期间免征房产税。在基建工地为基建工地服务的工棚等临时性房屋，在施工期间免征房产税；纳税人有困难的，可定期向有关税务机关申请免征、减征。另外，企业自办的学校、医院、幼儿园、托儿所、老年服务机构自用的房产免征房产税。企业应该将这些房屋单独核算，用足用好税收优惠政策，减少房产税支出。

此外，房产的改扩建与修理也是筹划的重要内容。进行更新改造或装饰装修而发生的相关费用是否计入房产原值非常关键。根据规定，修理支出达到取得固定资产时计税基础的 50% 以上，或修理后固定资产的使用年限延长 2 年以上的，作为大修理支出，应增加固定资产的计税基础。因此，在房产修理时，将房产的资本性大修理支出分解为多次日常性小修理支出，使每次修理费低于限额，这样每次的修理费可以直接从损益中扣除，无须增加房产的计税依据，进而减少房产税税负。

（五）房产投资联营的税收筹划

对于投资联营的房产，由于投资方式不同，房产税的计征方式和适用税率也不同，从而为纳税人提供了筹划空间。对于以房产投资联营，投资者参与投资利润分红并共担风险的，被投资方要以房产计税余值作为计税依据计征房产税，税率为 1.2%；对于以房产投资联营，投资者取得固定收入且不承担联营风险的，实际上是以联营名义取得房产租金，应由投资方按房产租金收入计算缴纳房产税，税率为 12%。纳税人可以结合这两种方式进行成本收益分析，以决定如何选择投资方式。

【例 6-13】甲公司和乙公司为同一集团公司的子公司，均为一般纳税人，采用一般计税方法计税。甲公司将其自有的房产采用投资联营的方式提供给乙公司使用，该房产原值为 1 000 万元。现有两套对外投资方案可供选择：方案一，甲公司向乙公司收取固定收入，不承担风险，当年取得的固定收入共计 100 万元（不含增值税）；方案二，甲公司参与投资利润分红，与乙公司共担风险，当年取得的分红为 100 万元（不含增值税）。已知当地计算房产计税余值的扣除比例为 30%。基于税负最小化，甲公司应如何进行税收筹划？

【解析】方案一，收取固定收入，不承担风险。甲公司实际上是以联营名义取得房产租金，应由甲公司（投资方）按租金收入计缴房产税，税率为 12%。

甲公司应纳房产税税额=100×12%=12（万元）

方案二，甲公司参与投资利润分红，共担风险。在该方案中，应由甲公司以房产计税余值为计税依据计征房产税，税率为1.2%。

甲公司应纳房产税=1 000×（1-30%）×1.2%=8.4（万元）

方案二比方案一少缴房产税3.6万元（12-8.4），应选择方案二。但不同的房产投资方式，其风险与收益不同，需要考虑的因素较多，投资者不仅需要考虑房产税的税负，还需关注国家出台的房地产调控政策以及房产在持有、转让环节所涉及的其他各类税费，投资者应综合考量进而作出最优选择。

第三节　资源税的筹划

资源税是以应税资源为课税对象，对在中华人民共和国领域和中华人民共和国管辖的其他海域开发应税资源的单位和个人，就其应税资源销售额或销售数量为计税依据而征收的一种税。

一、资源税的法律规定

（一）纳税人

在中华人民共和国领域和中华人民共和国管辖的其他海域开发应税资源的单位和个人，为资源税的纳税人。

（二）税目

资源税的税目包括能源矿产、金属矿产、非金属矿产、水气矿产和盐5大类，在5个税目下又设有若干子目，涵盖了所有已经发现的矿种和盐。

（三）常用税目适用税率

资源税按资源的具体品种设置税目，税率包括比例税率和定额税率。

常用税目适用税率如下：原油，征税对象为原矿，税率为6%；天然气，征税对象为原矿，税率为6%；煤，征税对象为原矿或者选矿，税率为2%~10%；黑色金属，征税对象为原矿或者选矿，税率为1%~9%；天然卤水，征税对象为原矿，税率为3%~15%或者每吨（或者每立方米）1~10元。

（四）计征方法

资源税实行从价计征或者从量计征。《资源税税目税率表》规定可以选择实行从价计征或者从量计征的，具体计征方式由省、自治区、直辖市人民政府提出，报同级人民代表大会常务委员会决定，并报全国人民代表大会常务委员会和国务院备案。实行从价计征的，应纳税额按照应税资源产品（以下简称"应税产品"）的销售额乘以具体适用税率计算。实行从量计征的，应纳税额按照应税产品的销售数量乘以具体适用税率计算。应税产品为矿产品的，包括原矿和选矿产品。纳税人开采或者生产应税产品自用的，应当依照规定缴纳资源税，但是自用于连续生产应税产品的，不缴纳资源税。

（五）税收优惠

1.免征规定

有下列情形之一的，免征资源税：（1）开采原油以及在油田范围内运输原油过程中用于加热的原油、天然气；（2）煤炭开采企业因安全生产需要抽采的煤成（层）气。

2.减征规定

有下列情形之一的，减征资源税：（1）从低丰度油气田开采的原油、天然气，减征20%的资源税；（2）高含硫天然气、三次采油和从深水油气田开采的原油、天然气，减征30%的资源税；（3）稠油、高凝油，减征40%的资源税；（4）从衰竭期矿山开采的矿产品，减征30%的资源税。

根据国民经济和社会发展的需要，国务院对有利于促进资源节约集约利用、保护环境等情形可以规定免征或者减征资源税，报全国人民代表大会常务委员会备案。

3.由省、自治区、直辖市决定的免征或者减征规定

有下列情形之一的，省、自治区、直辖市可以决定免征或者减征资源税：（1）纳税人开采或者生产应税产品过程中，因意外事故或者自然灾害等原因遭受重大损失；（2）纳税人开采共伴生矿、低品位矿、尾矿。

上述规定的免征或者减征资源税的具体办法，由省、自治区、直辖市人民政府提出，报同级人民代表大会常务委员会决定，并报全国人民代表大会常务委员会和国务院备案。纳税人的免税、减税项目，应当单独核算销售额或者销售数量；未单独核算或者不能准确提供销售额或者销售数量的，不予免税或者减税。

二、资源税的筹划方法

（一）利用分别单独核算减轻税负

纳税人开采或者生产不同税目应税产品的，应当分别核算不同税目应税产品的销售额或者销售数量；未分别核算或者不能准确提供不同税目应税产品的销售额或者销售数量的，从高适用税率。纳税人开采或者生产同一税目下适用不同税率应税产品的，应当分别核算不同税率应税产品的销售额或者销售数量；未分别核算或者不能准确提供不同税率应税产品的销售额或者销售数量的，从高适用税率。

纳税人的免税、减税项目，应当单独核算销售额或者销售数量；未单独核算或者不能准确提供销售额或者销售数量的，不予免税或者减税。纳税人开采或者生产同一应税产品，其中既有享受减免税政策的，又有不享受减免税政策的，按照免税、减税项目的产量占比等方法分别核算确定免税、减税项目的销售额或者销售数量。纳税人开采或者生产同一应税产品同时符合两项或者两项以上减征资源税优惠政策的，除另有规定外，只能选择其中一项执行。

纳税人可以通过准确核算各税目的课税数量或销售额，分清免税产品与征税产品，分清不同税率产品，从而充分享受税收优惠，合理节税。

（二）利用综合回收率和选矿比进行筹划

对于连续加工前无法正确计算原煤移送使用数量的煤炭，可按加工产品的综合回收率，将加工产品的实际销售量和自用量折算成原煤数量作为征税数量；金属矿和非金属矿的征税对象为精矿的，纳税人在销售原矿时，应将原矿销售额换算为精矿销售额缴纳资源税；征税对象为原矿的，纳税人销售自采原矿加工的精矿，应将精矿销售额折算为原矿销售额缴纳资源税。换算比或折算率原则上应通过原矿售价、精矿售价和选矿比计算，也可通过原矿销售额、加工环节平均成本和利润计算。这就为税收筹划提供了一定的空间。

例如，煤炭企业确定的自身煤炭回收率或选矿比低于同行业综合回收率或平均选矿比，则可根据同行业综合回收率或平均选矿比来折算，计算出来的应税产品数量会少于实际使用数量，达到节税的目的；反之，如果企业的加工技术或选矿技术比较先进，本企业煤炭的加工生产综合回收率或金属矿选矿比相较同行业更高，则应该准确核算回收率或选矿比，向税务机关提供准确的应税产品销售数量或移送使用数量。

【例6-14】 某个体工商户生产煤炭并连续加工生产某种煤炭制品。由于其采用的加工技术相对落后，使得产品加工生产的综合回收率比同行业企业低。该个体工商户应如何进行税收筹划以减少资源税的缴纳？

【解析】 该个体工商户可用综合回收率进行税收筹划，具体过程如下：在确定自己企业的综合回收率相对较低的时候，选择同行业综合回收率折算应税产品数量可以少缴资源税。假定该个体工商户生产的最终产品有1 000吨，同行业平均综合回收率为40%，该个体工商户的综合回收率为25%，则实际征税数量应为4 000吨（1 000÷25%），而按照同行业平均综合回收率折算的数量为2 500吨（1 000÷40%）。由于煤炭资源税采用的是从价定率征收方法，因此在煤炭单位售价不变的情况下，征税数量的减少将明显减少应纳资源税税额。

（三）利用外购应税产品扣减政策进行节税

资源税法规定了不同情形下外购应税产品购进金额、购进数量的扣减。对于纳税人以外购原矿与自采原矿混合为原矿销售的情形，或者以外购选矿产品与自产选矿产品混合为选矿产品销售的情形，在计算应税产品销售额或者销售数量时，直接扣减外购原矿或者外购选矿产品的购进金额或者购进数量。当纳税人以外购原矿与自采原矿混合洗选加工为选矿产品销售时，由于在洗选加工过程中产生了增值或数量消耗，为确保税负公平，在计算应税产品销售额或者销售数量时，需要按照规定的公式计算准予扣减的外购应税产品的购进金额或者购进数量。

【例6-15】 某煤炭企业将外购100万元原煤与自采200万元原煤混合洗选加工为选煤销售，选煤销售额为450万元。当地原煤税率为3%，选煤税率为2%。请计算准予扣减的资源税金额与资源税应纳税额。

【解析】 准予扣减的购进金额=外购原煤购进金额×（本地区原煤适用税率÷本地区选煤适用税率）

=100×（3%÷2%）=150（万元）

应纳资源税=（450-150）×2%=6（万元）

第四节　城镇土地使用税的筹划

城镇土地使用税是以开征范围内的土地为征税对象，以实际占用的土地面积为计税依据，按规定税额对拥有土地使用权的单位和个人征收的一种税。

一、城镇土地使用税的基本规定

（一）征税范围

城镇土地使用税的征税范围为城市、县城、建制镇和工矿区。其中，城市是指经国务院批准设立的市；县城是指县人民政府所在地；建制镇是指经省、自治区、直辖市人民政府批准设立的建制镇；工矿区是指工商业比较发达，人口比较集中的大中型工矿企业所在地，工矿区的设立必须经省、自治区、直辖市人民政府批准。

（二）纳税人

凡在城市、县城、建制镇、工矿区范围内使用土地的单位和个人，为城镇土地使用税的纳税人。单位包括国有企业、集体企业、私营企业、股份制企业、外商投资企业、外国企业、其他企业、事业单位、社会团体、国家机关、军队以及其他单位。个人包括个体工商户及其他个人。在现实经济生活中，使用土地的情况十分复杂，为确保将城镇土地使用税及时、足额地征收入库，税法根据用地者的不同情况，对纳税人做了如下具体规定：

（1）城镇土地使用税由拥有土地使用权的单位或个人缴纳；

（2）土地使用权未确定或权属纠纷未解决的，由实际使用人纳税；

（3）土地使用权共有的，由共有各方分别纳税。

（三）适用税额

城镇土地使用税实行分级幅度税额。每平方米土地年税额规定如下：

（1）大城市 1.5~30 元；

（2）中等城市 1.2~24 元；

（3）小城市 0.9~18 元；

（4）县城、建制镇、工矿区 0.6~12 元。

（四）减免税优惠的基本规定

税法规定，下列土地免征城镇土地使用税：

（1）国家机关、人民团体、军队自用的土地；

（2）由国家财政部门拨付事业经费的单位自用的土地；

（3）宗教寺庙、公园、名胜古迹自用的土地；

（4）市政街道、广场、绿化地带等公共用地；

（5）直接用于农、林、牧、渔业的生产用地；

（6）开山填海整治的土地和改造的废弃土地，从使用月份起免征城镇土地使用税5~10年。

（五）计税依据以及应纳税额的计算

1.计税依据

城镇土地使用税以纳税人实际占用的土地面积（平方米）为计税依据。

纳税人实际占用的土地面积，以房地产管理部门核发的土地使用证书所确认的土地面积为准；尚未核发土地使用证书的，应由纳税人据实申报土地面积，据以纳税，待核发土地使用证书以后再作调整。

2.应纳税额的计算

城镇土地使用税的应纳税额依据纳税人实际占用的土地面积和适用单位税额计算。计算公式如下：

全年应纳税额=计税土地面积（平方米）×适用税额

土地使用权由几方共有的，由共有各方按照各自实际使用的土地面积占总面积的比例，分别计算缴纳城镇土地使用税。

二、城镇土地使用税的筹划方法

（一）利用改造废弃土地进行税收筹划

税法规定，经批准开山填海整治的土地和改造的废弃土地，从使用月份起免缴城镇土地使用税5~10年。纳税人可以充分利用城市、县城、建制镇和工矿区的废弃土地或开山填海整治的土地，以获得免税机会。

（二）利用土地级别的不同进行税收筹划

城镇土地使用税采取的是有幅度的差别定额税率，最高税额（30元）是最低税额（0.6元）的50倍，大城市、中等城市、小城市、县城、建制镇、工矿区的税额各不相同。即使在同一地区，不同地段的市政建设情况和经济繁荣程度也有较大差别，城镇土地使用税税额规定也各不相同。纳税人可以结合自身生产经营的需要，从以下几个方面来考虑：一是将企业设在城市、县城、建制镇、工矿区以外的农村；二是由于税法允许经济落后地区城镇土地使用税的适用税额标准适当降低，经济发达地区城镇土地使用税的适用税额标准适当提高，因此可将企业设在经济落后地区；三是在同一省份的大中小城市以及县城和工矿区之中选择税率低的地区设立企业；四是在同一城市、县城和工矿区的不同等级的土地之中选择税率低的区域设立企业。

【例6-16】甲公司欲投资建厂，需占用土地10万平方米。方案一，在某中等城市的城区建厂，当地城镇土地使用税税额为18元/平方米。方案二，在某小城市的城区建厂，当地城镇土地使用税税额为8元/平方米。比较以上两个方案，并基于税负最小化作出选择。

【解析】方案一：应纳城镇土地使用税税额=10×18=180（万元）

方案二：应纳城镇土地使用税税额=10×8=80（万元）

方案二比方案一少纳城镇土地使用税100万元（180-80），应选择方案二。

需要注意的是，将企业设在城镇土地使用税税率低的地区，有可能影响企业的生产经营。因此，企业在选址时不能只考虑城镇土地使用税税负。

（三）利用纳税义务发生时间进行税收筹划

1.发生涉及购置房屋的业务时的节税

涉及房屋购置业务时，税法规定的城镇土地使用税纳税义务发生时间为：（1）纳税人购置新建商品房的，自房屋交付使用的次月起纳税；（2）纳税人购置存量房的，自办理房屋权属转移、变更登记手续，房地产权属登记机关签发房屋权属证书之次月起纳税。对于购置方来说，应尽量缩短取得房屋所有权与实际经营运行之间的时间差。

2.新征用耕地的节税

对于新办企业或需要扩大规模的老企业，在征用土地时，可以在是否征用耕地与非耕地之间进行筹划。纳税人新征用耕地，自批准征用之日起满1年时开始缴纳城镇土地使用税；而征用非耕地，则需自批准征用次月就开始纳税。

第五节　印花税的筹划

印花税①是对经济活动和经济交往中书立、领受、使用的应税凭证所征收的一种税。因为纳税人主要是通过在应税凭证上粘贴印花税票来完成纳税义务，故名印花税。

一、印花税的基本规定

（一）征税范围

我国经济活动中产生的凭证种类繁多，数量巨大，现行印花税只对税法中列举的凭证征收，没有列举的凭证不征税。列举的凭证分为五类：经济合同，产权转移书据，营业账簿，权利、许可证照，经财政部门确认的其他凭证。

（二）纳税人

凡在我国境内书立、领受、使用属于征税范围所列凭证的单位和个人，都是印花税的纳税人，包括各类企业、事业单位、机关、团体、部队，以及中外合资企业、中外合作企业、外商独资企业、外国公司和其他经济组织及其在华机构等单位和个人。按照征税项目划分的具体纳税人是立合同人、立据人、立账簿人、领受人、使用人、各类电子应税凭证的签订人。

（三）税率

作为印花税课税对象的凭证种类繁多、形式多样，性质不尽相同。如有些凭证记载了金额，有些则未记载金额；有些凭证长期使用，有些则只满足临时性需要。纳税人有必要根据不同凭证的性质和特点，按照合理负担、便于征纳的原则，分别采用不同的比例税率。

印花税的比例税率分为5档，即1‰、0.5‰、0.25‰、0.3‰和0.05‰。按比例税率征收的应税项目包括各种合同及具有合同性质的凭证、记载资金的账簿和产权转移书据等。具体规定如下：

（1）租赁合同、保管合同、仓储合同、财产保险合同的税率为1‰，证券交易的税率为成交金额的1‰。

（2）产权转移书据中的土地使用权出让书据，土地使用权、房屋等建筑物和构筑物所有权转让书据（不包括土地承包经营权和土地经营权转移书据），股权转让书据（不包括应缴纳证券交易印花税的），税率为0.5‰。

（3）记载资金的营业账簿（以下简称"资金账簿"），税率为实收资本（股本）、资本公积合计金额的0.25‰。

（4）买卖合同、承揽合同、建设工程合同、运输合同、技术合同，以及商标专用权、著作权、专利权、专有技术使用权等转移书据的税率为0.3‰。

（5）借款合同、融资租赁合同的税率为0.05‰。

---

①　《中华人民共和国印花税法》于2021年6月10日第十三届全国人民代表大会常务委员会第二十九次会议通过，自2022年7月1日起施行。

（四）税收优惠

税法规定，下列凭证免征印花税：

（1）应税凭证的副本或者抄本；

（2）依照法律规定应当予以免税的外国驻华使馆、领事馆和国际组织驻华代表机构为获得馆舍书立的应税凭证；

（3）中国人民解放军、中国人民武装警察部队书立的应税凭证；

（4）农民、家庭农场、农民专业合作社、农村集体经济组织、村民委员会购买农业生产资料或者销售农产品书立的买卖合同和农业保险合同；

（5）无息或者贴息借款合同、国际金融组织向中国提供优惠贷款书立的借款合同；

（6）财产所有权人将财产赠与政府、学校、社会福利机构、慈善组织书立的产权转移书据；

（7）非营利性医疗卫生机构采购药品或者卫生材料书立的买卖合同；

（8）个人与电子商务经营者订立的电子订单。

此外，根据国民经济和社会发展的需要，国务院对居民住房需求保障、企业改制重组、破产、支持小型微型企业发展等情形可以规定减征或者免征印花税，报全国人民代表大会常务委员会备案。

二、印花税的筹划方法

（一）利用模糊金额进行税收筹划

模糊金额筹划法，是指当事人在签订数额较大的合同时，有意使合同所载金额在本来能够明确的条件下不予确定，实现暂时少缴印花税的目的。

在现实生活中，各种经济合同的当事人在签订合同时，可能会遇到计税金额无法最终确定的情况。而印花税的计税依据大多数是根据合同所记载金额和适用税率确定的，计税依据无法最终确定时，纳税人的应纳印花税税额也就相应地无法确定。

有些合同在签订时无法确定计税金额，如技术转让合同中的转让收入，是按销售收入的一定比例收取的，或是按实现利润的多少进行分成的；财产租赁合同，只规定了月（天）租金标准而无租赁期限等。对这类合同，印花税的计税依据按照实际结算的金额确定。这便给纳税人进行税收筹划创造了条件。财产租赁合同，涉及租赁房屋、机器设备、车辆等印花税应税合同的，可以先只规定月（天）租金标准，不约定具体的租赁期限。

【例6-17】某设备租赁公司欲和某生产企业签订一份租赁合同，每年租金为200万元。请比较以下两个方案，并基于税负最小化作出选择：方案一，在签订合同时明确规定年租金200万元；方案二，签订合同时仅规定每天的租金数，而不具体确定租赁合同的执行时限。

【解析】方案一，两企业均应缴纳印花税。

各自应纳印花税税额=200×0.1%=0.2（万元）

方案二，两企业到最终结算时才缴纳印花税。

应选择方案二，可以延缓纳税，获得税款资金时间价值。

（二）利用保守金额进行税收筹划

例如，某公司签订了一份加工承揽合同，按照合同金额缴纳了印花税，后因为各种原因导致合同未履约，或者合同只履行了80%，但印花税不退还。实务中的风险在于，如果企业没有合理预估订立合同的金额，导致订立合同金额过大，但实际履行金额很小，就会多交印花税。筹划思路是：可以先按最低合同执行金额签订协议，待实际工作量基本确定时签订补充协议，明确剩余执行金额。

在现实生活中，部分合同可能会由于种种原因无法实现或无法完全实现，导致合同最终履行的结果与签订合同时有出入。而印花税是一种行为税，只要签订应税合同的行为发生，双方或多方当事人的纳税义务便已产生，无论合同是否实际履行，或者实际履行了多少，都应该按照合同签订的金额缴纳印花税。根据税法，无论合同是否兑现或是否按期兑现，均应贴花。对已履行并贴花的合同，所载金额与合同履行后实际结算金额不一致的，只要双方未修改合同金额，一般不再办理完税手续。基于节税的目的，需要选择保守金额签订合同。

（三）压缩计税依据进行税收筹划

经济合同的纳税人是订立合同的双方或多方当事人，其计税依据是合同所载金额。出于共同利益，双方或多方当事人可以适当压缩合同记载金额，达到少缴印花税的目的。

例如，甲企业和乙企业欲签订一份承揽合同，数额较大。由于承揽合同的计税依据是承揽收入，承揽收入是指合同中规定的受托方的加工费收入和提供的辅助材料金额之和，因此，如果双方当事人能剔除辅助材料金额，则可以降低印花税计税依据。具体的做法就是由委托方自己提供辅助材料。

压缩金额筹划法在印花税的筹划中可以广泛应用，比如在以物易物的交易合同中，双方当事人尽量互相提供优惠价格。当然，过度压缩金额可能面临被税务机关调整应纳税额的风险，纳税人应统筹考虑，作出最优决策。

（四）利用合同拆分进行筹划

在劳务流转环节，每一次订立合同均需缴纳一次印花税，所以减少流转环节也是规避印花税的方法。

【例6-18】甲房地产公司将一笔价款3 000万元的工程承包给乙房地产公司，乙公司又将其中1 000万元的工程分包给丙公司、800万元的工程分包给丁公司。请比较以下两个方案，并基于税负最小化作出选择：方案一，业务未作调整；方案二，如果乙房地产公司与甲房地产公司协商，让甲公司与丙公司、丁公司分别签订1 000万元和800万元的合同，剩余1 200万元合同由甲与乙签订。

【解析】方案一，不作业务调整。

甲公司应纳印花税税额=3 000×0.03%=0.9（万元）

乙公司应纳印花税税额=3 000×0.03%+1 000×0.03%+800×0.03%=1.44（万元）

丙公司应纳印花税税额=1 000×0.03%=0.3（万元）

丁公司应纳印花税税额=800×0.03%=0.24（万元）

方案二，甲公司、丙公司、丁公司应纳税额不变。

乙公司应纳印花税税额=1 200×0.03%=0.36（万元）

对比两个方案，就总税负而言，方案二比方案一少缴纳印花税1.08万元（1.44-0.36），应选择方案二。

第六节　车船税及车辆购置税的筹划

一、车船税的筹划

车船税是指在中华人民共和国境内的车辆、船舶的所有人或者管理人按照《中华人民共和国车船税法》应缴纳的一种税。

（一）车船税的基本规定

1. 征税对象及范围

车船税中的车辆、船舶是指依法应当在车船管理部门登记的机动车辆和船舶，以及依法不需要在车船管理部门登记、在单位内部场所行驶或者作业的机动车辆和船舶。车船管理部门，是指公安、交通运输、农业、渔业、军队、武装警察部队等依法具有车船登记管理职能的部门；单位，是指依照中国法律、行政法规的规定，在中国境内成立的行政机关、企业、事业单位、社会团体以及其他组织。

2. 纳税人

车船税的纳税人，是指在中华人民共和国境内车辆、船舶（以下简称车船）的所有人或者管理人。

3. 税目、税额

车船税采用定额税率，即对征税的车船规定单位固定税额。税额确定的总原则是：排气量低的车辆的税负轻于排气量高的车辆，小吨位船舶的税负轻于大吨位船舶。

4. 车船税的法定减免

（1）捕捞、养殖渔船免征车船税。捕捞、养殖渔船，是指在渔业船舶管理部门登记为捕捞船或者养殖船的船舶。

（2）军队、武装警察部队专用的车船免征车船税。军队、武装警察部队专用的车船，是指按照规定在军队、武装警察部队车船管理部门登记，并领取军队、武警牌照的车船。

（3）警用车船免征车船税。警用车船，是指公安机关、国家安全机关、监狱、人民法院、人民检察院领取警用牌照的车辆和执行警务的专用船舶。

（4）对依照法律规定应当予以免税的外国驻华使领馆、国际组织驻华代表机构及其有关人员的车船免征车船税。

（5）对节约能源、使用新能源的车船可以减征或者免征车船税。

（6）省、自治区、直辖市人民政府根据当地实际情况，可以对公共交通车船，农村居民拥有并主要在农村地区使用的摩托车、三轮汽车和低速载货汽车定期减征或者免征车船税。

（二）车船税的筹划方法

1. 清楚划分应税和免税项目进行税收筹划

纳税人不能准确划分应税车船、免税车船或不能划分不同税目的车船，就会从高适用税率。对纳税人而言，最基本的筹划方法就是将适用不同税目、税率及免税项目的课税对象清楚地区分开，以便各自适用对应的税率或各自适用免税规定。

2.利用临界点进行税收筹划

企业和个人在购买车船时，一般会从性价比等方面进行考虑，而容易忽略这些车船将来可能缴纳的税款。为了体现合理负担、公平税负的税收政策，我国对各类应税车辆实行有幅度的定额税率；对同一类船舶按吨位计税，使吨位大、收益高、负担能力强、享受航道等设施利益多的船舶多负担税款，使吨位小、收益低、负担能力弱、享受航道等设施利益少的船舶少负担税款。由于车船税采用定额幅度税率，其筹划思路是利用临界点税率对税负进行测算进而作出选择。

【例6-19】 某企业要买两艘船：方案一，购买船只的净吨位是2 000吨，适用税额为4元/吨；方案二，购买船只的净吨位是2 001吨，适用税额为5元/吨。试分析以上两个方案，并基于税负最小化作出选择。

【解析】 方案一：每年应缴纳车船税税额=2 000×4=8 000（元）

方案二：每年应缴纳车船税税额=2 001×5=10 005（元）

虽然净吨位只相差1吨，但由于税率全额累进，方案二比方案一每年要多缴纳2 005元（10 005-8 000）车船税，应选择方案一。

3.利用车船税的优惠政策进行税收筹划

税法中规定了一些车船可以减免车船税，企业应充分利用税收优惠政策，以达到节税的目的。比如，根据财税〔2015〕51号文的规定，对节约能源车船减半征收车船税；对使用新能源车船免征车船税。企业可以选择节约能源的车船或新能源车船，这样既可以享受减征或免征车船税的税收优惠，又可以为环境保护贡献自己的力量。

二、车辆购置税的筹划

车辆购置税是以在中国境内购置规定的车辆为课税对象、在特定环节向车辆购置者征收的一种税。

（一）车辆购置税的基本规定

1.纳税人

车辆购置税的纳税人是在中华人民共和国境内购置汽车、有轨电车、汽车挂车、排气量超过150毫升摩托车的单位和个人。

2.征税对象

车辆购置税的征收对象包括汽车、摩托车、电车、挂车等。

3.车辆购置税的税率

车辆购置税实行比例税率，税率为10%。

（二）车辆购置税的筹划方法

纳税人在境内购置车辆并办理纳税申报时，需提供机动车销售统一发票（发票联和报税联）或有效凭证，税务机关一般按照发票金额征税。但购买自用或者进口自用车辆，纳税人申报的计税价格低于同类型应税车辆的最低计税价格，又无正当理由的，计税依据为最低计税价格。最低计税价格是指国家税务总局依据车辆生产企业提供的车辆价格信息并参照市场平均交易价格核定的车辆购置税计税价格。进行车辆购置税筹划，需要将各项费用分开，由有关单位（企业）另行开具票据，只将机动车销售统一发票交予车管所办证。

应税车辆的计税价格按照下列规定确定：（1）纳税人购买自用应税车辆的计税价格，

为纳税人实际支付给销售者的全部价款，不包括增值税；（2）纳税人进口自用应税车辆的计税价格，为关税完税价格加上关税和消费税；（3）纳税人自产自用应税车辆的计税价格，按照纳税人生产的同类应税车辆的销售价格确定，不包括增值税；（4）纳税人以受赠、获奖或者其他方式取得自用应税车辆的计税价格，按照购置应税车辆时相关凭证载明的价格确定，不包括增值税。

纳税人申报的应税车辆计税价格明显偏低，又无正当理由的，由税务机关依照规定核定应纳税额。纳税人购买车辆时，其价格一般高于最低计税价格，而只要不低于最低计税价格，则一般属于合理价格。因此，纳税人可以按照最低计税价格纳税，这样可以较大限度地减轻税收负担。

【例6-20】某4S店销售某品牌型号的车辆，其最低计税价格为200 000元（不含增值税），张先生购买了一辆该品牌型号的车辆，总售价为250 000元（包含增值税）。请比较以下两个方案，并基于税负最小化作出选择：方案一，按总售价250 000元开发票；方案二，按最低计税价格开发票。

【解析】方案一，税法规定，车辆购置税的计税价格不包括增值税，而纳税人购买车辆的金额是包括增值税的，应当将包含增值税的价款换算为不含增值税的价款，然后才能计算车辆购置税。

该车辆不含增值税的价格=250 000÷（1+13%）=221 238.94（元）

应缴纳车辆购置税税额=221 238.94×10%=22 123.89（元）

方案二，该品牌型号车辆的最低计税价格为200 000元。

含增值税价格=200 000×（1+13%）=226 000（元）

剩余金额=250 000-226 000=24 000（元）

剩余金额可以另外开发票，比如4S店可以将附赠的车膜、脚垫、行车记录仪以及其他车内饰品的总价税合计金额定为24 000元，这样，张先生的购车发票只有226 000元。

应缴纳车辆购置税税额=226 000÷（1+13%）×10%=20 000（元）

方案二比方案一少缴纳车辆购置税2 123.89元（22 123.89-20 000），应选择方案二。

第七节　契税、环境保护税、关税的筹划

一、契税的筹划

契税是以在中华人民共和国境内转移土地、房屋权属为征税对象，向产权承受人征收的一种财产税。征收契税有利于增加地方财政收入，有利于保护合法产权，避免产权纠纷。

（一）契税的基本规定

1.纳税人

在中华人民共和国境内转移土地、房屋权属，承受产权的单位和个人为契税的纳税人。

2.征税范围

契税的征税对象为发生土地使用权和房屋所有权权属转移的土地和房屋。具体征税范围包括：国有土地使用权出让；土地使用权转让，包括出售、赠与、互换；房屋买卖、赠与、互换。

3.税率

契税实行幅度比例税率，税率幅度为3%~5%，具体执行税率由各省、自治区、直辖市人民政府在规定的幅度内，根据本地区的实际情况确定。从2010年10月1日起，对个人购买90平方米及以下且属家庭唯一住房的普通住房，减按1%的税率征收契税。

4.契税减免的基本规定

（1）国家机关、事业单位、社会团体、军事单位承受土地、房屋用于办公、教学、医疗、科研和军事设施的，免征契税。

（2）城镇职工按规定第一次购买公有住房的，免征契税。

（3）因不可抗力丧失住房而重新购买住房的，酌情准予减征或者免征契税。

（4）土地、房屋被县级以上人民政府征用、占用后，重新承受土地、房屋权属的，由省级人民政府确定是否减免。

（5）承受荒山、荒沟、荒丘、荒滩土地使用权，并用于农、林、牧、渔业生产的，免征契税。

（二）契税的筹划方法

1.利用等价交换进行税收筹划

税法规定，土地使用权交换、房屋交换，以所交换土地使用权、房屋价格的差额为计税依据。土地使用权交换，交换价格不相等的，由多付货币、实物、无形资产或者其他经济利益的一方缴纳税款；交换价格相等的，免征契税。当双方当事人进行等价交换时，价差为零，任何一方都不用缴纳契税，纳税人可以借此政策进行筹划。这种筹划的核心是尽量缩小价差。

【例6-21】A公司有一块价值3 000万元的土地拟出售给B公司，然后从B公司购买其一块价值3 000万元的土地，假定契税税率为4%。请比较以下两个方案，并基于税负最小化作出选择：方案一，双方直接签订土地销售与购买合同；方案二，A公司与B公司改变合同订立方式，签订土地使用权交换合同，约定以3 000万元的价格等价交换双方土地。

【解析】方案一，双方都交契税。

A公司应缴纳契税税额=3 000×4%=120（万元）

B公司应缴纳契税税额=3 000×4%=120（万元）

方案二，A公司和B公司各自免征契税120万元。

方案二与方案一相比，为双方各节省了120万元的契税，应选择方案二。

2.利用契税优惠进行税收筹划

（1）公司分立可以享受的契税减免优惠政策。所谓公司分立，是指一个公司依照有关法律规定或者合同约定，依法变更为两个或两个以上公司的法律行为。公司分立包括存续分立和新设分立两种形式。存续分立，是指公司以其部分资产另设一个或数个新的公司，原公司存续；新设分立，是指公司全部资产分别划归两个或两个以上的新公司，原公司解散。

财税〔2018〕年17号文明确规定，公司依照法律规定、合同约定分立为两个或两个以上与原公司投资主体相同的公司，对分立后公司承受原公司土地、房屋权属，免征契税。财税〔2018〕年17号文重要的突破是公司分立不需要投资主体的投资比例相同，只需要投资主体相同，这给企业在资产重组中契税的筹划提供了比较大的空间。

（2）公司合并可以享受的契税减免优惠政策。所谓公司合并，是指两个或者两个以上公司，依照法律规定、合同约定改建为一个公司的行为。合并有吸收合并和新设合并两种形式。一个公司存续，其他公司解散的，为吸收合并。设立一个新公司，原各方解散的，为新设合并。

财税〔2018〕年17号文明确规定，两个或两个以上的公司，依据法律规定、合同约定合并为一个公司，且原投资主体存续的，对合并后公司承受原合并各方的土地、房屋权属，免征契税。

（3）企业改制重组的契税优惠政策。企业按照公司法的有关规定整体改制，包括非公司制企业改制为有限责任公司或股份有限公司、有限责任公司变更为股份有限公司、股份有限公司变更为有限责任公司，原企业投资主体存续并在改制（变更）后的公司中所持股权（股份）比例超过75%，且改制（变更）后公司承继原企业权利、义务的，对改制（变更）后公司承受原企业土地、房屋权属，免征契税。

事业单位按照国家有关规定改制为企业，原投资主体存续并在改制后企业中出资（股权、股份）比例超过50%的，对改制后企业承受原事业单位土地、房屋权属，免征契税。

（4）企业破产可以享受的契税减免优惠政策。所谓企业破产，是指企业因经营管理不善造成严重亏损，不能清偿到期债务而依法宣布破产的法律行为。企业依照有关法律法规的规定实施破产，债权人（包括破产企业职工）承受破产企业抵偿债务的土地、房屋权属，免征契税；对非债权人承受破产企业土地、房屋权属，凡按照《中华人民共和国劳动法》等国家有关法律法规政策妥善安置原企业全部职工的规定，与原企业全部职工签订服务年限不少于3年的劳动用工合同的，对其承受所购企业土地、房屋权属，免征契税；与原企业超过30%的职工签订服务年限不少于3年的劳动用工合同的，减半征收契税。

二、环境保护税的筹划

（一）环境保护税的基本规定

环境保护税是对在我国领域以及管辖的其他海域直接向环境排放应税污染物的企业、事业单位和其他生产经营者征收的一种税，其立法目的是保护和改善环境，减少污染物排放，推进生态文明建设。环境保护税是我国首个明确以环境保护为目标的独立型环境税种，有利于解决原排污费制度存在的执法刚性不足等问题，有利于提高纳税人的环保意识和强化企业治污减排责任。环境保护税又称为生态税、绿色税，这一税种主要用来维护生态环境，针对污水、废气、噪声和废弃物等突出的"显性污染"进行强制征税。

1.纳税人

在中华人民共和国领域和中华人民共和国管辖的其他海域，直接向环境排放应税污染物的企业、事业单位和其他生产经营者为环境保护税的纳税人。

2.征税对象

环境保护税的征税对象为大气污染物、水污染物、固体废物和噪声，具体应税污染物依据《中华人民共和国环境保护税法》（以下简称《环境保护税法》）所附《环境保护税税目税额表》《应税污染物和当量值表》的规定执行。

3.税率

环境保护税的税率是定额税率，由省级人民政府在规定的税额幅度内提出，报同级人民代表大会常务委员会决定，并报全国人民代表大会常务委员会和国务院备案。应税大气污染物和水污染物按浮动定额税率征税。固体废物、噪声（仅指工业噪声）按定额税率征税。应税大气污染物的税额幅度为每污染当量1.2~12元，水污染物的税额幅度为每污染当量1.4~14元，具体适用税额的确定和调整可由各省级人民代表大会常务委员会在法定税额幅度内决定。

（二）环境保护税的筹划方法

环境保护税作为一种纠正负外部性的税种，其税收筹划主要是在产业调整中尽量选择从事低污染、低能耗的行业，并有效利用环境保护税的优惠政策。

1.利用税率差异进行筹划

《环境保护税法》规定，大气、水污染物每污染当量征收的环境保护税税额标准，由各省、自治区、直辖市在规定范围内自行确定。这使得各省、自治区、直辖市之间，甚至省内不同市州之间，大气、水污染物适用的税额标准可能存在差异。企业可以合理利用税率差异，选择厂址或注册地，降低环境保护税税负。

2.利用减免税优惠进行筹划

《环境保护税法实施条例》规定，只有满足以下条件的企业，才可享受减免税优惠政策：一是大气污染物排放每小时的平均值或水污染物排放每日的平均值、环境保护主管部门每月各监测时点检测到的排污浓度值均在规定标准内。二是在减征环境保护税时，对企业存在的不同排污口的不同应税污染物分别核算并同时达标。

例如，纳税人排放应税大气污染物或者水污染物的浓度值低于国家和地方规定的污染物排放标准30%的，减按75%征收环境保护税。纳税人排放应税大气污染物或者水污染物的浓度值低于国家和地方规定的污染物排放标准50%的，减按50%征收环境保护税。因此，企业要进一步加强对自身排污的监测、控制与管理，严格遵守各项排污标准，以防在个别时点出现排污超标的情况。

另外，企业还可以利用以下免税优惠：依法设立的城乡污水集中处理场所、生活垃圾集中处理场所排放相应应税污染物，不超过国家和地方规定的排放标准的，免征环境保护税；纳税人综合利用固体废物，符合国家和地方环境保护标准的，免征环境保护税。

3.利用排放量计税规则进行筹划

企业可以利用排放量计税规则的差异进行税收筹划。《环境保护税法》规定的四种计算污染物排放量的方法是自动监测、机构监测、排污系数和物料衡算、抽样测算。不同的计算方法得出的污染物排放量存在差异。若环境保护主管部门或税务机关无强制要求，企业可以根据实际情况对部分污染物排放量选择较为有利的计算规则。

三、关税的税收筹划

关税是指一国海关根据该国法律规定，对通过其关境的进出口货物和物品征收的一种税。

（一）关税的基本规定

1.纳税人

进口货物的收货人、出口货物的发货人、进出境物品的所有人（包括推定为所有人的人）是关税的纳税人。

2.征税对象

关税的征税对象是准许进出境的货物和物品。货物是指贸易性商品；物品是指入境旅客随身携带的行李物品、个人邮递物品、各种运输工具上的服务人员携带进口的自用物品、馈赠物品以及以其他方式进境的个人物品。

3.税率

（1）进口关税税率。目前我国进口税则设有最惠国税率、协定税率、特惠税率、普通税率等，一定时期内可实行暂定税率。

（2）出口关税税率。我国出口税则为一栏税率，即出口税率。

（3）特别关税。特别关税包括报复性关税、反倾销税与反补贴税、保障性关税。征收特别关税的货物、适用国别、税率、期限和征收办法，由国务院关税税则委员会决定，海关总署负责实施。

4.关税税收优惠

（1）法定减免税。法定减免税是指《中华人民共和国海关法》、《中华人民共和国进出口关税条例》和《中华人民共和国进出口税则》规定的给予进出口货物的减免税。进出口货物属于法定减免税的，进出口人或其代理人无须事先向海关提出申请，海关征税人员可凭有关证明文件和报关单证按规定予以减免税。

以下进出口货物，免征关税：①关税税额在人民币50元以下的一票货物，可免征关税。②无商业价值的广告品和货样，可免征关税。③外国政府、国际组织无偿赠送的物资，可免征关税。④进出境运输工具装载的途中必需的燃料、物料和饮食用品，可免征关税。⑤在海关放行前损失的货物，可免征关税。

（2）特定减免税。特定减免税也称政策性减免税，是指在法定减免税之外，国家按照国际通行规则和我国实际情况，制定发布的有关进出口货物减免关税的政策。特定减免税货物一般有地区、企业和用途的限制，海关需要进行后续管理，也需要进行减免税统计。关税特定减免税包括对科教用品、残疾人专用品、慈善捐赠物资等免征关税。

（3）临时减免税。临时减免税是法定减免税和特定减免税以外的其他减免税，由国务院对某个单位、某类商品、某个项目或某批进出口货物的特殊情况给予特别照顾，一案一批，专文下达。

（二）关税的筹划方法

1.利用完税价格进行筹划

关税弹性较大的是完税价格的确定。关税的计征办法有从量计征、从价计征、从量和从价混合计征。从量计征适用的范围窄，从价计征适用的范围宽。凡是适用从价计征的物品，完税价格就是它的税基。在同一税率下，完税价格高低决定税负轻重。

进口货物以海关审定的正常成交价格为基础的到岸价格作为完税价格。到岸价格包括货价，加上货物运抵我国关境内输入地点起卸前的包装费、运费、保险费和其他劳务费等费用。

（1）以成交价格为基础确定完税价格。成交价格实际上是进口货物的买方为购买该项货物而向卖方实际支付的或应当支付的价格。成交价格的核心内容是货物本身的价格（不包括运输、保险等费用的货物价格）。该价格除包括货物的生产、销售等成本费用外，还包括买方在成交价格之外向卖方支付的佣金。企业进行税收筹划时，可选择同类产品中成交价格比较低，且运输、保险等费用相对少的货物进口。

【例6-22】某中国钢铁企业需要进口200万吨铁矿石，可选择从澳大利亚或加拿大进口。澳大利亚的铁矿石品位较高，价格为每吨200美元，运费为600万美元；加拿大的铁矿石品位较低，价格为每吨190美元，运费为1 200万美元。暂不考虑其他税费，比较从澳大利亚进口和从加拿大进口两个方案，并基于税负最小化作出选择。

【解析】方案一，从澳大利亚进口。

澳大利亚铁矿石完税价格=200×200+600=40 600（万美元）

方案二，从加拿大进口。

加拿大铁矿石完税价格=190×200+1 200=39 200（万美元）

方案二的完税价格比方案一低1 400万美元（40 600-39 200），应选择方案二。如果按20%征收进口关税，可以节税280万美元（1 400×20%）。

（2）无法按实际成交价格确定完税价格。在无法按成交价格确定完税价格的情况下，海关主要按以下方法依次估定完税价格：相同货物成交价格估价法、类似货物成交价格估价法、倒扣价格估价法、计算价格估价法、合理估价法。例如，以租赁方式出口到进口国的高科技产品，实际价款为300万美元（科技含量较高），类似产品的市场价格仅为120万美元。海关无法依据成交价格确定完税价格，只能以该产品的同一出口国的类似货物的成交价格作为确定被估进口货物完税价格的依据，即按类似货物成交价格估价法予以确认。因此，该项进口商品的海关估价为120万美元，关税税负随之降低。

2.利用关税税率进行筹划

根据规定，进口税率设有普通税率和优惠税率（最惠国税率、协定税率和特惠税率）。对于原产地为与我国未签订关税互惠协议的国家的进口货物，按普通税率征税；对于原产地为与我国签订了关税互惠协议的国家的进口货物，按优惠税率征税。关税税率的税收筹划关键在于如何避免普通税率而适用优惠税率。另外，原材料、零部件的关税税率相对较低，半成品的税率次之，产成品的税率最高。在条件许可的情况下，企业可以考虑进口原材料和零部件进行加工生产，从而降低关税税负。

3.利用税收优惠政策进行筹划

（1）利用法定减免进行筹划。关税的法定减免规定虽然比较严格，但是纳税人可依据自己生产经营的实际情况结合税法规定申请税收减免。例如，对为境外厂商加工、装配成品和为制造外销产品而进口的原材料、辅料、零部件、配套件和包装物料，6个月内复运出境的，可以按照实际加工出口成品数量，向海关申请免征进口关税；如果有进口料件先征进口关税，企业可以按照实际加工出口的成品数量，向海关申请退税。

（2）利用特定减免进行筹划。由于多数关税特定减免主要针对特定地区、特定企业或者有特定用途的进出口货物，具有较强的时效性，因此在利用特定减免进行筹划时，要关注政策的变化，结合企业实际生产经营情况，在规定的时间内享受税收优惠政策。

●●● 思考与练习

一、即测即评

第六章单项选择题	第六章多项选择题	第六章判断题

二、案例分析题

1.甲公司拥有一栋写字楼，配套设施齐全，对外出租。2025年7月的租金共3 000万元（含增值税），其中含代收的物业管理费300万元（含增值税）、水电费500万元（含增值税）。请对上述业务进行税收筹划。

2.A公司拥有一栋写字楼，2022年9月1日出租给B公司。写字楼的原值为1 000万元，房产租赁合同上的租期为2022年9月1日—2025年12月31日。因B公司需要对写字楼进行装修，所以经双方商议，将2022年9月1日—2022年12月31日作为免租期，并将免租期写入合同条款中。该房产租赁业务的年租金为126万元，A公司分别在2022年9月1日、2024年1月1日以及2025年1月1日收取年租金126万元（增值税适用简易计税方法，假定房产计税余值扣除比例为30%）。试对以上业务进行税收筹划，以减少缴纳房产税。

3.湖北某房地产开发商为一般纳税人（采用一般计税方法），取得北京市近郊的一块土地。根据北京市土地规划方案，这块土地必须用于开发普通标准住宅；可扣除项目总金额为4 055万元（包括加计扣除的20%和税金及附加），整个楼盘预计对外销售总价款为5 000万元（不含增值税）。当地规定纳税人建造普通标准住宅出售，增值额未超过扣除项目金额20%的免征土地增值税。试就土地增值税进行税收筹划。

4.某化学涂料公司成立于2002年，注册资本5 000万元，甲、乙、丙、丁四名股东各出资25%。该公司现有固定资产1.5亿元，其中各种设备（主要是建筑涂料和家具涂料两大系列产品生产线各5条）价值7 000万元、土地和房屋价值8 000万元。该公司经过多年发展，出于经营理念等方面的原因，股东大会决定对公司进行分立重组。

具体方案是：聘请中介机构对资产进行整体评估，按评估结果计算各股东拥有的股权价值及分立的各项资产和负债。甲和丁退出原公司，从原公司现有资产中分出一部分土地、房屋和5条家具涂料生产线及附属装置，另行组建一家新涂料公司。新涂料公司成立所需的一切税费由四名股东共同负担，在原公司整体资产评估价值分配时扣除。

根据评估报告，新涂料公司承受的土地和房屋价值为4 500万元，契税税率为3%，所以，新涂料公司成立后应缴契税135万元（4 500×3%），4名股东平均每人负担33.75万元。请对新涂料公司的应缴契税进行筹划，使其免缴。

5.甲企业欲从境外进口钢结构产品自动生产线，可选择从英国或美国进口。若从美国进口，境外成交价格（FOB）1 700万元，该生产线运抵我国输入地点起卸前的运费和保险费100万元，另支付由买方负担的经纪费10万元，买方负担的包装材料和包装劳务费50万元，与生产线有关的境外开发设计费用50万元。若从英国进口，境外成交价格

（FOB）1 600万元，该生产线运抵我国输入地点起卸前的运费和保险费120万元，另支付由买方负担的经纪费10万元，买方负担的包装材料和包装劳务费30万元，与生产线有关的境外开发设计费用100万元。关税税率均为30%。甲企业如何选择可以减少应缴纳的关税？

6.某企业准备出售其拥有的一栋房屋以及土地使用权。因为房屋已使用过一段时间，里面的各种设备均已安装齐全。房屋及设备的市场价格为800万元，其中各种设备的价格约为100万元。该企业应如何与购买者签订合同以减少土地增值税与印花税？

第七章 国际税收筹划

【学习目标】

1. 了解国际税收筹划的基本概念和基本方法；
2. 掌握境外组织架构的税收筹划；
3. 掌握境外所得来源的税收筹划；
4. 熟悉境外业务整合的税收筹划。

●●● 思政园地

税收是全球经济治理的重要组成部分。中国提出共建"一带一路"倡议，越来越多的中国企业在境外寻求新的商机，企业走出国门、拓展境外业务的步伐明显加快。同时，面对复杂的国际税收环境，"走出去"企业开始重视相关国家的税收法规、征管环境以及税收风险。

不同国家的税收法律、优惠政策以及不同国家对待外来投资的态度有所不同，这些都为跨国企业进行国际税收筹划提供了可操作空间。有效的国际税收筹划能够帮助我国企业在国际业务的拓展过程中创造更多的收益，进一步为我国企业在经营活动中降低税收成本，提高国际竞争力。中国政府致力于维护国际税收环境和秩序、分享国际税收改革经验和成果，多措并举在共建"一带一路"国家优化生产要素配置、推动全球税收治理规范化。

●●● 案例导入

位于甲国的A公司是位于乙国的B公司的母公司，A公司控制B公司100%股权。甲国企业所得税税率为30%，乙国企业所得税税率为20%。A公司为B公司提供一批零件，由B公司加工后出售。转让定价交易结果对比见表7-1（不考虑其他税费因素）。

表7-1　　　　　　　　　　　　　　转让定价交易结果对比　　　　　　　　　　金额单位：万美元

公司	项目	按正常价格	按较低价格
A公司	销售收入	100	75
	成本	50	50
	利润	50	25
	税率	30%	30%
	税额	15	7.5

续表

公司	项目	按正常价格	按较低价格
B公司	销售收入	200	200
	成本	100	75
	利润	100	125
	税率	20%	20%
	税额	20	25
税额合计		35	32.5

A公司税率较高，按较低价格出售，降低自身利润，通过转让定价将利润转移到B公司。B公司税率较低，由于有更多的利润适用较低税率，集团总体税负下降2.5万美元（35−32.5）。

转让定价虽然是国际税收筹划的一种形式，但关联交易的定价与各关联公司承担的职能、风险密不可分，因而跨国企业在制定关联交易定价时要充分考虑各关联公司所履行的职能和所承担的风险，这样才能保证其关联交易定价符合公平交易原则。跨国企业可以根据各国的具体规定，对其关联交易定价进行事先安排。转让定价可能带来国家税收利益的流失，包括中国在内的多个国家或地区的税务部门一般会要求跨国企业在跨国关联交易中遵守独立的公平交易原则。

第一节　国际税收筹划相关概念

国际税收筹划是指跨国纳税人在不同国家①的税收法律制度框架下，通过对纳税主体的注册地、经营活动、资本结构、投资行为、涉税事项等作出科学、合理、合法安排，以减少或规避国际纳税义务的行为。国际税收筹划的主要目的是规避风险、递延纳税、控制或减轻税负，实现企业价值最大化。

随着全球化进程的推进，信息、技术、知识交换的发展，产业链的重新分布，商品市场的多样化，对资本效率和生产成本降低的需求越来越强，跨国企业对国际税收筹划的需求也日益增长。经济全球化的发展极大地拓展了各国企业的市场空间，各国市场的开放程度不断提高，开放的范围也不断扩大，这种趋势强化了企业间的竞争，也要求跨国企业不仅在国内进行税收筹划，更要重视国际税收筹划。

纳税人进行国际税收筹划，首先要对各国的税制进行深入了解。国际税收筹划的客观基础是不同国家的税制差别。各国由于政治体制不同、经济发展不平衡，税制存在较大差异。这种差异为跨国纳税人进行税收筹划提供了机会。在共建"一带一路"倡议下，越来越多的中国企业"走出去"发展，这对企业来说是重大机遇，也是重大挑战。由于各国的税收政策不同，了解国际税制差异成为税收筹划的切入点。

---

① 指国家和地区，下同。

国际税收筹划与各类跨境交易相关联，并非国内税收筹划的简单平移或延伸，而是涉及不同国家的税收制度以及国际税法的规定，在原理、方法等方面与国内税收筹划存在一定差异。相对于国内税收筹划而言，国际税收筹划面临的是世界各国税收制度的不一致性和不确定性，这对筹划主体的法律、财会、金融、外语、贸易等专业知识和能力的要求更高。国际税收筹划具有税收筹划的共性特征，但跨国税制差异的存在使得它比国内税收筹划的边界更宽，涉及的节税方法也更多样，因此具有更大的难度和挑战性。

国际税收筹划涉及税收管辖权、税收协定、常设机构、反避税等内容，具体筹划的实施与效果可能因地域和企业组织架构的不同而不同，也会随着当地主管税务机关对筹划方案的认可程度而发生变化。国际税收筹划不仅要着眼于降低纳税人境内外的总税负，还需要避免国际重复征税和规避国际反避税风险。

一、税收管辖权

税收管辖权是国际税收中的一个重要概念。税收管辖权是一个国家在税收领域内所行使的具有法律效力的管理权力，是国家主权在税收领域的体现。一个国家根据其国内税法对纳税人从事跨境交易活动取得的所得如何征税，首先取决于该国如何行使本国的税收管辖权，而国际税收问题的产生在很大程度上缘于税收管辖权的行使。

（一）税收管辖权的三种类型

国际社会公认的确定国家管辖权行使范围的准则有两个，即属人原则和属地原则，前者指一个国家只能针对本国的公民或居民行使管辖权，后者指一个国家只能在本国领土范围内行使管辖权。在实践中，根据属人原则和属地原则，各国发展出三种不同类型的税收管辖权，即公民管辖权、居民管辖权和地域管辖权（来源地税收管辖权）。其中，公民管辖权和居民管辖权是由属人原则所确立的税收管辖权。行使公民管辖权的国家对本国公民产生于世界范围内的所得行使征税权。所谓公民，是指具有本国国籍并根据本国法律享有权利和承担义务的人。

一个国家在行使公民管辖权时，所考虑的只是纳税人的公民身份，而不论其居住在何处，更不考虑所得的产生地。行使居民管辖权的国家对本国居民产生于世界范围内的所得行使征税权。居民是指按照本国法律，由于住所、居所、管理场所或其他类似性质的标准，取得本国居民地位或被认定为本国居民的自然人和法人，依据有关国家税法的规定，也可以包括合伙企业、社会团体等非法人经济实体。一个国家在行使居民管辖权时，所考虑的只是纳税人在本国的居民身份，不论纳税人是否具有本国国籍，也不考虑所得的产生地点。地域管辖权是由属地原则所确立的税收管辖权，即一国政府只对来自或被认为是来自本国境内的所得拥有征税权力。

由于公民管辖权和居民管辖权的行使意味着本国公民或居民需要对产生于世界范围内的所得缴纳所得税，因此也称全球税收管辖权。行使地域管辖权的国家对产生于本国境内的所得行使征税权，这些国家在行使地域管辖权时，不考虑与所得相联系的纳税人是哪一个国家的公民或居民，而是以所得在本国境内产生的事实为依据。各国实行不同的税收管辖权，使纳税人面临国际双重征税的风险，同时也为纳税人提供了国际税收筹划的机会。

（二）居民身份的认定

全球大多数国家同时实施居民管辖权与地域管辖权，即对本国居民的全球所得以及非居民来源于本国的所得征税。各国关于税收居民身份的认定标准存在差异。对于自然人居民身份的认定，常见的判定依据包括长久居住的主观意愿、实际停留时间的客观事实等，具体体现为住所、居所、停留时间等判定标准；对于法人居民身份的认定，常见的判定依据有注册地、管理机构所在地、总机构所在地等。

1.居民个人

行使居民税收管辖权的国家通常在税法中对于判定一个自然人是否为本国居民的标准作出规定，原则上这些标准应能体现个人与本国具有足够密切的联系，从而符合这些标准的个人将被认定为本国税收居民，需要就世界范围内的所得在本国承担纳税义务。[1]

从各国的实践看，居民个人的判定标准大体可归纳为以下几种类型：

（1）住所或居所。一些国家规定，一个自然人如果在本国境内拥有住所或居所，则为本国居民。住所是指个人的永久性居住场所，一般是指配偶、家庭及财产所在地，或户籍登记所在地。居所是指个人的习惯性居住场所，它是纳税人不定期居住的场所，即用作经商、求学、谋生等目的的非长期居住场所。居所既可以是纳税人自有的房屋，也可以是租用的公寓、旅馆等。

（2）居住时间。许多国家以自然人在本国居住或停留时间的长短作为判定其是否为本国居民的标准，如果一个人在本国境内居住或停留的时间超过了税法规定的时间，即为本国居民纳税人。从确定居民身份的时间期限来看，有的国家规定为半年（6个月或180天、183天）。

（3）居住意愿。有的国家将在本国有长期居住意图或被认为有长期居住意图的自然人规定为本国居民纳税人。确定一个人是否有在本国长期居住的主观意图，通常根据其签证时间或劳务合同时间的长短来判断。

（4）经济利益中心。有的国家规定如果一个自然人的经济利益中心在本国，则为本国的税收居民。判定标准包括以下内容：其一，个人从事主要投资活动的地点；其二，个人的主要办公地点或开展实际管理活动的地点；其三，个人获取大部分收入的地点。

在实践中，许多国家将上述两项或多项确定个人居民身份的标准结合使用，以便更好地行使居民管辖权征税。

2.居民企业

从各国的实践来看，居民企业的认定标准主要可归纳为以下几类：

（1）注册地标准。凡是按照本国法律组建并登记注册的企业为本国居民企业，本国政府可对其来源于世界范围的全部所得行使居民管辖权征税。

（2）总机构标准。如果一个企业的总机构设在本国境内，即为本国居民企业。总机构是指企业总的管理或控制机构，它是负责企业重大经营决策以及全部经营活动并统一核算企业盈亏的管理机构。

（3）控制与管理中心标准。凡是实际控制和管理中心所在地被认定在本国境内的企业均为本国居民企业。所谓实际控制和管理中心，是指经常对企业的生产、经营等活动进行重要决策并发送重要指令的机构。实际控制与管理中心所在地一般是指公司董事会所在地或董事会有关经营决策会议的召集地。

---

① 杜莉.国际税收［M］.上海：复旦大学出版社，2019：21.

（4）控股标准。以一个企业拥有控股表决权股份的股东的居民身份为依据，有控股表决权的股东是本国居民，该企业也为本国居民企业，并负有纳税义务。

我国采取的是注册地和实际管理机构相结合的原则。《企业所得税法》规定，居民企业是指依法在中国境内成立，或者依照外国法律成立但实际管理机构在中国境内的企业。实际管理机构是指对企业的生产经营、人员、账务、财产等实施实质性全面管理和控制的机构。

【例7-1】甲跨国公司同时在A、B两国开展业务，A、B两国都行使居民管辖权，但是A、B两国对判定公司法人的居民身份有不同的标准。A国采用登记注册标准，B国采用总机构所在地标准。试分析筹划方案，并基于税负最小化作出选择。

【解析】方案一，甲跨国公司在A国登记注册，同时将总机构设在B国。在A、B两国没有签订国际税收协定的情况下，甲跨国公司同时是A、B两国的居民，其来自世界范围的全部所得既要向A国缴税又要向B国缴税，即国际双重征税。国际双重征税是指两个或两个以上国家的税务机关对同一纳税人的同一应税收入或所得重复征税。导致重复征税的根本原因是各国税收管辖权的重叠行使。

方案二，甲跨国公司在B国登记注册，同时将总机构设在A国。理论上，甲跨国公司不具备任何一国居民公司的身份，因而不需要承担A、B两国中任何一国的无限纳税义务，减轻了税收负担。

相比较而言，方案二同时规避了两国的无限纳税义务，应选择方案二。

二、国际税收协定

国际税收协定，是指两个或两个以上主权国家为了协调在处理跨国纳税人征纳事务方面的税收关系，本着对等原则，通过政府间谈判所签订的确定其国际税收分配关系的具有法律效力的书面协议或条约，也称国际税收条约。它是国际税收的重要内容，是各国解决国与国税收权益分配矛盾和冲突的有效工具。依据参加国的数量，国际税收协定可分为双边税收协定和多边税收协定。双边税收协定是指只有两个国家参加缔约的国际税收协定，也是目前国际税收协定的基本形式；多边税收协定是指有两个以上（不含两个）国家参加缔约的国际税收协定。

利用国际税收协定进行税收筹划较为常见。国与国签订的双边税收协定相互给予对方税收优惠，主要是利润、股息、利息、特许权使用费等方面的预提税优惠，有些国际税收协定也包括资本利得税的优惠。世界各地存在很多根据地域的划分而成立的经济合作组织，在一个组织内的国家结成了经济联盟，开展区域性经济合作，联盟内的国家进行贸易往来时互不征收预提税，这就使区域内各国的投资者在进行投资时增加了投资收益。

例如，欧盟成员国之间就没有预提税，卢森堡的投资人和中国的投资人投资德国的同一项目，获得的收益就不一样，因为投资收益汇回中国时在德国需要缴纳10%的预提税。而中国与卢森堡签订了税收协定，其股息的预提税税率是5%。如果中国投资人先在卢森堡设立公司，再由卢森堡公司投资德国公司，那么，从德国公司分回的股息就可以少缴5%的预提税，投资人则增加5%的收益。

三、常设机构

常设机构一般是指企业进行全部或部分经营活动的固定场所，包括管理场所、分支机构、办事处、工厂、作业场所等。它成为许多缔约国判定对非居民纳税人营业利润征税与否的标准。对外投资的企业可以通过避免成为一个国家的常设机构来降低税负。常设机构是总机构或总公司的派出机构，本身不具有法人地位。作为独立法人实体的子公司或独立代理人，不能分别视其为母公司和所代理企业的常设机构。许多国家对企业的"常设机构"的利润是课税的，因此在短期跨国经营活动中，尽量避免被判定为东道国的"常设机构"，则可减少向东道国纳税。这种规避可以通过控制短期经营的时间或通过改变在东道国机构的性质来实现。

1.常设机构的一般规定

常设机构应具备以下三个基本条件：

（1）有一个营业场所，具备房屋、场地、机器设备等设施。这种营业场所既可以是企业所有，也可以是租用的。

（2）该营业场所具有固定性或永久性，足以表明它是常设机构，包括为长期目的而设立的但因特殊原因提前清理歇业，或为短期目的而设立的但实际经营已超过临时期限的机构。

（3）该场所是企业用于进行全部或部分营业活动的场所，而不是基于准备活动或辅助活动（如仓储或样品陈列等）的场所。

按照上述条件，在国际税收条约范本和有关国家双边税收协定文本中，明确列举视为常设机构的有：

（1）管理机构、分支机构、办事处、工厂和车间。

（2）矿场、油田气井、采石场或其他开采自然资源的场所。

（3）建筑工地，建筑、装配或安装工程，或者与其有关的监督管理活动。这种工地、工程或活动应以连续超过6个月为限。关于连续超过6个月的时间计算，一般认为，可从承包商开始实施合同之日算起，直到工地作业全部结束、人员撤离工地之日为止。此外，在居住国（国籍国）企业派有雇员或非独立代理人在对方国家经常从事营业活动的条件下，即使并未设立固定营业场所，也应被认为设有常设机构。

在许多国际税收协定中，还有一些不被视为常设机构征税的特殊规定，这些规定为税收筹划提供了机会。下列情形不视为常设机构：

（1）专门为储存、陈列或交付本企业货物或商品而使用的设施，以及专门用于为储存、陈列的目的而保有的本企业货物或商品库存；

（2）专门为委托另一企业加工的目的而保有的本企业货物或商品库存；

（3）专门为本企业采购货物或商品或者搜集情报而设立的固定营业场所；

（4）专门为本企业进行其他准备性或辅助性活动而设立的固定营业场所。

国际上通常采用两种原则（归属原则和引力原则）来确定常设机构，作为对非居民企业征税的依据。归属原则是指常设机构所在国只能以通过常设机构实际取得的所得为应税所得，行使地域管辖权征税，而不能把应税所得范围扩大到对该常设机构所依附的对方国家企业来源于本国的一切跨国营业所得。归属原则限定了地域管辖权的行使范围，比较合理地解决了跨国营业所得在来源地的征税问题，已得到国际社会公认。中国同日本、美国、英国和法国所签订的双边税收协定，对跨国营业所得的应税范围确定均采用了归属原则。

引力原则是指常设机构所在国不仅要对通过常设机构取得的所得征税，对虽没有直接通过常设机构但经营业务与常设机构经营相同或相类似所获取的所得也要纳入该常设机构的征税范围，由其行使地域管辖权征税。引力原则与归属原则相比，扩大了常设机构所在国地域管辖权的行使范围，使不属于常设机构的跨国营业所得也一并征税。引力原则曾得到联合国范本的关注，但未被经济合作与发展组织范本所采纳，所以，这一原则的采用受到很大限制。

常设机构是对跨国营业所得行使地域管辖权的依据。一般来说，只有跨国纳税人在一国设有常设机构，并从常设机构取得所得，该国才可认定该项所得来源于本国，从而可行使地域管辖权征税。以常设机构解决跨国营业所得在来源地的征税问题，是一项国际公认的准则。对于常设机构的认定标准，经济合作与发展组织范本和联合国范本的规定也不尽一致。以建筑工地、建筑安装或装配工程为例，前者规定连续12个月以上的才视为常设机构，而后者则规定连续6个月以上的就可视为常设机构。

对于跨国经营而言，避免了常设机构，也就有可能避免在该非居住国的部分纳税义务，特别是当非居住国税率高于居住国税率时，这一点显得更为重要。跨国企业可通过货物仓储、存货管理、货物购买、广告宣传、信息提供或其他辅助性营业活动而并非设立常设机构，来达到在非居住国免予纳税的目的。例如，韩国不少建筑公司在中东和拉美国家承包工程，这些国家规定非居民公司在半年内获得的收入可以免税，这些韩国公司常常设法在半年以内完成其承包工程，以免交所得税。

又如，日本早在20世纪80年代初就兴建了许多海上流动工厂车间，这些工厂车间全部设置在船上，可以流动作业。这些流动工厂车间曾先后到亚洲、非洲、南美洲等地进行流动作业。1981年，日本一家公司到我国收购花生，该公司派出它的一个海上工厂车间在我国某一港口停留27天，把收购的花生加工成花生酱，把花生皮压碎后制成板又卖给我国。结果，我国从日本获得的出售花生收入的64%又返还给日本，而且这家日本公司获得的花生皮制板的所得并未缴税。造成这一结果的原因就是我国和其他多数国家都对非居民公司的存留时间作了规定，这家日本公司就是利用这一规定来合法避税的。

随着科技的发展，电子商务、数字经济对国际贸易产生了深远影响。电子商务、数字经济的虚拟性等诸多特点，为企业避免被认定为常设机构的筹划提供了广阔的空间。

2. 所得来源地的判定标准

根据国际惯例，通常来说，所得来源国对来源于本国的所得具有优先征税权，居住国对本国居民的境外所得行使第二征税权。对于经营所得来源地的判定，一些国家税法的规定主要有常设机构标准和交易地点标准，而常设机构标准更为普遍。

首先，货物的储存、陈列、交付和采购，以及广告宣传、搜集情报和其他准备性或辅助性活动的地点不会被认定为常设机构。例如，通过在境外设立用于储存、交付货物的仓库，扩大其市场份额，增加其营业收入。该储存、交付货物的活动在数字经济背景下已经成为企业整体业务的核心部分，但在传统商业模式中仍然被认为具有准备性和辅助性特征，因此相应的场所不会构成常设机构。又如，跨国企业可以利用在来源国境内关联企业的营业场所，将其在该国境内开展的整体营业活动拆分成若干部分，使这些活动具备准备性或辅助性特征，从而免于被认定为设有常设机构。

其次，根据经济合作与发展组织税收协定范本，独立代理人通常不会被认定为常设机构。为此，某些跨国企业会设法将非独立代理人"伪装"成独立代理人，以避免构成常设机构。代理人因为不拥有产品，来源国也不会对其销售行为产生的利润征税，而仅对其提供的代理服务取得的报酬（佣金）征税。另外，常设机构是指设在非居民国的固定营业场所，其存在的时间不能太短，根据国际惯例，一般应超过183天。随着通信技术的发展和施工方式的改进，不少跨国企业集中力量在一国境内进行短期的、利润甚高的经营活动，这种短期经营取得的所得，来源国往往无法对其课税。

对所得来源地的判定也是国际税收筹划需要考虑的因素。对于股息所得来源地的判定，通常是依据分配股息公司的居住地，即分配股息公司的居住国为股息所得的来源国。例如，子公司向境外母公司分配股息，这笔股息通常被判定为来源于子公司所在的居住国。对于利息所得来源地的判定，常见标准有借款人的居住地或信贷资金的使用地标准、用于支付利息所得的所得来源地标准、借款合同的签订地标准、贷款的担保物所在地标准等。

对于特许权使用费所得来源地的判定，常见标准有特许权的使用地标准、特许权所有者的居住地标准、特许权使用费支付者的居住地标准、无形资产的开发地标准等。对于租金所得来源地的判定，常见标准有产生租金的财产使用地或所在地标准、财产租赁合同签订地标准、租金支付者的居住地标准等。对于不动产转让所得来源地的判定，通常以不动产的实际所在地作为其所得来源地。对于动产转让所得来源地的判定，常见标准有动产的销售或转让地标准、动产转让者的居住地标准、被转让动产的实际所在地标准等。对于个人劳务所得来源地的判定，常见标准有劳务提供地标准、劳务所得支付地标准、劳务合同签订地标准等。

由于世界各国一般都有所得来源地优先征税的惯例，税收筹划的策略是：其一，尽可能将总机构设在税负较低地区；其二，在所得来源认定上避免被税负较高地区认定此项所得来源于该地区。同一所得在税负较低地区实现或被认定，税负相对较轻。因此，税收筹划的要点是明晰应纳税所得的规定以及所得来源地的认定，在此基础上做进一步筹划。

四、税基侵蚀与利润转移

税基侵蚀与利润转移（Base Erosion and Profit Shifting，BEPS），是指跨国企业利用所在国家的不同税制安排、税负水平以及税收优惠等所进行的跨国利润转移等避税活动，并造成各国税基侵蚀。随着经济全球化的推进，跨国企业活动不断扩展，税基侵蚀与利润转移的现象越来越严重，并受到公众的广泛关注。

为了鼓励投资和促进经济发展，很多国家都对跨国企业对本国的投资提供特定的税收优惠，但BEPS行动计划①已经提议限制一个国家以损害其他国家税源的方式为在本国经营的企业提供税收优惠，这就要求跨国企业对税收优惠政策进行更加审慎的筹划安排。BEPS行动计划要求跨国企业对传统的国际税收筹划方式进行必要的调整，跨国企业的董

---

① BEPS行动计划是由20国集团领导人背书并委托经济合作与发展组织推进的国际税改项目。

事会应针对不同国家的反避税要求，重新考虑企业核心职能的地点布局、企业组织架构、融资方式以及治理方式等，及时进行必要的评估和计划，确保全球架构具备商业实质，确保业务和税收安排合法合规。BEPS行动计划通过提高企业报告的要求以及加强税务机关之间的信息交流来提高企业经营活动的透明度。

为了应对经济数字化带来的税收挑战，国际社会通过改变现行国际税收规则，向市场国分配更多的征税权和剩余利润，同时通过建立一套相互关联的国际税收规则，确保跨国企业承担不低于一定水平的税负，以抑制跨国企业逃避税行为，并为各国税收竞争划定底线。

不同国家所主张的反避税方案都明显维护本国利益或者偏向于集团利益，这也不可避免地导致各国对新的国际税收规则的诉求，如法国公布其数字服务税后，美国立即启动了反击法国的"301调查"，两国在数字服务税问题上针锋相对。

第二节　境外组织架构的税收筹划

一、企业组织形式的选择

纳税人到境外开展投资经营活动时，其境外组织架构的设计非常重要。在组织形式方面，有子公司与分公司两种选择。从国际税收筹划的角度来看，设立分公司还是子公司需要考虑以下问题：

（1）设立子公司，在东道国只负有限债务的责任（虽然有些需要母公司担保），但设立分公司时，总公司则须负连带责任。

（2）当东道国适用税率低于居住国时，子公司的累积利润可得到递延纳税的好处；另外，某些国家子公司适用的所得税税率比分公司低。

（3）许多国家允许境内集团公司之间的盈亏互抵，子公司可以加入某一集团以实现整体利益上的税收筹划。设立分公司时，在经营的初期，境外企业往往出现亏损，分公司的亏损可以冲抵总公司的利润，从而减轻税收负担。

（4）分公司在东道国取得利润，相当于总公司有来源于东道国的经营所得（来自境外的所得），作为非居民需要向分公司所在国缴纳企业所得税。子公司作为独立法人实体，就企业利润向所在国缴纳企业所得税，税后利润向境外的母公司分配股息。

（5）境外分公司的经营所得汇回总公司，通常无须向分公司所在国缴纳预提税，但东道国开征分支机构利润税的除外。境外子公司向母公司分配股息时，通常需要在子公司所在国缴纳股息预提税，但是东道国国内税法规定免征股息预提税、符合欧盟母子公司指令条件的欧盟成员国企业免征股息预提税、国际税收协定中股息预提税为零等情形除外。

（6）根据总公司所在国的国内税法或签署的双边税收协定，总公司通常可以在计算境外所得（分公司在东道国取得的所得）在其居住国的纳税义务时进行税收抵免（或享受免税政策）。母公司同样可以进行类似的税收抵免（或享受免税政策），不过母公司在计算境外所得抵免时与总公司不同：有些国家的国内税法或国际税收协定规定只能进行直接抵免，即只能对在境外缴纳的股息预提税进行抵免；有些国家的国内税法或国际税收协定规定了直接抵免和间接抵免，也就是母公司还可以对其间接负担的境外子公司企业所得税进行间接抵免。若考虑某些税收抵免的特殊规定，则设立分公司和子公司可能会产生较大的税负差异。

企业应当根据自身的实际情况选择恰当的组织形式。当东道国的所得税税率高于国内所得税税率时，应在东道国设立分公司，这是因为分公司在境外缴纳的企业所得税能够直接抵免境内总公司的应纳税额，即便超过抵免限额的部分，也可以在5年内继续弥补，这样的组织形式可以带来节税效果。相反，当东道国的所得税税率低于国内所得税税率时，应在东道国设立子公司，因为子公司在东道国取得的所得是按照东道国的所得税税率计算企业所得税的，如该子公司选择暂时不向母公司分配股息，即可达到税收递延的目的，一段时间内可以减轻集团企业税负，为企业提供更多的现金流量，而且子公司在东道国采取独立法人形式，适用当地的税收优惠政策，可以实现节税。

境外设立子公司与分公司的对比见表7-2。

表7-2　　　　　　　　　　　　　　境外设立子公司与分公司的对比

项目	子公司	分公司
法人资格	具有独立法人资格	不具有独立法人资格
优点	1.在东道国只负有限债务责任； 2.是独立法人，所得税独立计征； 3.可享受东道国的免税期和优惠税收待遇； 4.所得税税率低于母公司时，子公司利润能够延期纳税； 5.子公司的利润分配更加灵活	1.财务会计制度要求较为简单，成本费用较低； 2.分公司在境外一般不用缴纳资本注册税和印花税； 3.分公司利润汇回总公司一般不用缴纳预提税； 4.分公司经营中发生的亏损可在总公司税前扣除； 5.总公司与分公司资本转移不用负担税收
税收风险	不会转移到母公司	会转移到母公司，母公司汇总纳税
税收监管	相对较为严格	相对较为宽松

企业在选择组织形式前，应充分了解居住国和东道国的税收政策、两国之间签订的税收协定，选择最优的组织架构形式。企业应考虑的要素包括两国企业所得税税率（包括预提税税率）、税收优惠政策、征税方式、对常设机构的认定、亏损的处理规定、是否可以直接抵免、是否有推迟课税等规定。在具体筹划组织形式时，企业还需要考虑发展规律、当地税率等。

对于初创阶段较长时间没有盈利的行业，一般设置分公司，这样可以利用公司扩张成本抵冲总公司的利润，从而减轻税负。但对于扭亏为盈比较迅速的行业，则可以设立子公司，这样可以享受税法中的优惠待遇，在优惠期内的盈利无须纳税。对于低税国，当地可能对具有独立法人地位的投资者免征或只征较低的所得税。若签订了国际税收协定，税后利润的预提税可能少征或免征。跨国公司可以在此建立子公司甚至是信箱公司（只挂名没有实际业务），用来转移高税国相关公司的利润，达到避税目的。

一般来说，子公司和分公司的税收待遇是存在差别的，前者承担全面纳税义务，后者往往只承担有限纳税义务。东道国税率低于居住国税率且境外预计产生盈利的，可以考虑设立子公司，并进行递延税收筹划。由于东道国税率低于居住国，子公司在东道国缴纳税款之后，还需要向居住国补缴税款，但如果子公司不分配利润，通常无须再向母公司所在国补缴税款。

需要注意的是，如果境外子公司不分配利润，则须关注母公司所在国的受控外国公司法规。一些居住国有推迟课税的规定，因此境外子公司即便作了利润分配，只要境外股息不汇回居住国，就无须向居住国缴税。在境外创办子公司一般需要办理许多手续，并达到当地规定的公司创办条件，独立承担纳税义务，但是子公司作为独立法人主体可以享受当地税收规定的众多优惠政策。

企业创办的分公司则不能被视为独立法人主体，很难享受当地税收优惠待遇，但是分公司作为总公司统一体中的一部分接受统一管理，总公司与分公司之间可以分摊成本费用，甚至一些国家规定境外分公司的亏损可以与总公司或其他境外分公司的盈利进行抵减，从而减少总公司在居住国的应纳税款。如果东道国税率与居住国相同且境外预计产生亏损，则可以考虑设立分公司。另外，设立分公司无须接受层层盘查，财务资料可以保密。

【例7-2】某国有一家汽车制造公司，打算向国外开拓销售业务。假设在纳税年度内总公司本部实现利润2 000万元，其在甲国实现利润200万元，在乙国产生亏损300万元，该公司所在国的企业所得税税率为20%，甲国企业所得税税率为30%，乙国企业所得税税率为10%。该国和甲、乙两国分别签订的国际税收协定中均包括直接抵免和间接抵免的条款，且规定股息预提税限定税率均为10%。该国实行分国抵免法，且规定企业境外分公司的亏损可以与其境内盈利相抵减。请分析如下方案的税负情况并指出最优税负方案（只考虑企业所得税）：

方案一，该公司根据境外市场的销售情况，不在当地设立销售机构，直接向境外客户销售产品。

方案二，该公司在甲国和乙国分别设立分公司A和B，分公司取得的利润要汇回该公司。

方案三，该公司在甲国和乙国分别设立全资子公司C和D，子公司的税后利润全部向母公司分配股息。

【解析】方案一：由于在境外未构成常设机构，企业所得税全部在该国缴纳。

该公司来自全球的总所得额=2 000+200−300=1 900（万元）

该公司应缴纳企业所得税税额=1 900×20%=380（万元）

方案二：甲国分公司A应缴纳企业所得税税额=200×30%=60（万元）

抵免限额=200×20%=40（万元）<60万元

乙国分公司B应缴纳企业所得税税额=0

该公司来自全球的总所得额=2 000+200−300=1 900（万元）

该公司应缴纳企业所得税税额=1 900×20%−40=340（万元）

合计缴纳所得税税额=60+340=400（万元）

方案三：由于子公司是独立的法人实体，因而子公司向所在国缴纳企业所得税之后的税后利润在向母公司分配股息时需要缴纳预提税。

甲国子公司C应缴纳企业所得税税额=200×30%=60（万元）

税后利润=200−60=140（万元）

由于母公司对该子公司完全控股，子公司的税后利润全部向母公司分配。

母公司在甲国应缴纳预提税税额=140×10%=14（万元）

母公司直接和间接缴纳的甲国税额=60+14=74（万元）

母公司来自子公司C的全部应税所得=140+60=200（万元）

抵免限额=200×20%=40（万元）<74万元

乙国子公司D应缴纳企业所得税税额=0

母公司来自全球的总所得额=2 000+200=2 200（万元）

母公司应缴纳企业所得税税额=2 200×20%-40=400（万元）

合计负担所得税税额=60+14+400=474（万元）

从企业所得税的角度看，方案一缴纳的企业所得税最少。对比方案二和方案三，由于该公司的境外亏损可以与其境内盈利相抵减，且甲国的税率较高，相比于设立子公司，设立分公司的优势得以体现。整体来看，由于境外盈利产生国的税率高于境内，应避免在高税国构成常设机构以规避高税负。

二、境外控股架构的设计

中国企业在境外设立子公司，是采用直接投资设立还是间接投资设立，会对整体税负产生影响。投资架构的选择需要考虑居住国、东道国和第三国的税收政策、国际税收协定以及外汇与商业运作等方面的因素。

（一）明晰相关税收规定

在控股架构的税收筹划中，东道国对股息汇出及股权转让所得的预提所得税税负是考虑的关键。目前，大部分国家对外商投资企业除了征收企业所得税外，还对其税后利润汇出征收预提所得税。

如果我国企业直接投资设立境外子公司，那么中国作为居住国，按照《企业所得税法》的规定，我国企业作为居民企业应当就其来源于中国境内、境外的所得缴纳企业所得税。居民企业取得的境外应税所得已在境外缴纳的所得税税额，可以从其当期应纳税额中抵免，抵免限额为该项所得依照《企业所得税法》规定计算的应纳税额。我国企业转让境外子公司取得的转让收益，也需要按照25%的税率缴纳企业所得税。

如果我国企业通过第三国的中间控股公司间接投资设立境外子公司，则需要研究第三国的税收规定，部分国家对来源于境外的股息所得或股权转让收益不征税，因此存在一定的筹划空间。

（二）控股架构的类型

境内企业在境外进行投资时，可以选择两种架构：一种是直接控股架构，另一种是间接控股架构。在直接控股架构下，企业直接控股子公司。在间接控股架构下，企业通过建立一个或多个中间控股公司，再通过控股公司间接控股子公司。通过直接控股架构进行投资，可以达到简化投资环节、程序的目的，有效减少企业设立、经营和维护中间控股公司的费用。

采取直接控股架构，在未来转让境外子公司股权时，需要负担东道国针对资本利得的预提所得税和我国的企业所得税。在直接控股架构下，境外子公司的股息汇回在东道国承担的预提所得税，取决于东道国与我国的双边税收协定。如果东道国与我国未签订双边税收协定，或者尽管签订了双边税收协定，但是东道国的企业所得税税率高于我国的企业所得税税率，都会导致股息的整体税负偏高。

在直接投资方式下，我国企业从境外被投资企业取得的股息收入需要在当年计入我国企业的应纳税所得额，缴纳企业所得税。如果未来我国企业退出该投资，则需要在转让被投资企业股权的当年就资本利得缴纳我国企业所得税。同时，虽然该股息和资本利得在境外缴纳的企业所得税，可以在一定限额内获得税额抵免，但若我国企业所得税税率高于东道国企业所得税税率和预提所得税税率之和，从整体税负以及纳税时间来看，采用直接投资方式会产生比较重的税收负担。

如果采用间接控股架构，将中间控股公司设在与东道国有优惠税率税收协定的国家，不仅可以降低股息分配的预提所得税税率，而且在未来转让时，由中间控股公司向买方转让股权可以达到实际转让被投资企业股权的目的，从而可有效规避或减少投资东道国针对股权转让资本利得的预提所得税税负。

【例7-3】某中国企业到意大利进行投资，若直接投资，根据意大利国内的税法，其对非居民企业取得的资本利得征收27.5%的资本利得税。如何通过间接控股架构进行税收筹划以减轻税负？

【解析】为了降低退出时的税负，中国企业可通过其在荷兰的子公司来投资意大利企业。未来由荷兰子公司转让意大利企业的股权来实现投资退出。意大利对资本利得实行参股免税政策，对欧盟国家的资本利得的95%免税，也就是说，只需要缴纳1.375%〔27.5%×（1-95%）〕的资本利得税。同时，荷兰也实行参股免税政策，对资本利得不征税。假设荷兰子公司将取得的资本利得全部作为股息汇回中国母公司，根据中国与荷兰的双边税收协定，仅需缴纳10%的股息预提所得税。

（三）控股架构的权衡与评价

在设计间接控股架构时，需要综合分析居住国、东道国及第三国的税收政策、国际税收协定网络、合规程序和税务风险等，比较不同架构下的税收效益，以降低投资企业税负。在融资环节，要选取合适的国家成立控股公司或财务公司，设计综合效益较优的架构，还需要考虑子公司向控股公司或财务公司支付利息时缴纳的预提所得税、控股公司或财务公司向母公司支付利息时缴纳的预提所得税，以及控股公司或财务公司所在地对境外利息所得是否征税等。

在利润汇回环节，需要考虑子公司向控股公司分配股息时缴纳的预提所得税、控股公司取得的股息在所在国家缴纳的企业所得税等。在投资退出环节，处置投资项目或控股公司会产生资本利得，需要考虑资本利得在投资项目或控股公司所在国的所得税与预提所得税。

在间接投资方式下，未来被投资企业分配的股息可以暂时保留在境外低税率国家的中间控股公司，暂时不分配到我国母公司；在符合"合理商业目的"的前提下，我国母公司可以通过中间控股公司，将该股息再用于其他境外项目的投资，从而在一定程度上实现递延纳税的目的。

总体而言，直接控股架构可以降低税收风险；间接控股架构可以帮助企业有效减少资金汇出时所需缴纳的预提所得税，将境外利润留在境外以延迟缴纳居住国的企业所得税，但是，间接控股架构将增加企业的管理运营成本，且可能带来一定的税收风险。

三、中间控股公司的设立

我国企业从境外取得的利息、股息、红利，资产转让所得要纳入企业所得税的征税范围。对于大型跨国公司而言，涉及的股息、利息收入会非常多。为此，很多跨国公司采用设立中间控股公司的形式，通过中间控股公司间接控制境外分支机构，并对股息等收入进行筹划。中间控股公司地点的选择要考虑很多因素。首先，要考虑中间控股公司所在国与项目公司、投资母公司所在国及其他国家是否签订了税收协定；其次，中间控股公司所在国对境外股息、红利等所得是否征收企业所得税；最后，中间控股公司将利润汇回国内是否存在高额的预提所得税。统筹考虑上述因素而成立的中间控股公司，可以最大限度地为集团企业节税。

（一）设立中间控股公司的税负考量

将一家中间控股公司设立在与最终投资国存在优惠税收协定条款的国家，将会降低股息、红利与股权投资所得在最终投资国的税负，但需要考虑中间控股公司收到的股息或者股权转让所得未来汇回母公司以及未来母公司转让该中间控股公司的股权是否需要再缴纳所得税或预提所得税。

总体而言，跨国公司基于节税的考虑，可以设立中间控股公司来进行投资，以减少或消除股息预提税和资本利得预提税，获得较好的税后综合收益。预提税虽可被母公司在居住国用于直接抵免，但母公司直接缴纳的预提税和间接缴纳的外国企业所得税在抵免本国税收时，两者之和不能超过抵免限额。若预提税税率过高，就很容易超过限额，得不到充分抵免而加重母公司的税收负担。另外，利用境外中间控股公司，可以在我国投资者收取境外投资股息或处置资本利得的时间安排上，提供更高的灵活性。

即使不考虑整体税负的影响，中间控股公司的设立在特定情况下也可以递延所得税的缴纳，并能够使资金运用更为灵活。因此，中间控股公司实际上在对外投资中被广泛运用。

（二）设立中间控股公司的地点选择

控股公司的设立往往是商业判断和税收考虑相结合的结果，特别是如果企业在未来有上市或资本方面的考虑，控股公司的设立往往还要结合对资本市场及规则的理解和认识来进行。一般而言，选择设立境外中间控股公司的地点需要考虑以下因素：（1）一般为无税或低税率国家，或者虽是中等或高税率但对离岸控股公司有特殊税收优惠政策的国家；（2）无外汇管制；（3）具有明确且实施有效的法律制度；（4）设立公司的手续简便；（5）与居住国没有双边信息交换协议且有保护企业信息私密性的规定；（6）与其他国家签订有广泛的双边税收协定。

对于中国公司来说，有几个常用的境外中间控股公司所在国家和地区可供考虑，如中国香港、新加坡、毛里求斯、爱尔兰、卢森堡和荷兰。当然，根据具体的投资情况，其他一些境外中间控股公司所在地也可以考虑。

中间控股公司建在哪里，除了要考虑是否有广泛的国际税收协定网络外，还要考虑该国对本国居民公司国外来源的股息是否征收企业所得税。如果控股公司规避了外国股息预提税，但要就取得的境外股息在居住国缴纳很高的企业所得税，则跨国公司仍达不到减轻全球总税负的目的。因此，中间控股公司所在的居住国应既有广泛的国际税收协定网络，又有境外股息免税或抵税的相关规定。另外，还要求中间控股公司所在国依据其本国税法对向境外支付的股息不征或少征预提税，或者中间控股公司所在国与母公司居住国之间有税收协定，相互减免预提税。

（三）设立中间控股公司的方式

1.建立直接导管公司

直接导管公司（direct conduit companies）是指为获取某一特定税收协定待遇，以逃避或减少税收、转移或累积利润等为目的而设立的公司。这类公司仅在所在国登记注册，以满足法律所要求的组织形式，而不从事制造、经销、管理等实质性经营活动。

例如，A国甲公司原计划在B国设立子公司乙，但B国要对B国公司汇往A国的股息征收较高的10%的预提所得税。B国与C国缔结有相互免征股息的预提所得税的税收协定，A国与C国签订了相互减按5%征收股息预提所得税条款的税收协定。此时，A国甲公司便可以在C国建立一个持股公司丙，通过丙公司收取来自B国乙公司的股息。这样，A国甲公司就可以减少其股息所得的总纳税义务。由于A国甲公司通过C国丙公司就能得到C国与A、B两国签订的税收协定的税收优惠，C国丙公司犹如一根直接吸取缔约国公司所得的导管，因此，被形象地称为直接导管公司（如图7-1所示）。

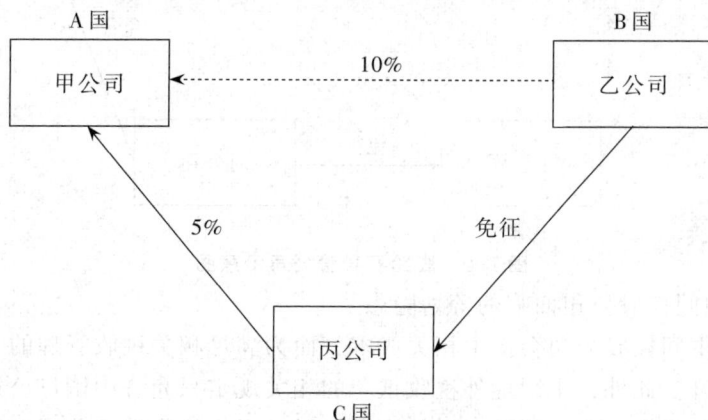

图7-1　直接导管公司示意图

2.建立脚踏石导管公司

脚踏石导管公司（stepping stone conduit companies）是指为进一步获取某些特定税收协定的好处，在相关缔约国建立的两个或两个以上具有居民身份的中间控股公司。这是在设立直接导管公司不能直接奏效的情况下，所采取的一种更间接、更迂回的税收筹划方式，涉及在两个以上国家设立子公司来利用有关国家所签订的两个或两个以上税收协定。

例如，A国甲公司原计划在B国拥有一公司乙，但B国要对B国公司汇往A国的股息征收较高的10%预提所得税，而B国与C国缔结有相互免征股息的预提所得税的税收协定，A国与D国缔结有相互减按5%征收股息的预提所得税的税收协定，C国与D国缔结有相互免征股息的预提所得税的税收协定。

此时，A国甲公司便可以在D国建立一个持股公司丁，通过丁公司在C国建立一个持股公司丙，再通过丙公司在B国建立一个子公司乙。这样，A国甲公司通过丁公司和丙公司才能取得B国乙公司的股息并规避税负。丁公司和丙公司在其中犹如两块到达目的地所必需的脚踏石，甲公司以它们作为中介享受 C 国与 D 国、C 国与 B 国税收协定所给予的税收优惠才能减轻税负，因此，被形象地称为脚踏石导管公司（如图7-2所示）。

3.直接利用双边关系设置高股权控股公司

由于一些国家对外签订的税收协定中明确规定，如果股息收益所有人是缔约国另一方居民，缔约国一方居民向股息收益所有人支付的股息享受协定优惠的必要条件，是收益所有人直接拥有支付股息公司的股权不得低于一定比例。因此，这些国家的跨国公司拟在缔约国另一方建立子公司时，就需要将持有该子公司的股份保持在限额之上，以便使股息能够享受优惠。例如，中国签订税收协定的惯例是将这一比例定为25%，假若某国的跨国公司拥有在中国的全资子公司，而两国之间签有含上述条款的税收协定，那么，该跨国公司从子公司取得的股息就可以享受5%的预提所得税的优惠待遇。

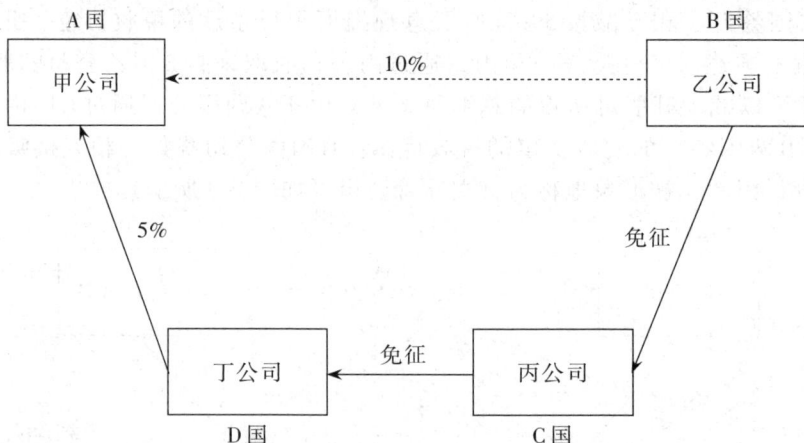

图7-2　脚踏石导管公司示意图

（四）设立中间控股公司面临的筹划隐患

设立并运营中间控股公司会产生相关成本，而为满足相关税收管理的需要，相应的运营成本还可能上升。此外，中国境外税收抵免的相关规定只允许中国母公司以下五层之内的境外关联公司享受抵免权，因此，增加中间控股公司可能影响到公司享受境外税收抵免的能力。由此可见，公司必须系统地分析并权衡设立中间控股公司所带来的收益和成本，作出最有利的选择。积极、成功的税务安排不仅可以协助企业规避税务风险，而且可以提高经济效益，促进集团商业目标的实现；消极、被动地处理涉税事项，或失败的税收筹划，则可能导致成本的上升，并且直接阻碍境外投资交易的进行，甚至为企业此后的生产经营埋下隐患。

近年来，国际税收管理的趋势是各个国家都在加强对税收筹划的监管。许多被投资国引入了更为严格的反避税规则，加大了对利用境外控股架构进行筹划的监管。中国也引入了"受控外国公司"概念，对本国企业的境外投资加强了税收监管力度。因此，投资架构的商业实质和相应的经营安排日益重要。商业实质的具体证明方法、条件和资料会因国家不同而规则不同。大多数情况下，公司在根据战略、运营等需要设立境外控股公司时，需要重视商业目的和商业实质。

第三节　境外业务的税收筹划

大量的跨国企业在开展相关境外业务过程中，会利用国际税收协定、转让定价、利润汇回等方式进行税收筹划。通过合法手段降低集团公司税收负担并维护自身的合法权益，可以帮助跨国企业开源节流、增强国际竞争力。

一、国际税收协定的利用

随着经济一体化的发展，世界各国的经贸合作日益紧密，越来越多的国家为了经济快速发展，纷纷与他国签订税收协定。绝大部分国际税收协定涉及预提税问题，一般规定缔约国双方的企业在对方国家的企业分配股息或利息时享受优惠待遇，如少征或免征预提税。由于签订了国际税收协定，双方的企业在预提税方面的税负会大幅下降。对于跨国企业来说，可以在签有广泛国际税收协定的国家建立子公司，并成为该国居民企业，那么该子公司就能够享受该国与其他国家的税收优惠。

跨国公司在境外进行直接投资或拥有外国公司一定股份时，对于利润或股息的汇回，通常涉及两个税收问题：一是东道国征收的预提税；二是跨国公司所在国征收的所得税。预提税虽然可以用于跨国公司所在国的直接抵免，但常常因为预提税的税率过高，导致直接缴纳的预提税与其他抵免项目之和超过本国税收的抵免限额。但对于签订了国际税收协定的国家，预提税税率较低。

因此，只要跨国公司在签订国际税收协定的国家建立一个中介性的国际控股投资公司，通过该公司进行境外投资活动，利用该国广泛的国际税收协定优惠条款，就可以达到降低预提税税负的目的。但企业要考虑该国对本国居民公司国外来源的股息是否征收企业所得税，以及税率的高低。如果企业所得税税率较高，则已享受的预提税税收优惠会被高额的企业所得税抵消，就失去了税收筹划的意义。

在跨国投资中，投资者还会遇到国际双重征税问题，规避国际双重征税也是我国跨国投资者在选择投资地点时必须考虑的问题。为了避免国际双重征税，现今国与国普遍签订了双边或多边税收协定，缔约国双方的居民和非居民均可以享受关于境外缴纳税款扣除或抵免等税收优惠政策。因此，进行跨国投资时，应尽量选择与居住国（母公司所在国）签订了国际税收协定的国家，以规避国际双重征税。除此之外，在考虑如何选择境外投资地的时候，不仅要关注税负水平高低，也要关注投资地是否有安定的政治局势、理想的投资环境。

二、转让定价的使用

转让定价（transfer pricing）是指关联企业之间在销售货物、提供劳务、转让无形资产等时制定的价格。在跨国经济活动中，利用关联企业之间的转让定价进行税收筹划是一种常见的方法。其一般做法是：高税国企业向其低税国关联企业销售货物、提供劳务、转让无形资产时，制定低价；低税国企业向其高税国关联企业销售货物、提供劳务、转让无形资产时，制定高价。这样，利润就从高税国企业转移到低税国企业，从而达到最大限度减轻集团税负的目的。通过转让定价可以调整总公司与子公司之间、子公司相互之间的利润分配，以便利用各国企业所得税的差异减少集团公司的整体税负。

（一）转让定价的原则

对于大型跨国公司而言，转让定价是常用的税收筹划手段。独立性、效益性、前瞻性原则是基于转让定价开展税收筹划时所必须遵守的。

1. 独立性原则

《企业所得税法》将关联方之间的业务往来是否符合独立交易原则作为税务机关进行税收调整的标尺，并在《企业所得税法实施条例》中对独立交易原则作出了解释："独立交易原则，是指没有关联关系的交易各方，按照公平成交价格和营业常规进行业务往来遵循的原则。"因此，基于转让定价开展跨国公司的税收筹划首先要遵循的便是独立性原则。通常情况下，对比非关联交易与关联交易取得的收入与利润，便可以检验跨国公司的税收筹划是否遵循了独立性原则。

2. 效益性原则

企业在运用税收筹划方案时，要进行成本收益分析，重视非税成本的变化，不能只关注税收成本，而应全面考察税收筹划方案的实施能否实现企业价值最大化。因此，基于转让定价开展税收筹划要满足效益性原则，确保筹划目标顺利实现。

3. 前瞻性原则

纳税义务具有普遍的滞后性，这也为税收筹划的事前安排提供了操作空间。在制定相关方案时，需要全面预测这些方案是否会对企业的后续发展造成负面影响，并客观评价这些方案对降低跨国公司整体税负的效果，即通过转让定价开展税收筹划需要具有一定的预见性。

（二）转让定价的策略

转让定价的制定是一项十分机密和复杂的工作。跨国企业制定转让定价的具体做法大致有以下几种：（1）通过控制零部件、半成品等中间产品的交易价格来影响境外子公司成本。（2）通过控制对境外子公司固定资产的出售价格或使用期限来影响境外子公司的成本费用。（3）通过贷款利息的高低来影响境外子公司的成本费用。（4）通过对专利、专有技术、商标、厂商名称等无形资产转让收入或特许权使用费的高低，来影响境外子公司的成本和利润。（5）通过技术、管理、广告、咨询等劳务费用来影响境外子公司的成本和利润。（6）通过产品销售，给予境外子公司以较高或较低的佣金和回扣，或利用母公司控制的运输系统、保险系统，通过向境外子公司收取较高或较低的运输、装卸、保险费用，来影响境外子公司的成本和利润。

在现代国际贸易中，跨国公司的内部交易占很大比例，因而可在世界范围内借助转让定价实现利润的转移，减轻跨国公司的总体税负，从而使整个集团获得更多利润。目前，各国都将出于避税目的的转让定价作为反避税的头等大事，并制定转让定价税制，这为跨国公司利用转让定价进行税收筹划增加了难度。但各国为了吸引外资、增加就业、发展本国经济，转让定价税制的规定和具体实施往往松紧不一，这又为跨国公司利用转让定价来进行税收筹划创造了较大的弹性空间。

【例7-4】A国甲公司在B国拥有一家子公司乙并控制其全部股权。本年甲公司向乙公司销售一批零件，由乙公司加工后对外出售。甲公司生产这批零件的成本为160万元，按正常价格销售该批零件的收入为320万元，乙公司的总成本为在进价基础上加价60万元，乙公司加工完毕后以640万元的价格对外出售最终产品。A国企业所得税税率为40%，B国企业所得税税率为20%，假定不考虑其他相关税费。试对以上业务进行税收筹划。

【解析】跨国关联企业之间开展购销业务时，若在不同的国家适用不同的企业所得税税率，可以通过合理运用"高进低出"或"低进高出"等手段，将利润在集团公司内部各成员之间进行合理转移，使利润从高税率地区转移到低税率地区，从而在一定程度上降低整个集团公司的企业所得税税负。

方案一，甲公司将零件按320万元的正常价格出售给乙公司。

甲公司应缴纳的企业所得税税额=（320−160）×40%=64（万元）

乙公司应缴纳的企业所得税税额=［640−（320+60）］×20%=52（万元）

甲、乙公司应缴纳的企业所得税合计额=64+52=116（万元）

方案二，甲公司将零件按280万元的较低价格出售给乙公司。

甲公司应缴纳的企业所得税税额=（280−160）×40%=48（万元）

乙公司应缴纳的企业所得税税额=［640−（280+60）］×20%=60（万元）

甲、乙公司应缴纳的企业所得税合计额=48+60=108（万元）

方案二比方案一少缴纳企业所得税8万元（116−108），应当选择方案二。

需要注意的是，在实务中，关联方之间应遵循独立交易原则，因此转让定价的税收筹划要合理有度，不能过分降低或提高价格，因为境外关联交易的利润率过低或过高均可能引发税务机关的反避税调查。

（三）转让定价的注意事项

纳税人运用转让定价将利润转移到低税国的税收筹划需要注意以下问题：

第一，纳税人设在低税国的控股公司是否受到居住国受控外国公司法规的约束。如果居住国的受控外国公司法规较为严格，那么设在低税国的控股公司利润仍需向居住国缴税，低税国的税负优势难以体现出来。

第二，实施单一地域管辖权的国家，适合作为中间控股公司所在地，用于筹划纳税人境外所得的整体税负。可以考虑将跨国公司的境外所得集中于实施单一地域管辖权的国家的中间控股公司。

第三，纳税人通过转让定价转移利润时，还需要关注居住国和来源国的转让定价法规。通常说来，税制较为成熟的国家，转让定价法规可能更为严格、全面，而税制较为落后的国家可能不存在转让定价法规。利润转移的税收筹划必须遵守相关国家的转让定价法规，否则可能面临税务机关的调查。

由于转让定价造成的国际重复征税问题，通常较难协调解决。因此，跨国企业要高度关注运用转让定价方式进行税收筹划的潜在风险。《转让定价国别报告多边主管当局间协议》[①]的执行对跨国公司的国际税收筹划产生了重大冲击。为了更好地应对相应的税收风险，纳税人应更多地关注自身所采用转让定价方法的合理性与合法性。

---

① 2016年5月12日，中国、加拿大、印度、以色列、新西兰税务局长共同签署了《转让定价国别报告多边主管当局间协议》。

三、利润汇回的安排

企业将利润滞留在境外低税国不做利润分配或根据推迟课税规定不汇回股息、红利，实际上都是将税负暂时递延，如果母公司需要回收投资收益，那么就要对利润汇回进行税收筹划。利润汇回的主体、时间、比例等都存在税收筹划的可能性。财税〔2017〕88号规定，境外投资者从中国境内居民企业分配的利润直接投资于鼓励类投资项目，凡符合规定条件的，实行递延纳税政策，暂不征收预提所得税。

另外，跨国公司可以对来源于高税国和低税国的所得进行中和，在同一纳税年度汇回母公司，从而达到降低税负的效果。如果母公司所在国实施分国抵免法，可以考虑建立中间控股公司，将来源于高税国和低税国的所得集中于该中间控股公司，一并向母公司分配股息，从而起到综合抵免的效果。

【例7-5】我国一家居民企业A公司，在中国香港设立子公司H公司，该子公司持有泰国T公司、新加坡S公司的股权。我国居民企业A公司要求H公司在某年年末分配股息400万元。预计该年T公司和S公司的税前利润均为1 000万元。现有三个方案可供选择：

方案一，T公司、S公司在年末各自分配股息200万元；

方案二，T公司在年末分配股息400万元，S公司不分配股息；

方案三，T公司不分配股息，S公司在年末分配股息400万元。

假定泰国的企业所得税税率为20%，新加坡的企业所得税税率为17%。T公司、S公司分别适用泰国、新加坡免征股息预提税的规定。中国香港不对股息所得征税。请比较以上三个方案的所得税税负。

【解析】方案一，T公司分配股息200万元，S公司分配股息200万元。

在泰国缴纳的企业所得税税额=1 000×20%=200（万元）

税后利润=1 000-200=800（万元）

向中国香港H公司汇回股息200万元，无须在泰国缴纳股息预提税。

该股息间接负担的泰国企业所得税税额=200÷800×200=50（万元）

在新加坡缴纳的企业所得税税额=1 000×17%=170（万元）

税后利润=1 000-170=830（万元）

向中国香港H公司汇回股息200万元，无须在新加坡缴纳股息预提税。

该股息间接负担的新加坡企业所得税税额=200÷830×170=40.96（万元）

中国香港H公司将取得的股息继续分配给A公司，在中国香港不产生税负。我国居民企业A公司取得中国香港H公司分配的股息400万元。

间接负担的境外所得税合计额=50+40.96=90.96（万元）

还原的境外税前应税所得=400+90.96=490.96（万元）

抵免限额=490.96×25%=122.74（万元）

由于已缴纳的境外所得税税额低于抵免限额，所以：

我国居民企业A公司需要补缴的企业所得税税额=122.74-90.96=31.78（万元）

方案二，T公司在年末分配股息400万元，S公司不分配股息。

在泰国缴纳的企业所得税税额=1 000×20%=200（万元）

税后利润=1 000-200=800（万元）

向中国香港H公司汇回股息400万元，无须在泰国缴纳股息预提税。

该股息间接负担的泰国企业所得税税额=400÷800×200=100（万元）

S公司的税前利润为1 000万元，则：

在新加坡缴纳的企业所得税税额=1 000×17%=170（万元）

S公司不分配股息，因此无须在中国补缴企业所得税。中国香港H公司将取得的股息继续分配给A公司，在中国香港不产生税负。我国居民企业A公司取得中国香港H公司分配的股息400万元，间接负担的泰国企业所得税税额为100万元。

还原的境外税前应税所得=400+100=500（万元）

抵免限额=500×25%=125（万元）

由于已缴纳的境外所得税税额低于抵免限额，所以：

我国居民企业A公司需要补缴的企业所得税税额=125-100=25（万元）

方案三，T公司不分配股息，S公司在年末分配股息400万元。

在新加坡缴纳的企业所得税税额=1 000×17%=170（万元）

税后利润=1 000-170=830（万元）

向中国香港H公司汇回股息400万元，无须在新加坡缴纳股息预提税。

该股息间接负担的新加坡企业所得税税额=400÷830×170=81.93（万元）

T公司税前利润为1 000万元，则：

在泰国缴纳的企业所得税税额=1 000×20%=200（万元）

T公司不分配股息，因此无须在中国补缴企业所得税。中国香港H公司将取得的股息继续分配给A公司，在中国香港不产生税负。我国居民企业A公司取得中国香港H公司分配的股息400万元，间接负担的新加坡企业所得税税额为81.93万元。

还原的境外税前应税所得=400+81.93=481.93（万元）

抵免限额=481.93×25%=120.48（万元）

由于已缴纳的境外所得税税额低于抵免限额，所以：

我国居民企业A公司需要补缴的企业所得税税额=120.48-81.93=38.55（万元）

通过比较三个方案可以发现，T公司、S公司和H公司在境外实际缴纳的税额没有差别，方案二补缴的税额最少，成为税负最低的方案。其主要原因在于计算税收抵免时，泰国的税率高于新加坡，所以向我国补缴的税额较低。方案一的税负水平居于方案二和方案三之间，是因为每年将高、低税负地区的利润汇总后进行股息分配，利用抵免限额来减少需要补缴的企业所得税，起到中和境外高低税率的作用。

如果考虑A公司间接负担的境外子公司企业所得税，将这一间接负担税额与在我国补缴的税额加总起来则会出现相反的结果，即方案二的总税负为125万元，方案一的总税负为122.74万元，方案三的总税负为120.48万元。

在本例中，由于所适用的股息预提税均为零，A公司并未在境外直接缴纳税款，因此可以只关注A公司在我国的纳税义务。

●●●思考与练习

一、即测即评

第七章单项选择题	第七章多项选择题	第七章判断题

二、问答题

1. 什么是国际税收筹划？

2. 国际税收筹划有何特点？

3. 企业进行国际税收筹划时，应注意哪些问题？

三、案例分析题

我国某外贸公司在M国设立了一家全资子公司，我国企业所得税税率为25%，M国企业所得税税率为15%，股息预提税税率为10%。某年度该外贸公司在我国实现利润600万元，在M国的子公司实现利润250万元。子公司将税后利润的70%汇回母公司，剩余30%自用。请计算母公司在我国应缴纳的企业所得税，并提出税收筹划建议。